BIBLIOTHÈQUE DES TEXTES PHILOSOPHIQUES
Fondateur H. Gouhier   Directeur J.-F. Courtine

ARISTOTE

———

MÉTAPHYSIQUE

TOME I – LIVRES A-Z

Traduction et Notes par

J. TRICOT

T0161155

PARIS
LIBRAIRIE PHILOSOPHIQUE J. VRIN
6, Place de la Sorbonne, Vᵉ
2000

Nous présentons ici, à titre d'editio minor, la première traduction effectuée par J. Tricot et publiée en 1933. La nouvelle édition, refondue et accompagnée d'un commentaire, publiée en 1953 et constamment rééditée depuis cette date, sera maintenue parallèlement. Nous espérons cependant rendre service à un public élargi en lui proposant aujourd'hui cette version plus légère et plus maniable.

L'ÉDITEUR

© Librairie Philosophique J. VRIN, 1991

Printed in France

ISBN 2-7116-1076-4 (Edition complète)

2-7116-1077-2 (Tome 1)

INTRODUCTION

LA *MÉTAPHYSIQUE* ET LES ÉCRITS *ACROAMATIQUES*

La *Métaphysique* est l'œuvre capitale d'Aristote, et elle
constitue le couronnement de tout le système. Elle rentre
dans la classe des ἀκροαματικά ou ἐσωτερικά, écrits destinés
au public philosophique, par opposition aux ἐξωτερικά ou
κοινά, dans lesquels Aristote s'adresse à un public plus
étendu. Les écrits *acroamatiques* sont caractérisés par la
rigueur de l'exposition et l'emploi constant de l'Analytique ;
ils ne paraissent pas, en raison de leur imperfection littéraire, avoir été édités du vivant d'Aristote, et ils ont été
seulement l'objet d'une publication à l'intérieur de l'Ecole.
Contrairement à ce qu'ont cru les Néo-Platoniciens et les
premiers écrivains chrétiens, ils ne renferment aucune doctrine secrète. — Quant aux écrits *exotériques*, aujourd'hui
perdus, c'était vraisemblablement des ouvrages d'une forme
plus travaillée, imités des Dialogues de Platon (d'où leur
nom de διαλογικά), dans lesquels l'auteur procédait par la
voie de la Dialectique et faisait appel à la simple vraisem-
blance [1]. Leur valeur littéraire paraît avoir été grande, et

---

[1] Sur tous ces points, que nous
nous abstenons de développer, on
consultera, avec profit, toute la première partie de l'*Essai sur la Métaphysique d'Aristote*, de Ravaisson. Hamelin, *le Syst. d'Arist.*, pp. 50 et
ss. Sur les opinions des Néo-Platoniciens et des écrivains chrétiens,
cf. Clément d'Alexandrie, *Strom.* V,
575 A, Plutarque, *Vit. Alex. Magn.*,
VII, Strabon, XIII, 1, 54, Cicéron, *de
Finib.*, V, 5, 12 ; *ad Attic.*, IV, 16,
2. — Plutarque (*l. cit.*) et Aulu-
Gelle (*N. A.* XX, V) croient à tort
que la *Métaphysique* est seule dési-
gnée par l'expression « écrits acroamatiques ».

c'est à leur sujet que Cicéron a parlé du *flumen aureum* [1].

Les écrits acroamatiques et les écrits exotériques constituent eux-mêmes ce que les Commentateurs ont appelé les συγγράμματα συνταγματικά, œuvres achevées et méthodiques, tandis que les συγγράμματα ὑπομνηματικά, dont il ne reste aucune trace, étaient de simples recueils de notes à l'usage de l'auteur.

AUTHENTICITÉ DE LA *MÉTAPHYSIQUE* EN GÉNÉRAL

Comme le remarque Ravaisson, la question de l'authenticité de la *Métaphysique* est liée à l'histoire des ouvrages d'Aristote. Cette histoire, assez confuse, a été racontée par Strabon (XIII, 1, 154) et Plutarque (*Vita Sul.*, c. 26). On la trouvera exposée dans la plupart des ouvrages consacrés à Aristote [2], et nous n'avons pas à nous y arrêter.

Reconnus comme authentiques durant toute l'Antiquité et le Moyen Age, les différents traités attribués au Stagirite furent, au moment de la Renaissance, l'objet d'attaques très vives de la part des contempteurs de l'Ecole. Pic de la Mirandole et surtout Patrizzi [3] prétendirent qu'ils étaient apocryphes ; dom Liron reprit leurs arguments au début du xviiie siècle. Les travaux, qui se sont poursuivis, d'abord en Allemagne, à la suite de Brandis, de Bekker, de Bonitz, puis en France, à partir de Ravaisson, ont fait justice de ces attaques. On reconnaît aujourd'hui que la plupart des ouvrages que nous possédons sous le nom d'Aristote ont bien le Stagirite pour auteur.

La *Métaphysique* est précisément dans ce cas. Si des difficultés, que nous indiquerons brièvement plus loin, se présentent pour certains livres, elle est incontestablement

---

[1] Cic., *Acad.*, II, 38, 119.
[2] Cf. notamment Ravaisson, *Essai*, I, pp. 1 et ss., Hamelin, *le Syst. d'Ar.*, pp. 60 et ss.

[3] Dans ses *Discussiones peripateticœ* (1583).

d'ARISTOTE dans son ensemble. Le Philosophe la confia à
EUDÈME, son plus fidèle disciple et qui lui succéda dans la
direction de l'Ecole, mais elle ne sortit guère du petit
groupe des élèves, et, jusqu'au Ier siècle de l'ère chrétienne,
elle resta presque entièrement ignorée. Son authenticité
n'en est pas moins certaine, les Scolarques s'étant succédé
sans interruption depuis EUDÈME et THÉOPHRASTE. A partir
du siècle d'AUGUSTE, les commentaires se multiplient (NICO-
LAS DE DAMAS, etc.), et si DIOGÈNE LAËRCE ne cite pas la
Métaphysique dans son catalogue des écrits d'ARISTOTE, cela
tient sans doute à la multiplicité des titres sous lesquels
il la désigne et qui la rendent difficile à identifier ; au surplus, la négligence habituelle de DIOGÈNE ne permet de tirer
de ce silence aucune conclusion défavorable à l'authenticité
de l'ouvrage.

LES MANUSCRITS DE LA *MÉTAPHYSIQUE*

Les manuscrits sont assez nombreux ; on en trouvera
l'énumération et la description sommaire dans la préface
(en latin) de l'édition CHRIST (Teubner) et dans la préface
(en anglais) de l'édition Ross (p. CLV et ss.). Les deux
principaux sont le *Laurentianus* (sigle Ab) et le *Parisi-
nus* (E). Ross s'est en outre servi d'un manuscrit récem-
ment découvert, le *Vindobonensis* (J) qui est du commencement du Xe siècle, et qui lui a fourni d'intéressantes
variantes.

TITRE DE LA *MÉTAPHYSIQUE*

ARISTOTE donnait vraisemblablement à son ouvrage le
nom de *Philosophie première*, ainsi qu'il résulte d'un grand
nombre de passages de ses écrits. Le titre μετὰ τὰ φυσικά,
qu'on rencontre pour la première fois dans NICOLAS DE DA-
MAS, d'après un scholie de la *Métaphysique* de THÉOPHRASTE,
ne remonterait pas au delà d'ANDRONICUS, le premier éditeur

d'Aristote, et dériverait de l'arrangement matériel des
écrits, où les matières de notre traité venaient *après* les
ouvrages de Physique. — Cette opinion, qui était déjà celle
d'Alexandre d'Aphrodise[1], est aujourd'hui acceptée par la
critique. On peut supposer toutefois, avec plusieurs commentateurs anciens[2], que des considérations internes n'ont
pas été étrangères à la dénomination de Métaphysique.
De toute façon, suivant la remarque de Ravaisson[3], il semble
bien que ce titre, à raison de sa simplicité, remonte à une
haute antiquité[4].

DIVISIONS ET PLAN

La *Métaphysique* se divise en quatorze livres, désignés respectivement par les lettres A, α, B, Γ, Δ, E, Z, H, Θ, I, K, Λ, M
et N, ou par les chiffres I à XIV. L'usage des lettres a pré-
valu.

Ainsi que nous l'avons montré, l'authenticité de l'ensemble
de la *Métaphysique* est certaine. Mais on doit se poser la
même question au sujet de chacun des livres qui la composent, et, d'autre part, se demander si l'ordre généralement adopté est bien d'Aristote. Sur le premier point, nous
renvoyons aux brèves notices qui figureront, dans notre
traduction, en tête des livres présentant un intérêt particulier ; disons seulement que l'attribution au Stagirite de la
totalité des livres ne semble pas douteuse, exception faite
peut-être pour le livre α. — Sur le second point, le problème
est ardu, à raison des redites, des confusions, des inco-
hérences qu'on relève et qui doivent faire considérer la
Métaphysique comme un ouvrage inachevé, dont l'unité de
plan est malaisée à dégager. En dépit de toutes les difficultés

---

[1] Alex., *Métaph.*, 170, 6 Hd.
[2] Simplicius (*Phys.*, I, 17 Diels),
Pseudo-Ammonius (*in Categ.* 6).
[3] Ravaisson, *Essai...* I, p. 40.

[4] Le titre exact est : ΑΡΙΣΤΟΤΕΛΟΥΣ
ΤΩΝ ΜΕΤΑ ΤΑ ΦΥΣΙΚΑ,Α (mss. E)
ou ΑΡΙΣΤΟΤΕΛΟΥΣ ΤΩΝ ΜΕΤΑ-
ΦΥΣΙΚΩΝ,Α (mss. Ab).

qu'une critique, parfois intempérante, a pu soulever, les points suivants paraissent acquis :

1° La *Métaphysique* n'est pas un simple recueil de notes et ne rentre pas dans les ὑπομνηματικά [1].

2° Elle n'est pas non plus un ensemble de traités séparés, artificiellement réunis, et il est inexact de dire, avec quelques auteurs, *les Métaphysiques*. Les nombreuses références entrecroisées, d'un livre à l'autre, qui remontent vraisemblablement à Aristote lui-même, permettent d'affirmer que sous un désordre apparent, une véritable unité règne dans tout l'ouvrage.

En somme, le corps du traité est constitué par les livres A, B, Γ, E, Z, H, Θ.

A B Γ forment un tout, auquel E se rattache, et sont une introduction à la science de l'Etre en tant qu'être ; Z H composent un traité de la Substance, et Θ, un traité de la Puissance et de l'Acte.

Restent Δ, I, K, Λ, M et N.

Δ est un simple lexique, qui pourrait être, sans inconvénient, placé en tête, comme introduction.

I est un traité de l'Un et du Multiple, K répète, dans sa première partie, B Γ E, et, dans sa seconde partie constitue une compilation (peut-être de la main d'un élève d'Aristote) de la *Physique*.

Λ est le livre central ; il est essentiellement dogmatique et c'est le seul qui traite *ex professo* de l'Etre en tant qu'être.

M et N ont rapport à A et B, et reprennent, en l'approfondissant, la critique du système platonicien.

Quant à α, s'il est d'Aristote lui-même, il a été certainement ajouté postérieurement à A.

A B Γ E Z H Θ M N I forment ainsi un travail à peu près continu, et dépendent étroitement du livre B, où les problèmes traités par la suite, souvent sous une forme différente, sont posés

---

[1] Sauf peut-être la première partie lo Λ (Hamelin, *le Syst. d'Ar.*, p. 46).

Les parties les plus anciennes paraissent être A, Δ, K (1re partie), Λ et N. B Γ E sont une version postérieure de K - 1, et M une version postérieure et différente de N [1].

L'authenticité et l'unité des différents livres de la *Métaphysique* semblent donc assurées. Que des interpolations ou des leçons inexactes se soient glissées çà et là, c'est fort probable, mais l'ensemble de l'œuvre n'en est pas altéré, et la pensée du Stagirite s'y trouve fidèlement exprimée.

CARACTÈRE DE LA PRÉSENTE TRADUCTION

Un exposé de la Métaphysique d'ARISTOTE serait ici hors de propos [2]. Toute notre ambition s'est bornée à donner une simple traduction d'un ouvrage aussi célèbre que mal connu, et, il faut l'avouer, difficilement accessible.

Dans ce travail, nous avons suivi d'aussi près que possible le texte d'ARISTOTE, mais, au risque d'être accusé d'infidélité, nous avons souvent préféré rendre la pensée du Philosophe, plutôt que de nous astreindre à une exactitude littérale qui eût été sans intérêt et qui eût fourni une version inintelligible. Nous nous sommes attaché particulièrement à dégager en quelque sorte les articulations du raisonnement, et, à maintes reprises, nous avons séparé les arguments ou les idées au moyen de tirets. Etant donné, d'autre part, l'incertitude de la terminologie aristotélicienne, nous avons cru devoir placer entre crochets le texte grec qui présentait un intérêt quelconque, surtout dans les premiers livres.

Les difficultés dont la *Métaphysique* est hérissée, et qui en rendent l'intelligence si pénible, auraient exigé un grand

---

[1] Sur tous ces points, pour lesquels nous nous contentons d'indications sommaires, on consultera avec profit JAEGER, *Aristoteles*, Ross, *Aristote* (tr. fr.) pp. 26 et ss., et sa préface à son édition de la *Métaphysique*, A. MANSION, *la Genèse de l'œuvre d'Aristote d'après les travaux récents*, in *Revue néo-scolastique de philosophie*, 1927, pp. 307-341.

[2] Les meilleurs exposés généraux sont ceux de RAVAISSON, de JAEGER, de Ross (préface à son édition de la *Métaphysique*, et son *Aristote*, tr. fr., pp. 216-261), et pour la critique de la théorie des Idées, l'ouvrage fondamental de L. ROBIN, *la Théorie platonicienne des Idées et des Nombres d'après Aristote*.

nombre de notes explicatives, très développées. Mais c'eût été verser dans le commentaire et dépasser les limites d'une traduction. Nous nous sommes contenté de brèves indications, et nous avons même souvent procédé par voie de simple référence à des ouvrages connus. Il va sans dire que ces notes ne sauraient dispenser le lecteur de recourir à des commentaires plus étendus.

La *Métaphysique*, comme d'ailleurs la plupart des traités d'ARISTOTE que nous possédons, est écrite sans aucun souci d'élégance. Les incorrections de style et même les négligences de pensée sont nombreuses. *Aristotelis insignis in scribendo negligentia*, dit avec raison BONITZ. Nous n'avions évidemment pas à apporter des corrections, ni à donner à notre traduction un agrément que le texte est loin de posséder. Les mérites d'ARISTOTE, qui a épuisé l'admiration des siècles, sont assez grands par ailleurs [1].

Le lecteur trouvera ci-dessous l'indication des éditions de la *Métaphysique* d'après lesquelles a été faite la présente traduction, et la mention des principaux ouvrages que nous avons utilisés. Les commentaires d'ALEXANDRE D'APHRODISE et de SAINT THOMAS D'AQUIN, l'*Index aristotelicus* de BONITZ, les études de ROBIN et de ROSS nous ont été particulièrement précieux, et nous y avons fait de fréquents emprunts.

Pour terminer, nous sommes heureux d'adresser de respectueux remercîments aux maîtres éminents qui ont bien voulu s'intéresser à ce travail et nous honorer de leurs encouragements et de leurs précieux conseils : M. le chanoine DIÈS, M. Henri GOUHIER, M. Paul MAZON, M. Léon ROBIN ont consenti, avec la plus parfaite bonne grâce, à mettre à notre disposition leur science et leur autorité. Qu'ils trouvent ici l'expression de notre reconnaissance.

---

[1] SAINT THOMAS, indifférent, lui aussi, à la perfection de la forme, tout au moins en philosophie, préfère nettement ARISTOTE à PLATON: *Plato habuit malum modum docendi ; omnia enim figurata dicit et per symbola intendens aliud per verba quam sonent ipsa verba* (Comm. *de Anima*, I, VIII).

Notre traduction a été faite sur les textes suivants :

Aristotelis opera, ed. Bekker, Berlin, 1831, texte grec, 2 vol. [Les références à cette édition figurent en marge de la présente traduction.]

Metaphysica, ed. Bonitz, *pars prior*, Bonn, 1848.

Aristotelis omnia opera, graece et latine, Paris, s. d., éd. Firmin-Didot.

Metaphysica, ed. Christ, Leipzig, 1906.

Aristotle's Metaphysics, texte et commentaire de W. D. Ross, Oxford, 1924, 2 vol.

[Nous avons utilisé particulièrement l'édition Christ, à raison de sa grande commodité. Dans un grand nombre de passages cependant, nous avons adopté des leçons différentes, notamment celles qui ont été proposées par Ross, dernier commentateur d'Aristote. Mais les variantes n'ont été signalées que dans les cas où le sens lui-même s'y trouvait intéressé.]

METAPHYSIQUE

LIVRE A (LIVRE I)

Le livre A est une introduction historique à la
Métaphysique. Son importance est extrême pour
l'étude de la philosophie présocratique et de la
philosophie platonicienne. Remontant jusqu'aux
origines de la spéculation grecque, ARISTOTE passe
en revue les différents systèmes, et dégage en chacun d'eux l'élément de vérité qu'à ses yeux il renferme. Son exposé n'est donc pas purement historique, ni entièrement désintéressé. Soucieux de se
rattacher à une tradition et de continuer l'œuvre
de ses prédécesseurs, ARISTOTE s'efforce de retrouver
dans leurs doctrines les principes de sa propre philosophie.

1.

<Sensation, expérience, art, science, philosophie.>

Tous les hommes ont, par nature [φύσει], le désir
de connaître ; le plaisir causé par les sensations en
est la preuve, car, en dehors même de leur utilité,
elles nous plaisent par elles-mêmes, et, plus que
toutes les autres, les sensations visuelles. En effet,
non seulement pour agir, mais même lorsque nous
ne nous proposons aucune action, nous préférons,

pour ainsi dire, la vue à tout le reste. La cause en est
que la vue est, de tous nos sens, celui qui nous fait
acquérir le plus de connaissances, et qui nous dé-
couvre le plus de différences [1]. — Par nature, assurément, les animaux sont doués de sensation, mais,
chez les uns, la sensation engendre la mémoire, tandis
qu'elle ne l'engendre pas chez les autres. C'est pourquoi les premiers sont plus intelligents et plus aptes
à apprendre que ceux qui sont incapables de se souvenir ; l'intelligence, sans la faculté d'apprendre, est
le partage des êtres incapables d'entendre les sons,
tels que l'abeille et les autres genres d'animaux pouvant se trouver dans le même cas ; au contraire la
faculté d'apprendre appartient à l'être qui, en plus
de la mémoire, est pourvu du sens de l'ouïe.

980 b
21

25

Les animaux autres que l'homme vivent donc
réduits aux images [φαντασία] et aux souvenirs ; à
peine possèdent-ils l'expérience [ἐμπειρία], tandis que
le genre humain s'élève jusqu'à l'art [τέχνη] et jusqu'au raisonnement [λογισμός]. C'est de la mémoire
que naît l'expérience chez les hommes ; en effet, de
nombreux souvenirs d'une même chose constituent
finalement une expérience ; or l'expérience paraît
être presque de même nature que la science
[ἐπιστήμη] et l'art, mais, en réalité, la science et
l'art viennent aux hommes par l'intermédiaire de
l'expérience, car « l'expérience a créé l'art, comme

981 a

---

[1] Cf. de An., II, 7, 418 a 26 et ss.   et la longue note de Rodier, *Traité de l'Ame*, II, p. 337.

le dit Polus [1] avec raison, et l'inexpérience, la chance
[τύχη] ». L'art apparaît lorsque, d'une multitude de 5
notions expérimentales, se dégage un seul jugement
universel [καθόλου ... ὑπόληψις] [2] applicable à tous les
cas semblables. En effet, former le jugement que tel
remède a soulagé Callias, atteint de telle maladie,
puis Socrate, puis plusieurs autres pris individuel-
lement, c'est le fait de l'expérience ; mais juger que
tel remède a soulagé tous les individus atteints de 10
telle maladie, déterminée par un concept unique,
comme les phlegmatiques, les bilieux ou les fiévreux,
cela appartient à l'art. Or, par rapport à la vie pratique, l'expérience ne paraît différer en rien de l'art ;
nous voyons même les hommes d'expérience l'empor-
ter sur ceux qui ont la notion [λόγος] sans l'expérience.
La cause en est que l'expérience est la connaissance 15
des choses individuelles, et l'art celle des choses universelles, et, d'autre part, que toute pratique et toute
production portent sur l'individuel : ce n'est pas
l'homme, en effet, que guérit le médecin, sinon par
accident, mais Callias, ou Socrate, ou quelque autre
individu ainsi désigné, qui se trouve être, en même 20
temps, homme. Si donc on possède la notion sans
l'expérience, et que, connaissant l'universel, on
ignore l'individuel qui y est contenu, on commettra
souvent des erreurs de traitement, car ce qu'il faut

---

[1] Elève de Gorgias. Cf. Platon. *Gorgias*, 448 c.
[2] L'ὑπόληψις est la croyance, le jugement. C'est l'acte de l'intellect dis-
cursif, à peu près synonyme de δόξα.
Cf. Rodier, *Traité de l'Ame*, II, p.
403, et Hamelin, *le Syst. d'Arist.*, p.
383

guérir avant tout, c'est l'individu[1]. Toutefois nous pensons d'ordinaire que le savoir et la faculté de 25 comprendre appartiennent plutôt à l'art qu'à l'expérience, et nous considérons les hommes d'art comme supérieurs aux hommes d'expérience, la sagesse, chez tous les hommes, accompagnant plutôt le savoir: c'est parce que les uns connaissent la cause et que les autres ne la connaissent pas. En effet, les hommes d'expérience connaissent qu'une chose est [τὸ ὅτι], mais ils ignorent le pourquoi [διότι] ; les hommes 30 d'art savent à la fois le pourquoi et la cause. C'est pourquoi aussi nous pensons que les chefs, dans toute entreprise, méritent une plus grande considération que les manœuvres ; ils sont plus savants et 981 b plus sages parce qu'ils connaissent les causes de ce qui se fait, tandis que les manœuvres sont semblables à ces choses inanimées qui agissent, mais sans savoir ce qu'elles font, à la façon dont le feu brûle ; seulement, les êtres inanimés accomplissent chacune de leurs fonctions en vertu de leur nature propre, et les manœuvres, par l'habitude. Ainsi, ce 5 n'est pas l'habileté pratique qui rend, à nos yeux, les chefs plus sages, mais c'est qu'ils possèdent la théorie et qu'ils connaissent les causes. En général, le signe du savoir c'est de pouvoir enseigner, et c'est pourquoi nous pensons que l'art est plus science que l'expérience, car les hommes d'art, et non les autres, peuvent enseigner.

---

[1] Texte de la Vulgate (θεραπευτὸν γὰρ τὸ καθ'ἕκαστον μᾶλλον).

En outre, on ne regarde d'ordinaire aucune des 10
sensations comme constituant la science [σοφία] [1].
Sans doute elles sont le fondement de la connaissance
du particulier, mais elles ne nous disent le pourquoi
de rien: par exemple, pourquoi le feu est chaud; elles
nous disent seulement qu'il est chaud. — C'est donc à
bon droit que celui qui, le premier, inventa un art
quelconque, dégagé des sensations communes, excita
l'admiration des hommes ; ce ne fut pas seulement 15
à raison de l'utilité de ses découvertes, mais pour
sa sagesse et pour sa supériorité sur les autres. Puis
les arts se multiplièrent, ayant pour objet, les uns,
les nécessités, les autres, l'agrément ; toujours les
inventeurs de ces derniers furent considérés comme
plus sages que ceux des autres, parce que leurs
sciences n'étaient pas dirigées vers l'utile. — Aussi 20
tous les différents arts étaient déjà constitués, quand
on découvrit enfin ces sciences qui ne s'appliquent ni
aux plaisirs, ni aux nécessités, et elles prirent naissance dans les pays où régnait le loisir. C'est ainsi
que l'Egypte fut le berceau des Mathématiques, car
on y laissait de grands loisirs à la caste sacerdotale.

Nous avons marqué, dans l'*Ethique*[2], quelle dif- 25
férence existe entre l'art, la science, et les autres
disciplines du même genre. Sur ce point, maintenant, il nous reste à dire ceci : la science nommée

---

[1] Ce terme présente, dans les premiers chapitres de la *Métaphysique*,
des sens variables : c'est tantôt la
Science, tantôt la Philosophie première.
   [2] *Eth. Nic.*, VI, 3, 1139*b* 14 à 4,
1140 *b* 8.

philosophie [σοφία] est généralement conçue comme
ayant pour objet les premières causes et les principes
des êtres. Aussi, comme nous l'avons dit plus haut,
30 l'homme d'expérience paraît être supérieur au pos-
sesseur de connaissances sensibles, quelles qu'elles
soient, l'homme d'art, à l'homme d'expérience,
l'architecte, au manœuvre, et les sciences théoré-
982 a tiques, aux sciences pratiques. Que donc la philosophie soit la science de certaines causes et de certains
principes, c'est maintenant une choses évidente.

2.

< Nature de la Philosophie. >

Puisque cette science est l'objet de nos recherches,
5 il nous faut examiner de quelles causes et de quels
principes la Philosophie est la science. Si nous considérons les jugements que nous portons sur le philosophe, la réponse à cette question en deviendra
sans doute beaucoup plus claire. — Nous concevons
d'abord le philosophe comme possédant la totalité
du savoir, dans la mesure du possible, mais sans
avoir la science de chaque objet en particulier. En-
10 suite, celui qui arrive à connaître les choses ardues
et présentant de grandes difficultés pour la connaissance humaine, celui-là aussi est un philosophe,
(car la connaissance sensible est commune à tous;
aussi est-elle facile et n'a-t-elle rien de philosophique). En outre, celui qui connaît les causes avec plus

d'exactitude et qui est plus capable de les enseigner
est, dans toute espèce de science, plus philosophe ;
et, parmi les sciences, celle que l'on choisit pour
elle-même, et à seule fin de savoir, est plus philo- 15
sophique que celle qui est choisie en vue des résultats; une science plus élevée est aussi plus philosophique qu'une science subordonnée : il ne faut pas,
en effet, que le philosophe reçoive des lois, il faut
qu'il en donne ; il ne faut pas qu'il obéisse à autrui,
c'est à celui qui est moins philosophe de lui obéir.

Tels sont donc les divers jugements que nous 20
portons sur la Philosophie et les philosophes. Il en
résulte que la connaissance de toutes choses appartient
nécessairement à celui qui possède la science de l'universel, car il connaît, d'une certaine manière [1], tous
les cas particuliers qui tombent sous l'universel. Mais
aussi, il est extrêmement difficile pour les hommes
d'arriver à ces connaissances les plus universelles,
car elles sont le plus en dehors de la portée des sens. 25
— Les sciences les plus exactes sont celles qui sont
le plus sciences des principes [τὰ πρῶτα]. et celles qui
partent de principes plus simples [ἐξ ἐλαττόνων] sont
plus exactes que celles qui partent de principes plus
complexes [ἐκ προσθεσέως][2], comme l'Arithmétique est
plus exacte que la Géométrie. Mais une science est

---

[1] C'est-à-dire en puissance.

[2] Aristote oppose les sciences qui
partent de principes « moins nombreux » (ἐξ ἐλαττόνων), c'est-à-dire plus
simples, plus abstraits (ἐξ ἀφαιρέσεως)
et par suite sont plus exactes, aux
sciences qui reposent sur des principes

« résultant de l'addition » (ἐξ προσθέσεως), c'est-à-dire plus complexes.
C'est ainsi que l'Arithmétique est antérieure à la Géométrie, qui ajoute
aux principes du nombre les principes
de l'étendue.

d'autant plus propre à enseigner qu'elle approfondit davantage les causes [1], car ceux-là enseignent qui
30 disent les causes de chaque chose. — Connaître et
savoir pour connaître et savoir : tel est le caractère
principal de la science du suprême connaissable, car
celui qui veut connaître pour connaître choisira de
982 b préférence la science parfaite, c'est-à-dire la science
du connaissable par excellence. Or, le connaissable
par excellence, ce sont les principes et les causes :
c'est par eux et à partir d'eux que les autres choses
sont connues, et ce ne sont pas les principes et les
causes qui sont connus par les autres choses qui leur
sont subordonnées. — La science la plus élevée, et
qui est supérieure à toute science subordonnée, est
5 celle qui connaît en vue de quelle fin il faut faire
chaque chose. Et cette fin est le bien de chaque être,
et, d'une manière générale, c'est le souverain Bien
[τὸ ἄριστον] dans l'ensemble de la nature.

De toutes ces considérations il résulte que c'est à
la même science que s'applique le nom de Philosophie : ce doit être, en effet, la science théorétique des
premiers principes et des premières causes, car le
10 bien, c'est-à-dire la fin [τὸ οὗ ἕνεκα], est l'une de ces
causes. — Qu'elle ne soit pas une science poétique
[ε. ποιητική][2], c'est ce que montre l'histoire des plus
anciens philosophes. Ce fut, en effet, l'étonnement

---

[1] Et, donc, la science des causes premières mérite davantage le nom de σοφία que la science des causes secondes.

[2] La Science poétique est celle qui se propose la réalisation d'une œuvre extérieure à l'agent. Cf. infra, 7, 988 b 6, et livre E.

qui poussa, comme aujourd'hui, les premiers pen-
seurs aux spéculations philosophiques. Au début, ce
furent les difficultés les plus apparentes qui les frap-
pèrent, puis, s'avançant ainsi peu à peu, ils cher-
chèrent à résoudre des problèmes plus importants, 15
tels que les phénomènes de la Lune, ceux du Soleil
et des Etoiles, enfin la genèse de l'Univers. Apercevoir une difficulté et s'étonner, c'est reconnaître sa
propre ignorance (et c'est pourquoi aimer les mythes
est, en quelque manière se montrer philosophe
[φιλόμυθος, φιλόσοφος], car le mythe est composé de
merveilleux). Ainsi donc, si ce fut pour échapper à
l'ignorance que les premiers philosophes se livrè- 20
rent à la philosophie, il est clair qu'ils poursuivaient
la science en vue de connaître et non pour une fin
utilitaire. Ce qui s'est passé en réalité en fournit la
preuve : presque tous les arts qui s'appliquent aux
nécessités, et ceux qui s'intéressent au bien-être et à
l'agrément de la vie, étaient déjà connus, quand on
commença à rechercher une discipline de ce genre.
Il est donc évident que nous n'avons en vue, dans la
Philosophie, aucun intérêt étranger. Mais, de même 25
que nous appelons homme libre celui qui est à lui-
même sa fin et n'est pas la fin d'autrui, ainsi cette
science est aussi la seule de toutes les sciences qui soit
libre, car seule elle est sa propre fin.

   Aussi est-ce à bon droit qu'on pourrait estimer
plus qu'humaine la possession de la Philosophie.
De tant de manières, en effet, la nature de l'homme

30 est esclave que, suivant SIMONIDE « Dieu seul peut jouir
de ce privilège »¹, mais il est indigne de l'homme de
ne pas se contenter de rechercher la science qui
lui est proportionnée. Si, comme le prétendent les
poètes, la divinité est naturellement jalouse, cette
jalousie devrait surtout vraisemblablement s'exercer
983 a à l'endroit de la Philosophie, et tous les hommes qui
y excellent devraient être malheureux. Mais il n'est
pas admissible que la divinité soit jalouse (selon le
proverbe, « les poètes sont de grands menteurs »), et
on ne peut pas penser non plus qu'une autre science
5 serait plus précieuse que celle-là. En effet la plus divine est aussi la plus précieuse, et celle-ci est seule la
plus divine, à un double titre : une science divine
est celle qu'il serait le plus digne pour DIEU de posséder, et qui traiterait des choses divines. Or la Philosophie, seule, se trouve présenter ce double caractère : DIEU paraît bien [δοχεῖ]² être une cause de
toutes choses et un principe, et une telle science,
DIEU seul, ou du moins DIEU principalement, peut
10 la posséder. Toutes les autres sciences sont donc plus
nécessaires qu'elle, mais aucune ne l'emporte en
excellence.

Quant à l'état d'esprit où doit nous mettre son
acquisition, il est tout le contraire de celui de nos
premières recherches. Le commencement de toutes
les sciences, avons-nous dit, c'est l'étonnement de

---

¹ Fragment 3, Hiller.
² δοχεῖ, δοχοῦντα *usurpatur de iis
opinionibus quae communi hominum*
consensu comprobantur (BONITZ, *Index
arist.*, 203 a, 7). C'est là une expression extrêmement fréquente chez AR.

ce que les choses sont ce qu'elles sont : telles les ma-
rionnettes qui se meuvent d'elles-mêmes, aux regards
de ceux qui n'en ont pas encore examiné la cause,
les solstices ou l'incommensurabilité de la diagonale 15
avec le côté du carré : il semble, au premier abord,
étonnant à tout le monde qu'une quantité ne puisse
être mesurée même par l'unité la plus petite. Or
nous devons finir par l'étonnement contraire et, selon
le proverbe, par ce qui est meilleur, comme il arrive,
dans ces exemples, dès qu'on est instruit de la cause :
rien, en effet, n'étonnerait autant un géomètre que
si la diagonale devenait commensurable.   20

Nous avons ainsi établi la nature de la science
que nous cherchons [1], et aussi le but de notre recherche et de toute notre investigation.

3.

< *La recherche de la cause*
 chez les premiers philosophes grecs. >

Il est donc manifeste que la science à acquérir est
celle des causes premières (puisque nous disons que 25
nous connaissons chaque chose, seulement quand
nous pensons connaître sa première cause [2]). Or les

---

[1] C'est-à-dire la Métaphysique.
[2] Il s'agit ici, non pas de la cause
prochaine, appelée souvent aussi *première* par Ar., mais de la cause la

plus éloignée, particulière à l'objet.
Cf. Bonitz, *Métaph.*, 59; Colle, *Comm*,.
p. 34.

causes se disent en quatre sens. En un sens, par cause nous entendons la substance formelle [οὐσία], ou quiddité [τὸ τί ἦν εἶναι][1], (en effet la raison d'être d'une chose se ramène en définitive à la notion [λόγος][2] de cette chose, et la raison d'être primordiale est cause et principe); en un autre sens, la cause est la matière [ὕλη][3] ou substrat [ὑποκείμενον]; en un troisième

30 sens, c'est le principe du mouvement; en un quatrième, qui s'oppose au troisième, la cause c'est ce pourquoi [τὸ οὗ ἕνεκα], ou le bien (car le bien est la fin [τέλος] de toute génération et de tout mouvement). — Nous avons suffisamment étudié ces principes

983 b dans la *Physique*[4]. Cependant appelons à notre aide les opinions de ceux qui, avant nous, se sont appliqués à l'étude des êtres, et qui ont philosophé sur la vérité : il est évident qu'eux aussi parlent de cer-

---

[1] Οὐσία signifie proprement *substance*. Mais ce terme est assez mal défini chez AR. Il peut signifier soit la substance matérielle, soit, comme dans le présent passage, la substance formelle, ou essence, ou quiddité, soit enfin le composé concret de matière et de forme. La substance première (πρώτη οὐσία) est alors l'individu, le τόδε τι, le χωριστός. — Τὸ τί ἦν εἶναι, c'est ce qu'il a été donné d'être à quelque chose (*quod quid erat esse*), c'est-à-dire, explique SAINT THOMAS (*de Ente et Essentia*, cap. I) hoc per quod aliquid habet esse quid ; c'est la quiddité (*quidditas*), la nature (*natura*) de la chose, la forme. La quiddité se rapproche de l'universel (καθόλου) mais avec cette différence qu'elle est quiddité d'un τόδε τι, c'est-à-dire d'un être individuel et concret, tandis que le καθόλου est l'unité d'une multiplicité quelconque. En somme c'est la définition totale de la chose, l'ensemble de ses attributs essentiels ; le

τὸ τί ἦν εἶναι a donc moins d'extension que le τὸ τί ἐστι qui est le genre. Cf BONITZ, *Index arist.*, 763 b, 10 et ss. — Le parfait, ἦν, s'explique par ce que la forme est antérieure au composé
[2] Le λόγος est le concept, l'essence de la chose dans l'esprit, la pensée d'une chose. Ce terme présente à la fois un sens logique et ontologique, et il désigne tant l'objet même que son expression intelligible. Par suite c'est aussi la définition de la chose. Cf. BONITZ, *Ind. arist.*, 433 b ; ROBIN, *la Pensée grecque*, p. 91, note.
[3] Le mot ὕλη ne veut pas dire rigoureusement *matière*. Comme l'indique ici AR., c'est le sujet, le substrat (ὑποκείμενον) ; il désigne le devenir sous toutes ses formes. Cf., sur l'histoire du terme, RIVAUD, *Le problème du devenir*, pp. 370 et ss., § 262 et ss.
[4] *Phys.*, II, 3, 7.

tains principes et de certaines causes. Cet examen
sera utile à notre présente recherche, car, ou bien
nous découvrirons une autre espèce de cause, ou 5
bien notre confiance sera affermie dans notre présente
énumération.

La plupart des premiers philosophes considéraient
comme les seuls principes de toutes choses ceux qui
sont de la nature de la matière [ἐν ὕλης εἴδει]¹. Ce dont
tous les êtres sont constitués, le point de départ de
leur génération et le terme final de leur corruption,
pendant que la substance persiste sous la diversité 10
de ses déterminations, tel est, pour eux, l'élément
[στοιχεῖον], tel est le principes des êtres; aussi estiment-
ils qu'il n'y a ni génération, ni destruction, étant
donné que cette nature première subsiste toujours,
de même que nous ne disons pas que Socrate est engendré au sens absolu [ἁπλῶς] quand il devient beau
ou musicien, ni qu'il périt quand il perd ces ma- 15
nières d'être [ἕξεις]², parce que le substratum demeure,
savoir Socrate lui-même. C'est ainsi que ces philosophes disent qu'aucune des autres choses ne naît
ni ne se corrompt, car il doit y avoir une réalité
quelconque, soit une, soit multiple, d'où tout le
reste est engendré, mais demeurant elle-même toujours. — Quant au nombre et à la nature de ces élé-

---

¹ Ces principes ne sont pas simplement matériels, car la matière pure est
indifférenciée, mais « de la nature de
la matière », c'est-à-dire réalisés dans
les quatre éléments (Cf. Ross, I, 128).
² ἕξις veut dire manière d'être, état
habituel (science, vertu) par opposition à διάθεσις, disposition passagère
(maladie, santé, chaleur, refroidisse-
ment), et à πάθος, qui est une simple affection superficielle, une détermination qui disparaît vite. Cf. Ps.
Alex., 642, 23-26 Hd.

ments, ces philosophes ne sont pas tous d'accord. —
20 THALÈS[1], le fondateur de ce genre de philosophie,
dit que le principe est l'Eau (c'est pourquoi aussi il
déclarait que la Terre flottait sur l'Eau); il fut conduit sans doute [ἴσως][2] à cette croyance en observant
que toutes choses se nourrissent de l'humide et que
le chaud lui-même en procède et en vit (or ce dont
les choses viennent est, pour toutes, leur principe).
25 C'est cette observation qui lui fit adopter cette conception, et aussi cet autre fait que les semences de
toutes choses sont humides de leur nature, et que
l'Eau est le principe de la nature des choses humides.
— D'après certains[3], les anciens cosmologistes aussi,
bien antérieurs à notre génération et qui furent les
premiers à traiter des dieux[4], se seraient figuré la
30 nature de la même manière. Ils donnent effective-
ment l'Océan et Téthys comme auteurs de la génération, et font jurer les dieux par l'eau, que les poètes
appellent Styx ; le plus ancien étant, en effet, le plus
vénérable, ce par quoi on jure est ce qu'il y a de
plus vénérable[5]. Quant à savoir si cette opinion sur la

---

[1] Sur les systèmes des philosophes antésocratiques, on consultera J. BUR-NET, *L'Aurore de la Philosophie grec-que*, et surtout L. ROBIN, *La Pensée grecque*. AR. ne rapporte qu'assez in-exactement les opinions de ses pré-décesseurs.

[2] Terme fréquent chez AR. Il signi-fie *sans doute*, beaucoup plus que *peut-être*. Saepe ἴσως *non dubitantis est, sed cum modestia quadam asse-verantis* (BONITZ, *Ind. ar.*, 347 b, 32).

[3] PLATON probablement.

[4] AR. entend par *Théologiens* ceux qui ont traité la science sous la forme du mythe, par opposition aux *Physio-logues* ou *Physiciens*. Ces Théologiens, en l'espèce, sont HOMÈRE, HÉSIODE et le légendaire ORPHÉE (Cf. PLATON, *Théét.*, 181 b).

[5] Sur la construction irrégulière de ce syllogisme, cf. ALEX. 25, 13 Hd ; BONITZ, *Métaph.*, p. 64 ; COLLE, *Com.*, pp. 46-47. Comme le remarque ALEX., on doit sous-entendre la proposition « le plus ancien est évidemment prin-cipe ».

nature est primitive et ancienne, ce n'est pas bien 984 *a*
clair ; toujours est-il que ce fut, dit-on, la doctrine
déclarée de THALÈS au sujet de la cause première des
choses. — En ce qui concerne HIPPON, nul ne pen-
serait à le placer au rang de ces philosophes, à raison
de la faiblesse de sa pensée. — ANAXIMÈNE et DIOGÈNE 5
posent l'Air comme antérieur à l'Eau, et, parmi les
corps simples, ils le préfèrent comme principe,
tandis que pour HIPPASE de MÉTAPONTE et HÉRACLITE
d'EPHÈSE, c'est le Feu. — EMPÉDOCLE compte comme
éléments les quatre corps simples, en ajoutant un
quatrième, la Terre, à ceux dont nous venons de
parler ; ces éléments subsistent toujours et ne sont
pas engendrés, sauf en ce qui touche l'accroissement 10
ou la diminution numérique, s'unissant pour former
une unité ou se divisant à partir de cette unité[1].
— ANAXAGORE de CLAZOMÈNE, l'aîné d'EMPÉDOCLE,
mais dont la pensée semble appartenir à un âge postérieur [ὕστερος][2], admet des principes en nombre infini ; presque toutes les choses, dit-il, qui sont formées de parties semblables entre elles [ὁμοιομερῆ][3], à
la façon de l'Eau ou du Feu, ne sont sujettes à la

---

[1] Passage difficile, dont ALEXANDRE
(27, 15 Hd) a donné trois explications. Nous avons adopté la première,
qui est plus conforme à la doctrine
d'EMPÉDOCLE, telle qu'elle est exposée
fragment 17 Diels. Il faut comprendre que l'union des éléments se fait
sous l'action de l'Amitié, et leur séparation sous l'action de la Haine.
[2] Le sens d'ὕστερος est douteux.
ALEX. (27, 26 Hd) traduit par « infé-
rieur en mérite », ce qui est correct ;
on pourrait aussi comprendre littéra-

lement « plus récent par ses travaux ».
Notre traduction est celle de BONITZ
(*Métaph.* 67) et de RAVAISSON. Cf.
BURNET, *l'Aurore de la Philosophie
grecque*, trad. fr., p. 300, n. 1.
[3] On entend par *homéomères* les
parties de même nature, dans lesquelles
l'analyse ne révèle jamais des éléments de nature diverse. Dans la terminologie d'AR., ὁμοιομερῆ s'oppose
à ἀνομοιομερῆ. ANAXAGORE lui-même
n'emploie pas ce terme. — Dans le
présent passage, qui est en contra-

génération et à la destruction que d'une seule façon,
15 savoir par l'union ou la séparation des parties ; elles
ne naissent, ni ne périssent d'une autre façon, mais
elles subsistent éternellement.

De cet exposé, il résulte que la cause unique, au
sentiment de ces philosophes, c'est celle qui est dési-
gnée comme étant de la nature de la matière. A cet
endroit, la réalité elle-même leur traça la voie, et les
obligea à une recherche plus approfondie. Qu'on
suppose tant qu'on voudra, en effet, que toute géné-
20 ration et toute corruption procèdent d'un unique
principe ou de plusieurs, pourquoi cela arrive-t-il, et
quelle en est la cause? Ce n'est assurément pas le
substratum qui est lui-même l'auteur de ses propres
changements. Par exemple, ce n'est ni le bois, ni
l'airain qui est cause du changement de l'un et de
l'autre; ce n'est pas le bois qui fait le lit, ni l'airain,
25 la statue, mais quelque autre chose est cause du changement. Or, rechercher cette autre chose, c'est rechercher l'autre principe, comme nous dirions, ce dont
vient le commencement du mouvement. Les philosophes qui, tout à fait au début, s'attachèrent à cette
sorte de recherche, et qui énoncèrent l'unité du substratum, ne s'étaient pas mis en peine de cette difficulté ; mais quelques-uns du moins parmi ceux qui pro-

---

diction avec ce que dit Ar. au *de
Gen. et Corr.*, I, 1, 314 *a* 24, il ne faut
pas, semble-t-il, prendre le terme
ὁμοιομερῆ au sens anaxagoréen de
σπέρματα. Aussi les mots καθάπερ ὕδωρ
ἢ πῦρ, l. 14, signifient-ils non pas
« comme l'Eau ou le Feu », mais « à

la manière de l'Eau ou du Feu ».
L'Eau et le Feu ne sont pas des homéomères comme la chair et les os,
mais seulement comme composés de
parties semblables. Cf. Bonitz, *Métaph.*
68 ; Burnet, *l'Aur. de la Phil.*, p.
305, n. 3 ; Ross, I, 132.

clamaient cette unité [1], succombant en quelque sorte 30
sous la question qu'ils avaient soulevée, affirment
que l'Un est immobile, et, par suite, toute la nature,
non seulement en ce qui concerne la génération et
la corruption (croyance primitive que tous ont adop-
tée), mais aussi en ce qui concerne tout autre changement quelconque, doctrine qui leur est parti- 984 b
culière. — Parmi ceux qui énoncent l'unité du Tout,
nul n'est donc arrivé à la conception de la cause
efficiente, exception faite peut-être pour PARMÉNIDE,
et seulement en tant qu'il reconnaît non seulement
une cause, mais aussi, en un certain sens, deux
causes [2]. — Quant aux philosophes qui admettent 5
plusieurs éléments [3], tels que le chaud et le froid,
ou le Feu et la Terre, il leur est plus aisé de découvrir
la seconde cause. Ils attribuent, en effet, au Feu la
nature du mouvement, et à l'Eau, à la Terre et aux
autres éléments, la passivité contraire.

Après eux, comme de tels principes, une fois découverts, se montraient insuffisants pour engendrer
la nature des choses, les philosophes, contraints de
nouveau, ainsi que nous l'avons dit, par la vérité 10
elle-même, recoururent à un autre principe causal [4].
En effet, l'existence ou la production de l'ordre et

---

[1] Les ELÉATES.
[2] Il s'agit de la « route de l'opinion », exposée dans la seconde partie
du Poème de PARMÉNIDE, et qu'il faut
connaître, tout au moins à titre pré-
ventif. Cf. infra 5, 986 b, 31. Sur la
signification de cette opinion, cf. ROBIN,
La Pensée grecque,
p. 106 ; BURNET, l'Aurore de la Phil.
gr., trad. fr., p. 210.

[3] Peut-être PARMÉNIDE ou les PY-
THAGORICIENS, mais plus probablement
EMPÉDOCLE.
[4] Sur le sens de τὰς τοιαύτας ἀρχάς,
l. 8, et de τὴν ἐχομένην ἀρχήν, l. 11, cf.
Ross, I, 135, qui montre bien que le
Νοῦς d'ANAXAGORE n'est pas une cause
finale, mais une cause efficiente dégagée des éléments (cf. l. 20-23 ci-dessous).

du beau dans les choses n'a probablement pour
cause ni le Feu, ni la Terre, ni un autre élément
de ce genre, et il n'est même pas vraisemblable
que ces philosophes l'aient pensé. Par contre, rap-
porter au hasard [αὐτόματον] et à la fortune [τύχη][1]
15 une si grande œuvre n'était pas raisonnable. Aussi,
quand un homme[2] vint dire qu'il y avait dans la
nature, comme chez les animaux, une Intelligence
[νοῦς], cause de l'ordre et de l'arrangement universel,
il apparut comme seul en son bon sens en face des
divagations de ses prédécesseurs. Sans aucun doute,
ANAXAGORE, nous le savons, adopta cette solution,
mais il fut devancé, dit-on, par HERMOTIME de CLAZO-
20 MÈNE. Ceux donc qui professaient cette doctrine, en
même temps qu'ils posaient la cause du Bien dans
le monde comme principe des êtres, en firent aussi ce
principe qui donne le mouvement aux êtres[3].

4.

< *Suite de l'examen
des philosophies antéplatoniciennes.* >

On pourrait soupçonner HÉSIODE d'avoir, le premier, recherché quelque chose d'analogue, et, avec

---

[1] L'αὐτόματον (*casus*) est la spontanéité, le hasard en général, dont la
τύχη (*fortuna*) est une espèce particulière, le hasard dans le domaine de
la pratique humaine. Cf. *Phys.* II, 4,
5, 6, notamment 196 *a* 36, avec le
commentaire de HAMELIN. AR. emploie

d'ailleurs fréquemment ces deux termes l'un pour l'autre.
[2] ANAXAGORE (cf. fragment 12 Diels).
[3] Autrement dit, le Νοῦς était à la
fois la cause de la beauté et la cause
du mouvement.

lui, tous ceux qui ont posé l'Amour ou le Désir
comme principe dans les êtres, ainsi que PARMÉNIDE, 25
par exemple, l'a fait. Ce dernier, exposant la genèse
du Tout : « < Aphrodite > a créé l'Amour, dit-il, le
premier de tous les dieux [1]. » Et HÉSIODE : « Bien avant
toutes choses, fut le Chaos, puis la Terre aux larges
flancs, et l'Amour, qu'on admire entre tous les Im-
mortels » [2]; tant il fallait que se trouvât dans les êtres
une cause capable de donner le mouvement et l'ordre 30
aux choses! Quant à savoir à qui attribuer la priorité
de cette découverte, qu'il nous soit permis de ren-
voyer à plus tard notre sentence. — Mais on s'aperçut
que les opposés du Bien se rencontraient aussi dans
la nature ; que non seulement l'ordre et le beau s'y
trouvaient, mais aussi le désordre et le laid ; que le 985 a
mal l'emportait sur le bien et le laid sur le beau.
C'est alors qu'un autre philosophe introduisit l'Amitié et la Haine : chacune d'elles est la cause de l'un
de ces deux effets, car, si l'on poursuivait le raisonnement d'EMPÉDOCLE, en s'attachant plus à l'esprit
qu'à l'expression litérale qui nest qu'un bégaiement, 5
on trouverait que l'Amitié est la cause du bien, et
la Haine, la cause du mal. De sorte que si l'on soutenait qu'EMPÉDOCLE, en un sens, a proclamé, et proclamé le premier, le Bien et le Mal comme principes,
peut-être aurait-on raison, puisque la cause de tous

---

[1] Fragment 13 Diels. — μητίσατο,
l. 27, a, comme sujet sous-entendu,
'Αφροδίτη.
[2] *Théog.* 116-120. La citation d'AR.

est d'ailleurs inexacte, comme la plupart de ses citations, faites de mémoire.

10 les biens est le Bien lui-même, < et la cause des
maux, le Mal >[1].

Ces philosophes, disons-nous, ont évidemment
appréhendé jusqu'ici deux des causes que nous avons
déterminées dans la *Physique*[2], à savoir la matière
et le principe du mouvement ; mais ils l'ont fait
d'une manière vague et obscure, comme, dans les
combats, se conduisent les soldats mal exercés, qui
15 s'élancent de tous côtés et portent souvent d'heureux
coups, sans que la science y soit pour rien ; ainsi, ces
philosophes ne semblent pas savoir ce qu'ils disent,
car on ne les voit presque jamais, ou peu s'en faut,
recourir à leurs principes. ANAXAGORE se sert de l'Intelligence comme d'un *deus ex machina* [μηχανή]
pour la génération de son Univers ; quand il est em-
barrassé de désigner la cause de quelque phénomène
20 nécessaire, il tire sur la scène l'Intelligence, mais,
dans les autres cas, c'est à de tous autres principes
plutôt qu'à l'Intelligence qu'il attribue la production
du devenir[3]. — EMPÉDOCLE, lui, bien qu'il se serve
des causes plus que ce dernier, ne le fait pourtant pas
suffisamment, et, dans leur usage, il ne parvient pas
à éviter l'incohérence. Souvent, du moins, chez lui,
25 l'Amitié sépare et la Haine unit. Quand, en effet, le
Tout est dissous en ses éléments sous l'action de la
Haine, le Feu est uni en un tout, et il en est ainsi de
chacun des autres éléments ; inversement, quand,

---

[1] Douteux, omis par ALEX. et les
meilleurs mss.

[2] *Phys.* II, 3, 7.
[3] Cf. PLATON, *Phédon*, 97c-99.

sous l'action de l'Amitié, les éléments sont réduits à
l'unité, les parties sont de nouveau forcées de se séparer de chaque élément. Ainsi donc, EMPÉDOCLE,
contrairement à ses devanciers, résolut, le premier,
de diviser la cause en question, en ne faisant pas du 30
principe du mouvement un principe unique, mais
en posant deux principes différents et contraires. En
outre, il fut le premier à reconnaître quatre éléments
d'une nature matérielle. Cependant il ne s'en sert pas
comme s'ils étaient quatre, mais comme s'ils étaient
deux seulement, d'une part, le Feu pris en soi, et, 985 b
d'autre part, ses opposés, considérés comme une
seule nature, savoir la Terre, l'Air et l'Eau. On peut
s'en rendre compte à la lecture de son poème[1].

Tels sont donc, disons-nous, la nature et le nombre
des principes dont ce philosophe a fait état. —
LEUCIPPE et son compagnon DÉMOCRITE, prirent pour
éléments le Plein et le Vide, qu'ils appelaient l'Etre 5
et le Non-Etre. De ces principes, le Plein et le Solide
c'est l'Etre; le Vide et le Rare, c'est le Non-Etre (c'est
pourquoi, à leur sens, l'Etre n'a pas plus d'existence
que le Non-Etre, parce que le Vide n'existe pas moins
que le Corps)[2]. Ce sont là les causes des êtres comme
matière. Et de même que ceux qui admettent l'unité 10
de la substance prise comme sujet, engendrent tous
les autres êtres au moyen des modifications de cette
substance, en posant le Rare et le Dense comme les

---

[1] Fragment 62 Diels, notamment.
[2] La correction de Ross I, 139, lequel, d'après SCHWEGLER, lit, I. 9, τοῦ
κενοῦ τὸ σῶμα, ne s'impose pas.

principes des modifications, c'est de la même manière que ces philosophes prétendent que les différences dans les éléments sont les causes de toutes les
autres qualités. Or ces différences sont, d'après eux,
au nombre de trois : la figure, l'ordre et la position
[σχῆμα, τάξις, θεσις]. Les différences de l'être, disent-
15 ils, ne viennent que de la configuration, de l'arrangement et de la tournure [ῥυσμός, διαθιγή, τροπή]. Or
la configuration, c'est la figure, l'arrangement, c'est
l'ordre, et la tournure, c'est la position. Ainsi *A*
diffère de *N* par la figure, *AN*, de *NA* par l'ordre, et
Z, de *N*[1] par la position. — Quant au problème du
mouvement : d'où, ou comment, les êtres le possèdent, ces philosophes, comme tous les autres, l'ont
20 négligemment passé sous silence. — Tel est donc,
à notre sentiment, sur les deux causes en question[2],
le point où paraissent s'être arrêtées les recherches
de nos prédécesseurs.

5.

< *Suite de l'examen. Les* PYTHAGORICIENS,
*l'Ecole d'*ELÉE. >

Au temps de ces philosophes[3], et même avant
eux, ceux qu'on appelle les PYTHAGORICIENS se consa-

---

[1] Ou, peut-être, ⊟ de N, suivant
certains auteurs. (Cf. RIVAUD, *Le
Probl. du Dev.*, p. 152, note 345 ;
Ross, I, 141).

[2] La cause matérielle et la cause
efficiente.
[3] LES ATOMISTES.

crèrent, les premiers, aux mathématiques et les firent progresser. Pénétrés de cette discipline, ils pensèrent 25 que les principes des mathématiques étaient les principes de tous les êtres. Comme de ces principes les nombres sont, par leur nature, les premiers [1], et que, dans les nombres, les PYTHAGORICIENS pensaient apercevoir une multitude d'analogies avec les choses qui existent et deviennent, plutôt que dans le Feu, la Terre et l'Eau (telle détermination des nombres étant la justice, telle autre, l'âme et l'intelligence, telle 30 autre le temps critique, et, de même, en quelque sorte, pour chacune des autres déterminations) ; comme ils voyaient, en outre, que des nombres exprimaient les propriétés et les proportions musicales ; comme, enfin, toutes les autres choses leur paraissaient, dans leur nature entière, être formées à la ressemblance des nombres, et que les nombres semblaient être les réalités primordiales de l'Univers, ils considé- 986 a rèrent que les principes des nombres étaient les éléments de tous les êtres, et que le Ciel tout entier est harmonie et nombre. Et toutes les concordances ⌈ὁμολογούμενα⌉ qu'ils pouvaient relever, dans les nombres et la Musique, avec les phénomènes du Ciel et ses parties et avec l'ordre de l'Univers, ils les réunis- 5 saient et les faisaient entrer dans leur système ; et, si une lacune se révélait quelque part, ils procédaient aussitôt aux additions nécessaires pour assurer la

---

[1] Parmi les notions mathématiques, les nombres sont premiers et antérieurs aux grandeurs, lesquelles sont plus complexes, ἐκ προσθέσεως.

complète cohérence de leur théorie. Par exemple,
comme la Décade [ἡ δεκάς][1] semble être un nombre
parfait et embrasser toute la nature des nombres, ils
10 disent que les Corps célestes en mouvement sont au
nombre de dix ; mais comme les Corps visibles ne
sont que neuf, pour ce motif ils en imaginent un
dixième, l'Antiterre [ἀντίχθων]. — Nous avons traité
de tous ces points par ailleurs[2], avec plus de préci-
sion. Mais si nous y revenons, c'est pour apprendre
de ces philosophes aussi ce qu'ils posent comme
principes, et comment leurs principes tombent sous
15 les causes que nous avons déjà énumérées. — Or
il apparaît que ces philosophes estiment, eux aussi,
que le nombre est principe, tant comme matière des
êtres que comme constituant leurs modifications et
leurs états; les éléments du nombre seraient ainsi le
Pair et l'Impair; le Pair est infini, l'Impair, fini; l'Un
20 procède de ces deux éléments, car il est à la fois pair
et impair[3], et le nombre procède de l'Un ; et l'ensemble du Ciel, comme il a été dit, est nombres.

D'autres[4], parmi ces mêmes philosophes, reconnaissent dix principes, qu'ils rangent en deux colonnes parallèles [κατὰ συστοιχίαν] : Limite et Illimité,
Impair et Pair, Un et Multiple, Droite et Gauche, Mâle
25 et Femelle, en Repos et Mû, Rectiligne et Courbe, Lu-

---

[1] La Décade est le nombre parfait,
car elle contient tout ce qui existe.
En effet $10 = 1 + 2 + 3 + 4$. Or 1
est le nombre ; 2, la ligne ; 3, la surface ; 4, le solide. La Décade était
figurée par la fameuse *tetractys*. —
Sur les théories pythagoriciennes, le
meilleur exposé est celui de ROBIN, *La
Pensée grecque*, notamment pp. 72
et ss.
[2] *De Coelo*, II, 13, fragm. *de Py-
thagoreis*, II, 1513 a 40-b 20.
[3] C'est l'ἀρτιοπέριττος.
[4] Peut-être PHILOLAUS.

mière et Obscurité, Bon et Mauvais, Carré et
Oblong. — Sensiblement la même paraît avoir été la
doctrine d'ALCMÉON de CROTONE, soit que celui-ci ait
reçu ses idées des PYTHAGORICIENS, ou ces derniers,
d'ALCMÉON, car il florissait au temps de la vieillesse
de PYTHAGORE, et les doctrines sont presque identi- 30
ques[1]. Il dit, en effet, que la plupart des choses
humaines vont par deux, désignant par là non pas
des contrariétés définies comme celles des PYTHAGO-
RICIENS, mais des contrariétés prises au hasard : par
exemple, le Blanc et le Noir, le Doux et l'Amer, le
Bien et le Mal, le Grand et le Petit. Ainsi donc, ce
philosophe a émis des idées informes sur le reste[2],
tandis que les PYTHAGORICIENS se sont expliqués clai- 986 b
rement sur le nombre et la nature de leurs contrariétés. — De ces deux écoles[3] nous pouvons donc
retenir que les contraires sont les principes des êtres,
et l'une d'elles peut nous renseigner sur le nombre
et la nature de ces principes. Mais comment il est
possible de les réduire aux causes dont nous avons 5
parlé, c'est ce qui n'a pas été nettement articulé par
ces philosophes ; ils semblent pourtant ranger les
éléments sous l'idée de matière, car c'est à partir de
ces éléments, pris comme parties immanentes de
toutes choses, qu'est, disent-ils, constituée et façon-
née la substance.

---

[1] Texte de CHRIST.
[2] C'est-à-dire sur le nombre et la
nature des contraires.

[3] Les PYTHAGORICIENS et ALCMÉON.

La pensée des anciens philosophes qui ont admis
la pluralité des éléments de la nature, est suffisam-
10 ment connue par ce qui précède. Il est d'autres philosophes qui ont proclamé que le Tout est une seule
nature, mais l'excellence de l'exposition n'est pas
la même chez tous, ni la conformité avec les faits.
Pour ce qui regarde notre présente recherche des
causes, nous n'avons nullement à discuter leurs opinions[1]. En effet, ils ne procèdent pas à la manière de
certains physiologues qui, posant l'Etre comme un,
15 n'engendrent pas moins toutes choses à partir de
l'Un considéré comme matière ; leur doctrine est
d'une autre sorte. Tandis que les physiologues ajoutent le mouvement, puisqu'ils engendrent le Tout,
ces philosophes, au contraire, prétendent que le
Tout est immobile. — Voici cependant un point qui
intéresse particulièrement notre présente investigation : PARMÉNIDE paraît s'être attaché à l'unité formelle [κατὰ τὸν λόγον], et MÉLISSUS, à l'unité matérielle
20 [κατὰ τὴν ὕλην] ; aussi est-elle, pour le premier, finie,
et, pour le second, infinie. — Quant à XÉNOPHANE, le
plus ancien des partisans de l'Unité (car PARMÉNIDE,
dit-on, fut son disciple), il n'a donné aucun éclair-
cissement et ne semble avoir saisi la nature d'aucune
des deux causes[2]. Mais promenant ses regards sur
l'ensemble de l'Univers matériel, il dit que l'Un est
DIEU. Maintenant, ces philosophes, comme nous

---

[1] Car ils nient la multiplicité, ce
qui rend la cause inutile.

[2] La matière et la forme.

l'avons dit, doivent demeurer étrangers à notre pré- 25
sente recherche, et, d'une façon absolue, deux d'entre
eux, dont les conceptions sont, en vérité, par trop
grossières, XÉNOPHANE et MÉLISSUS. PARMÉNIDE, lui,
semble raisonner ici avec plus de pénétration. Per-
suadé que, hors de l'Etre, le Non-Etre n'est pas, il
pense que nécessairement une seule chose est, savoir
l'Etre, et qu'il n'existe rien d'autre (question que
nous avons développée plus clairement dans la *Phy-* 30
*sique*¹) ; mais, contraint de composer avec le réel,
d'admettre à la fois l'unité formelle et la pluralité
sensible, il en vient à poser deux causes et deux principes : le Chaud et le Froid, autrement dit le Feu et
la Terre, et, de ces deux principes, il rapporte l'un,
le Chaud, à l'Etre, et l'autre, au Non-Etre.   987 *a*

De ce qui a été dit et des doctrines des philosophes
avec qui nous venons de conférer, tel est donc ce que
nous avons recueilli : d'une part, les plus anciens
philosophes regardent le principe comme corporel
(car l'Eau et le Feu, et les éléments analogues sont
des corps) ; chez les uns, ce principe corporel est 5
unique, chez les autres, il est multiple, mais les uns
et les autres l'envisagent comme étant de la nature
de la matière ; — d'autre part, certains philosophes
admettent cette cause, et, en outre, celle d'où naît
le mouvement, cause unique chez les uns, double
chez les autres.

Jusqu'à l'Ecole ITALIQUE exclusivement, les autres 10

---

¹ *Phys.*, I, 3.

philosophes se sont donc trop brièvement expliqués
sur ces principes. Pourtant, comme nous l'avons dit, il
arrive qu'ils font appel à deux espèces de causes et
que l'une d'elles, la cause du mouvement, est considérée, par les uns, comme étant une, par les autres,
comme étant au nombre de deux. Les PYTHAGORICIENS
ont parlé, dans le même sens, de deux principes,
15 mais ils ont ajouté ceci qui leur est propre : c'est que
le Limité, ou l'Un [1], et l'Illimité ne sont pas, pensent-ils, des attributs de certaines autres réalités,
telles que le Feu, la Terre, ou tel autre élément de
cette sorte; mais l'Illimité même et l'Un même sont
la substance des choses dont ils sont affirmés, et c'est
pourquoi le nombre est la substance de toutes choses.
20 Telle est la manière dont ils se sont expliqués sur les
causes. — Au sujet de l'essence [τὸ τί ἐστι] [2], ils ont
commencé à raisonner et à définir, mais ils ont procédé par trop simplement. En effet, ils définissaient
superficiellement, et, en outre, le premier nombre
auquel était applicable la définition donnée, ils le
considéraient comme l'essence de la chose définie ;
comme si on pensait que le double et la dyade sont
identiques, parce que le double se trouve d'abord
25 affirmé de la dyade; mais, sans doute, l'essence du
double et de la dyade n'est pas la même, sinon l'Un

---

[1] καὶ τὸ ἕν. L'Un est un équivalent du Fini.

[2] τὸ τί ἐστι, c'est l'essence d'une chose, soit individuelle, soit universelle, mais posée comme un universel ou une combinaison d'universels ; elle correspond à la distinction entre attribut essentiel, ou par soi, et attribut accidentel. Dans la définition, c'est le genre.

serait multiple, et c'est là une conséquence du système [1].

Des anciens philosophes et de leurs successeurs tel est donc ce que nous pouvons apprendre.

6.

< *La théorie platonicienne des Idées.* >

Aux philosophies dont nous venons de parler succéda le système de PLATON, d'accord le plus souvent 30 avec elles, mais il a aussi ses caractères propres, qui le distingue de la philosophie de l'École ITALIQUE. — Dès sa jeunesse, PLATON, étant devenu d'abord ami de CRATYLE et familier avec les opinions d'HÉRACLITE, selon lesquelles toutes les choses sensibles sont dans un flux perpétuel et ne peuvent être objet de science, demeura par la suite fidèle à cette doctrine. D'un 987 b autre côté, SOCRATE, dont les leçons portaient exclusivement sur les choses morales, et nullement sur la nature entière, avait pourtant, dans ce domaine, cherché l'universel et fixé, le premier, la pensée sur les

---

[1] ARISTOTE adresse deux reproches aux Pythagoriciens. D'abord ils définissaient superficiellement : par exemple, nous apprend ALEX. (38, 10 Hd) ils définissaient la justice comme étant le carré, à raison de l'égalité qui se manifeste dans l'une comme dans l'autre notion. En outre, une fois la chose définie, ils parcouraient la série des nombres et attribuaient à cette chose le premier nombre venu, et ils disaient que ce nombre était l'essence. Par exemple s'ils avaient défini quelque chose comme double, ils disaient que 2 (la dyade) était son essence. Or cela revient à identifier le double et la dyade, ce qui est absurde, car tout ce qui sera double (4, 6, 8...) sera alors la même chose que 2 (Cf. COLLE, *Com.*, p. 93 et 94).

définitions. PLATON suivit son enseignement, mais
il fut amené à penser que cet universel devait exister
5 dans des réalités d'un autre ordre que les êtres
sensibles ; il ne peut exister, en effet, croyait-il,
une définition commune des objets sensibles individuels, de ceux du moins qui sont en perpétuel
changement. A de telles réalités, il donna alors le
nom d'Idées, les choses sensibles étant distinctes
d'elles [παρὰ ταῦτα] et toutes dénommées d'après elles
[κατὰ ταῦτα] ; c'est, en effet, par participation [κατὰ
μέτεξιν][1] qu'existe la pluralité sensible, univoque à
10 l'égard des Idées[2]. — Quant à cette « participation »
PLATON ne modifiait que le nom. Les PYTHAGORICIENS,
en effet, déclarent que les êtres existent par imitation [μίμησις] des nombres[3] ; pour PLATON, c'est une
participation [μέτεξις], le nom seul est changé. Mais
cette participation ou imitation des Idées, quelle en

---

[1] La participation se nomme μίξις,
μετάληψις, κοινωνία, κρᾶσις, παρουσία,
ὁμοίωσις et surtout μέτεξις, mais ce
dernier terme apparaît seulement dans
le *Parménide* (132 d).
[2] Sur ce texte difficile, cf. Ross, I,
161 et 162, et surtout ROBIN, *la Th.
Platon.*, p. 605, note 26. Nous avons
adopté la leçon courante τῶν συνωνύμων τοῖς εἴδεσιν, qui équivaut, semble-t-il, ἢ ἃ συνώνυμά ἐστι τοῖς εἴδεσι.
Mais peut-être faudrait-il lire, avec certains manuscrits, συνωνύμων ὁμώνυμα
τοῖς εἴδεσιν, expression qui, grammati-
calement, est plus satisfaisante, et traduire : la pluralité des choses, qui
sont univoques entre elles, sont, par
la Participation, équivoques à l'égard
des Idées. — Quant au terme συνώνυμον,
il signifie *synonyme, univoque*, au
sens scolastique : les choses univoques
(συνώνυμα) sont celles qui sont iden-

tiques en nature et en nom, qui sont
contenues dans le même genre (καθ' ἕν,
κατὰ μίαν ἰδέαν) ; à συνώνυμον s'oppose
ὁμώνυμον, *homonyme, équivoque* : les
ὁμώνυμα sont les choses qui n'ont de
commun que le nom, sans aucun caractère essentiel commun, par exemple (*Eth. Nic.*, V, I, 1179 a 30) κλείς
qui désigne une clef et la clavicule.
Sur cette distinction, cf. *Catég.*, 1,
1 a, 1, BONITZ, *Index Arist.*, 514 a 40,
ROBIN, *la Th. Plat.*, p. 606, note 26,
et p. 125, note 150-VII. — Chez
PLATON le sens de ces expressions était
différent (*Timée*, 52 a — *Parmén.*,
133 d).
[3] Cette affirmation d'AR. se conci-
lie difficilement avec ce qu'il dit plus
bas, l. 28. Sur ces deux conceptions
cf. RIVAUD, *le Probl. du Dev.*, p. 204, et
ROBIN, *la Pensée grecque*, p. 68.

peut être la nature, les uns et les autres ont laissé la
question en suspens. — De plus, outre les choses sensibles et les Idées, PLATON admet qu'il existe les Choses 15
mathématiques [τὰ μαθηματικά], qui sont des intermédiaires [μεταξύ], différentes, d'une part, des objets
sensibles, en ce qu'elles sont éternelles et immobiles,
et, d'autre part, des Idées, en ce qu'elles sont une
pluralité d'exemplaires semblables, tandis que l'Idée
est en elle-même, une réalité une, individuelle et sin-
gulière [1]. — Les Idées étant les causes des autres êtres,
il estima que leurs éléments sont les éléments de
toutes choses ; ainsi, comme matière, les principes 20
des Idées sont le Grand et le Petit [τὸ μέγα καὶ τὸ
μικρόν] et, comme forme, c'est l'Un [τὸ ἕν], car c'est
à partir du Grand et du Petit, et par participation
du Grand et du Petit à l'Un, que naissent les Nombres idéaux [2]. Or que l'Un soit la substance et non
le prédicat d'une autre chose de laquelle on dit
qu'elle est une, PLATON en tombe d'accord avec les
PYTHAGORICIENS ; que les nombres soient les causes de
la substance des autres êtres, il l'admet encore pareillement avec eux. Mais remplacer l'Infini, conçu 25
comme simple, par une Dyade, et constituer l'Infini avec le Grand et le Petit, c'est là une opinion

---

[1] Sur la théorie platonicienne des
Choses mathématiques, conçues comme
des réalités intermédiaires entre les
Idées et le sensible, cf. l'exposé de
ROBIN, la Th. Platon., pp. 203 et ss.;
ROSS, I, p. 166.

[2] Conformément à la suggestion de
ROSS, I, pp. 171, 172, nous supprimons τὰ εἴδη l. 22. Cf. aussi la note
ad hoc, dans l'édition CHRIST. — Sur
les Nombres idéaux et leurs principes
(Dyade indéfinie du Grand et du Petit,
et l'Un), cf. les livres M et N.

qui est propre à PLATON. Un autre point qui lui est
particulier, c'est qu'il place les nombres en dehors
[παρὰ] des objets sensibles, tandis que les PYTHAGO-
RICIENS prétendent que les choses mêmes sont nombres, et ne posent pas les Choses mathématiques
comme des êtres intermédiaires entre les Idées et
le sensible. S'il sépara ainsi du monde sensible
30 l'Un et les Nombres, contrairement aux PYTHAGORI-
CIENS, et s'il fit intervenir les Idées, ce fut en raison
de la considération des notions logiques (car ses prédécesseurs ne possédaient aucune connaissance de la
Dialectique) [1] ; si, d'autre part, il pose la Dyade indéfinie comme seconde nature, cela tient à ce que les
Nombres, à l'exception des Nombres impairs [2], naissent facilement de la Dyade comme de quelque ma-
988 a tière plastique. En réalité, c'est le contraire qui arrive,
et l'opinion de PLATON n'est pas rationnelle. De la
matière il fait sortir, en effet, une multiplicité de
choses, tandis que l'Idée n'engendre qu'une seule
fois ; pourtant il est manifeste que, d'une seule matière, on ne tire qu'une seule table, tandis que, une
Idée étant donnée, cette Idée, quoique unique, produit plusieurs tables. Il en est de même du mâle par
5 rapport à la femelle : celle-ci est fécondée par un

---

[1] A la différence des PYTHAGORICIENS
qui constituaient la réalité sensible
au moyen des nombres mêmes, PLA-
TON, fidèle à la méthode des définitions fondée par SOCRATE, s'attache à
l'universel et à la notion.
[2] Pour le sens de l'expression ἔξω
τῶν πρώτων (πρώτων équivalant à πε-
ριττῶν), cf. ROBIN, la Th. platon.,
p. 661, note 266-II, et Ross, I, 173.
— ARISTOTE ne veut pas dire que les
Nombres impairs ne dérivent pas de
la Dyade, mais que leur génération
est moins facile, à partir de la Dyade,
que celle des Nombres pairs. Sur la
génération platonicienne des Nombres, cf. le livre M, 8, 1084 a 2 et ss.

seul accouplement, mais le mâle féconde plusieurs femelles ; c'est là pourtant une image du rôle que jouent ces principes.

Telle est donc la façon dont PLATON a défini sa doctrine, sur les points en question. Les considérations qui précèdent montrent avec évidence qu'il ne s'est servi que de deux causes : de la cause formelle et de la cause matérielle (en effet, les Idées sont causes 10 de l'essence pour le monde sensible, et l'Un, à son tour, est cause pour les Idées) ; et cette matière, qui est substrat (et de laquelle se disent les Idées, pour les choses sensibles, et l'Un, pour les Idées), c'est la Dyade du Grand et du Petit. — PLATON a encore placé, dans l'un de ces deux principes, la cause du Bien, et dans l'autre, celle du Mal, ce qui avait déjà 15 été, avons-nous dit, l'objet des recherches de certains philosophes antérieurs, tels qu'EMPÉDOCLE et ANAXA-GORE.

7.

*< Rapports des systèmes examinés
avec les quatre causes aristotéliciennes. >*

Nous venons de passer en revue, brièvement et sommairement, les philosophes qui ont traité des principes et de la vérité, et nous avons examiné la manière dont ils en ont parlé. Pourtant cette étude 20 nous permet de constater que, de ceux qui ont parlé du principe et de la cause, nul n'a rien rencontré qui ne puisse se ramener aux causes déterminées dans notre *Physique*[1] ; tous, obscurément il est vrai, paraissent avoir comme pressenti quelqu'une d'entre elles. En effet, les uns parlent du principe envisagé comme matière, qu'ils le supposent un ou multiple,

25 et qu'ils le posent comme corporel ou incorporel ; par exemple, pour PLATON, c'est le Grand et le Petit, pour l'Ecole ITALIQUE, l'Indéterminé, pour EMPÉDO- CLE, le Feu, la Terre, l'Eau et l'Air, pour ANAXAGORE, l'infinité des homéoméries. Tous ces philosophes ont ainsi entrevu cette espèce de cause, et aussi tous ceux pour qui c'est l'Air, ou le Feu, ou l'Eau, ou un élé-

30 ment plus dense que le Feu mais plus subtil que l'Air, car telle est, au dire de certains[2], la nature de l'élément primitif.

Ces philosophes ne se sont donc attachés qu'à la cause matérielle. — D'autres ont eu en vue le prin- cipe du mouvement ; par exemple ceux qui pren- nent l'Amitié et la Haine, ou l'Intelligence, ou l'Amour, comme principe. — Mais quant à la quid- dité et à la substance formelle, aucun ne l'a claire-

35 ment dégagée[3] ; ceux qui l'ont approchée de plus près

988 *b* sont les partisans des Idées. En effet, ils ne voient pas dans les Idées la matière du monde sensible, ni dans l'Un, la matière des Idées, et ce n'est pas non plus pour eux, le principe du mouvement (ce seraient plutôt, disent-ils, des causes d'immobilité et de re-

---

[1] *Phys.*, II, 3 et 7.
[2] Il s'agit probablement de disci- ples d'ANAXIMÈNE.

[3] Cf. *de Gen. anim.*, V, 1, 778 *b* 5.

pos); ils présentent les Idées comme la quiddité de
chacune des autres choses, et l'Un comme la quid- 5
dité des Idées. — En ce qui concerne maintenant la cause finale des actions [πράξεις][1], des changements et des mouvements, ils admettent sa causalité, en un sens, mais ils n'en ont pas parlé au sens
suivant lequel la cause finale est, comme telle, naturellement cause. Ceux qui, en effet, parlent de l'Intelligence ou de l'Amitié, présentent ces causes
comme un bien, mais non comme la fin des êtres pris 10
dans leur existence ou leur devenir, puisqu'au contraire, d'après eux, ce sont les causes de leurs mouvements. De même, ceux qui assurent que l'Un ou
l'Etre est le Bien, disent que c'est la cause de la
substance, mais non que c'est en vue de cette cause
que les choses sont ou deviennent. Il leur arrive ainsi,
en quelque sorte, de dire et de ne pas dire, tout à
la fois, que le Bien est cause[2], car il s'agit, pour eux,
non pas du Bien en lui-même mais du Bien cause par 15
accident[3]. — L'exactitude de notre analyse des
causes, tant en ce qui concerne leur nombre que leur
nature, est donc confirmée, semble-t-il, par le témoignage de tous ces philosophes, à raison de leur impuissance même à atteindre une autre cause. En

1 La πρᾶξις est l'activité qui ne produit aucune œuvre extérieure et qui
n'a d'autre but que l'eupraxie (Eth.
Nic., VI, 1140 b 6). A la πρᾶξις s'oppose la ποίησις, réalisation d'une œuvre extérieure à l'agent.
2 Pour tout ce passage, cf. ROBIN,
la Th. platon., p. 509, note 453-IV,
dont nous adoptons l'interprétation,
notamment en ce qui concerne l'expression τὴν τοιαύτην φύσιν, l. 12.
3 Un accident, soit de la cause efficiente, pour ANAXAGORE et EMPÉDOCLE,
soit de la cause formelle, pour les
PLATONICIENS.

outre, il est évident que dans la recherche des principes, ou bien c'est de toutes ces façons qu'il faut
les considérer, ou bien c'est de quelqu'une d'entre
elles seulement.

20   Il nous reste à passer en revue les difficultés qui
peuvent se présenter en ce qui concerne le langage
que chacun de ces philosophes a tenu, et son attitude à l'égard des principes.

8.

< Critique des systèmes antérieurs à PLATON. >

Les philosophes [1] pour qui l'Univers est un, et qui
admettent une seule nature comme sa matière, matière corporelle et possédant l'étendue, tombent évidemment dans une foule d'erreurs. En effet, ils
posent seulement les éléments des corps, mais non
25 des êtres incorporels, bien qu'il existe aussi des êtres
incorporels. — Et puis, en s'efforçant d'expliquer les
causes de la génération et de la corruption, et en
construisant un système matériel de l'Univers, ils
passent sous silence le principe du mouvement. —
En outre, en aucun cas, ils ne reconnaissent pour
cause l'essence ou la forme ; — de plus [2], ils adop-

---

[1] Les premiers physiologues, ceux
qui ont pris l'un des quatre éléments
pour en faire le principe des choses.
[2] L'argumentation qui suit est dé-
licate. Voici de quelle façon elle est
exposée par COLLE, *Comm.*, pp. 113

et suiv. ARISTOTE reproche aux premiers physiologues d'avoir adopté à
la légère l'un quelconque des éléments, sans se préoccuper de la génération mutuelle de ces éléments. Et
pourtant c'est là le point capital, qui

tent, sans examen, comme principe des êtres, n'importe quel corps simple, sauf la Terre, sans réfléchir 30
sur le mode de production mutuelle des éléments, tels
que le Feu, l'Eau, la Terre et l'Air. Or, ces éléments
naissent les uns des autres, les uns par l'union, les
autres par la séparation, distinction qui est de la plus
haute importance pour déterminer leur antériorité
et leur postériorité relatives. En effet, d'un côté, ce
qui est le plus élémentaire semblerait être le corps à 35
partir duquel, en premier lieu, tous les autres corps
sont produits par union, et cet élément devrait être 989 a
le plus ténu et le plus subtil des corps. Aussi ceux
qui posent le Feu comme principe se rangeraient-ils
le plus volontiers à cette manière de voir. Mais tous
les autres philosophes reconnaissent de même que
tel doit bien être l'élément des corps. Du moins aucun
de ceux qui, plus tard, admirent un élément unique, 5
ne regarda la Terre comme élément, évidemment à
cause de la grossièreté de ses parties. Mais chacun des
trois autres éléments a trouvé ses défenseurs : pour
les uns, l'élément, c'est le Feu, pour d'autres, l'Eau,
pour d'autres, l'Air. Pourquoi donc, après tout,
n'ont-ils pas pris aussi la Terre, à l'exemple de la

---

seul permet de déterminer leur antériorité et leur postériorité les uns à l'égard des autres, et par suite de choisir l'élément primitif. En effet :
a) Si l'on considère l'antériorité dans l'ordre de la génération (τῇ μέν, *b* 34), où le composant est antérieur au composé, on devra prendre comme élément le corps le plus subtil. C'est bien ainsi d'ailleurs que les physiologues ont raisonné, puisque aucun d'eux, malgré les sollicitations du sens commun, n'a choisi la Terre.

Mais alors, il est clair que tous ceux qui n'ont pas pris le Feu comme principe (le Feu étant incontestablement l'élément le plus subtil) se sont trompés ;
b) Si, au contraire, on considère l'antériorité dans l'ordre de l'essence (*a* 15), où le composé est antérieur au composant, on aboutit à une conclusion inverse, et c'est alors la Terre qui devra être l'élément premier : or, aucun physiologue ne lui a accordé cette priorité.

plupart des hommes ? On dit, en effet, d'ordinaire,
10 que tout est Terre, et Hésiode lui-même assure [1] que
la Terre a été engendrée le premier parmi les corps :
tant est vieille et populaire cette croyance! A cet égard
donc, ni ceux qui admettent un principe autre que le
Feu, ni ceux qui font l'élément premier plus dense
que l'Air et plus subtil que l'Eau, ne sauraient être
15 dans la vérité. Mais, d'un autre côté, s'il est vrai que
le postérieur selon la génération est antérieur en
nature, et si le composé et le mélange est postérieur
selon la génération, c'est le contraire de ce que nous
avons dit qui sera vrai ; l'Eau sera antérieure à l'Air,
et la Terre à l'Eau.

Voilà donc tout ce que nous avons à dire des philosophes qui ont posé une seule cause matérielle. —
Les mêmes observations s'appliquent à ceux qui en
20 admettent un plus grand nombre, tel Empédocle,
qui reconnaît quatre corps comme matière des choses.
En ce qui concerne ce philosophe, il est nécessaire
de dégager aussi les conséquences de sa doctrine, dont
certaines sont les mêmes que celles que nous avons
mentionnées, tandis qu'il en est d'autres qui lui sont
particulières. Nous voyons, en effet, ces corps naître
les uns des autres, ce qui suppose que le même corps
ne reste pas toujours Feu ou Terre (ce point a été
étudié dans notre traité de la Nature [2]). Pour ce qui

---

[1] *Theog.*, 116.
[2] *de Cœlo*, III, 7. Première objection contre le système d'Empédocle :
les éléments, se transformant réellement les uns dans les autres, ne sont
pas principes, puisqu'ils ne restent
pas identiques.

concerne les causes des choses en mouvement, la 25
question de savoir s'il faut en reconnaître une ou
deux n'a été résolue par EMPÉDOCLE, croyons-nous,
ni comme il fallait, ni d'une manière entièrement
rationnelle[1]. Enfin, de toute façon, l'altération doit
être inévitablement rejetée, si l'on se range à son
opinion, car alors l'humide ne viendra pas du chaud,
ni le chaud, de l'humide. Dans ce cas, en effet, il
devrait y avoir un sujet pour recevoir les contraires
mêmes, et une nature une qui deviendrait Feu et
Eau, ce qu'EMPÉDOCLE refuse d'admettre[2]. — Quant 30
à ANAXAGORE, on pourrait supposer qu'il reconnaît
deux éléments[3], et cette supposition s'accorderait
entièrement avec une raison que lui-même n'a pas
articulée, mais qu'il eût inévitablement suivie, si elle
lui eût été présentée. En vérité, il est absurde de
soutenir qu'à l'origine toutes choses étaient mélan-
gées, puisque, entre autres raisons, il faut bien qu'il
y ait eu séparation antérieure, qu'en outre, il n'est 989 b
pas naturel que des essences quelconques se mêlent
ainsi au hasard, et qu'enfin les qualités et les accidents seraient séparés des substances, (les mêmes
choses qui sont sujettes au mélange, l'étant également
à la séparation). Cependant si on suivait le raisonnement d'ANAXAGORE, en développant en même temps 5
ce qu'il veut dire, sans doute sa pensée paraîtrait-

---

[1] Deuxième objection : indétermina-
tion, chez EMPÉDOCLE, du rôle de
l'Amitié et de la Haine. Cf. *supra*,
4, 985 *a* 22.

[2] Troisième objection: nécessité d'un
sujet des contraires, qui demeure sous
le changement.

[3] Le Noûς et le Mélange primitif.

elle assez originale. Quand rien, en effet, n'était
séparé, on ne pouvait évidemment rien affirmer de
vrai au sujet de cette substance primitive. Je veux
dire qu'elle n'était ni blanche, ni noire, ni grise, ni
d'aucune autre couleur ; elle était nécessairement
incolore, sinon elle aurait eu quelqu'une de ces
10 couleurs. Pareillement, et pour la même raison, elle
n'avait aucune saveur, ni aucune autre propriété de
ce genre. Elle ne pouvait avoir ni qualité, ni quantité,
ni détermination quelconque, car quelqu'une des
formes particulières lui eût été appliquée, ce qui est
impossible, tout étant mélangé ; une forme particulière eût exigé, en effet, une séparation préalable,
mais, suivant ANAXAGORE, tout était mélangé, à
15 l'exception de l'Intelligence, qui était seule pure et
sans mélange. Il en résulte qu'il admet pour principes l'Un (car c'est ce qui est simple et sans mélange), et l'Autre, comme nous, PLATONICIENS, posons
l'Indéterminé avant toute détermination et avant
toute participation à une forme quelconque [1]. — Ainsi
ces opinions manquent de rectitude et de clarté ; elles
20 tendent cependant à ressembler aux doctrines postérieures et à se rapprocher davantage des solutions
qui s'imposent actuellement.

Les spéculations familières à tous ces philosophes
portent seulement sur la génération et la corruption,
et sur le mouvement, car leurs investigations sont
à peu près limitées aux principes et aux causes de

---

[1] Sur l'Autre des PLATONICIENS ROBIN, la Th. Platon., p. 660, n° 261.
(ἕτερον, ἄλλο), comme μὴ ou μὴ ἕν, cf.

cette substance sensible. Mais les philosophes, qui
étendent leurs spéculations à tous les êtres, et qui
distinguent les êtres sensibles et les êtres non-sen- 25
sibles, s'appliquent évidemment à l'étude de ces
deux sortes d'êtres. Nous devrons donc de préférence
nous arrêter sur leurs doctrines et apprécier ce
qu'elles contiennent de bon ou de mauvais, en ce
qui regarde la partie du sujet qui nous reste à traiter.

    Ceux qui sont dits PYTHAGORICIENS font appel à
des principes et à des éléments plus éloignés encore 30
que ceux des physiologues (la cause en est qu'ils
prennent leurs principes en dehors des choses sensibles, car les Choses mathématiques rentrent dans
la classe des êtres sans mouvement, à l'exception de
celles dont traite l'Astronomie). Pourtant toutes leurs
discussions et tous leurs·systèmes ont pour objet la
nature: ils expliquent, en effet, la génération du
Ciel, et, en ce qui regarde les différentes parties du 990 *a*
Ciel, ses modifications et ses révolutions, ils obser-
vent les phénomènes qui se déroulent ; c'est à cette
étude qu'ils consacrent leurs principes et leurs causes,
comme s'ils partageaient l'opinion des autres, c'est-
à-dire des physiologues, que l'être se réduit strictement à ce qui est sensible et à ce qu'enveloppe ce que
nous appelons le Ciel. Mais leurs causes et leurs prin- 5
cipes sont, comme nous venons de le dire, suffisants
pour les élever à la conception d'êtres supra-sensibles,
et ils s'y adaptent mieux qu'à leurs théories physiques. — De quelle manière, cependant, se produira
le mouvement, alors qu'on ne pose rien d'autre que

la Limite et l'Illimité, avec l'Impair et le Pair ? Ils
ne l'expliquent pas, pas plus qu'ils n'expliquent
10 comment pourraient s'opérer, sans mouvement et
sans changement, la génération et la corruption,
ou les révolutions des corps qui se meuvent dans
le Ciel. — Bien plus : accordons-leur, ou admettons qu'il soit démontré, que l'étendue résulte
de leurs principes ; comment alors expliquer la légèreté ou la pesanteur des corps ? D'après ce qu'ils sup-
15 posent eux-mêmes et déclarent, ils doivent rendre
compte aussi bien des choses sensibles que des choses
mathématiques. Aussi, s'ils n'ont jamais parlé du
Feu, de la Terre et des autres corps de cette sorte,
c'est, je pense, parce qu'ils n'ont rien de spécial à
dire des êtres sensibles [1]. — En outre, comment concevoir que les déterminations du nombre, et le
nombre lui-même, soient causes des êtres et du deve-
20 nir de l'Univers matériel, et cela, dès l'origine et
maintenant encore, s'il n'y a aucun autre nombre
en dehors du nombre dont le Cosmos est composé [2] ?
Les Pythagoriciens ont placé, dans telle partie déterminée de l'Univers, l'opinion et le temps critique,
et, un peu plus près ou plus loin du centre, l'injus-
tice et la décision ou le mélange ; et ils en donnent
comme démonstration que chacune de ces choses est
25 un nombre, et que déjà se trouve réunie, dans ce

[1] Ils n'ont rien de spécial à en dire parce que leurs principes mathéma-tiques suffisent à les expliquer.
[2] Aristote veut dire : comment le nombre, avec ses déterminations peut-il, à la fois, constituer les choses et être la cause de cette constitution ? Le nombre serait alors la cause du nombre.

même lieu, une multiplicité de grandeurs composées
de nombres, parce que ces déterminations du nombre
sont localisées dans les différentes régions de l'étendue. Mais alors, est-ce que ce nombre, qui est dans
l'Univers, est le même que celui que nous devons
regarder comme représentant chacune de ces abstrac-
tions, ou bien est-ce un autre nombre distinct de
celui-là [1] ? PLATON affirme que c'est un autre nombre. 30
Il admet bien que tous ces êtres [2] et aussi leurs causes
sont des nombres, mais, pour lui, les uns, les nombres
intelligibles [α . νοητοί], sont seuls causes, et les
autres sont les nombres sensibles [α . αἰσθητοί] [3].

9

< *Critique du système des Idées* [4]. >

Laissons maintenant les PYTHAGORICIENS : nous pouvons nous en tenir sur leur compte à ce qui précède.
Quant à ceux qui posent les Idées comme causes,
d'abord, cherchant à appréhender les causes des êtres   990 b
qui nous entourent, ils ont introduit d'autres êtres
en nombre égal : tel celui qui, voulant faire un
compte, croirait, parce que le nombre des objets

---

[1] Autre question, qui se ramène à
la précédente : doit-on, ou non, identifier les nombres abstraits, que sont
l'opinion, etc..., avec les nombres concrets qui sont la substance des choses?
[2] C'est-à-dire les êtres et le devenir
de l'Univers matériel.

[3] Les nombres intelligibles sont les
Nombreux idéaux, qui sont les causes
des nombres engagés dans le sensible.
[4] Toute une partie de ce chapitre
est identique à M, 4,1078 b 34-1079 b
3 ; 5, 1079 b 12-1080 a 8.

serait trop petit, n'y pouvoir parvenir, et l'augmen-
terait alors pour faire son compte, Le nombre des
Idées est, en effet, presque égal, ou peu s'en faut, à
5 celui des êtres sensibles, dont ces philosophes, en
cherchant leurs causes, sont partis pour arriver aux
Idées. A chaque chose, en effet, correspond une réalité équivoque, et existant à part, tant des substances
proprement dites que des essences des autres choses
qui comportent l'unité d'une multiplicité, qu'il
s'agisse d'une multiplicité sensible ou d'une multiplicité éternelle[1].

Ensuite, de tous les arguments dialectiques au
moyen desquels nous démontrons [δείχνυμεν][2] l'existence des Idées, aucun n'est évident. Certains d'entre
10 eux ne conduisent pas à une conclusion nécessaire,
d'autres établissent des Idées de choses qui, de notre
avis, à nous, PLATONICIENS, n'en ont pas. En effet,
d'après les arguments tirés de l'existence des sciences,
il y aura des Idées de toutes les choses dont il y a
science ; d'après l'argument de l'unité d'une multiplicité [κατὰ τὸ ἓν ἐπὶ πολλῶν][3], il y en aura aussi des
négations ; enfin, d'après l'argument que même ce

---

[1] Sur ce texte, cf. ROBIN, la Th.
Platon., p. 124, note 150-VI. — Sur
le sens particulier du terme ὁμώνυμον,
l. 6, cf. même référence, note 150-VII.
[2] AR., qui, au moment de la
rédaction du livre A, se considère
encore comme platonicien, parle à la
première personne. Au livre M, nous
verrons qu'il emploie la troisième personne. On en a conclu que M est
d'une date postérieure à A. — Sur

l'emploi de la première personne,
cf une note intéressante de ROBIN, la
Th. Platon., p. 82, n. 89[1], et Ross,
I, 190 et ses références.
[3] Dans la terminologie aristotélicienne, l'Un est dit, suivant les cas,
παρὰ τὰ πολλά (antérieur et extérieur
au multiple — c'est l'Idée platonicienne), κατὰ τὰ πολλά (relatif au multiple) ou ἐπὶ πολλῶν (immanent au
multiple).

qui a péri constitue un objet de pensée, il y aura aussi
Idée des objets détruits, car leur représentation demeure dans la pensée. Même des raisonnements plus 15
exacts conduisent, les uns, à admettre les Idées des
relatifs [πρός τι] (or le relatif n'est pas même considéré par nous, PLATONICIENS, comme un genre par
soi), d'autres, à l'argument du troisième homme
[τρίτος ἄνθρωπος][1].— En général, la démonstration
dialectique de l'existence des Idées ruine le principe
que nous voulons établir de préférence à l'existence
même des Idées. Il en résulte, en effet, que ce n'est
pas la Dyade indéfinie qui sera première, mais le 20
nombre, que le relatif sera antérieur à ce qui est
par soi[2], et toutes autres contradictions avec leurs
propres principes où certains ont sombré en suivant
la doctrine des Idées.

De plus, d'après la conception dont nous partons

---

[1] AR. se contente d'énumérer les
divers arguments des Platoniciens :
exigences de la science, unité d'une
multiplicité, persistance dans la pensée
de ce qui a péri, auxquels il ajoute la
mention d'autres « raisonnements plus
précis » sur lesquels il ne fournit aucune indication. ALEXANDRE nous a
conservé, d'après le traité perdu d'AR.
περὶ ἰδεῶν, tous ces arguments (79,
3 et ss. Hd). On en trouvera une
excellente reconstitution dans ROBIN,
la Th. Platon., pp. 15 et ss. — Les
« raisonnements plus précis », auxquels AR. fait allusion, comprennent
notamment l'argument des relatifs et
celui du troisième homme, qui est
célèbre, et dont AR. s'est servi pour
combattre la théorie des Idées. Sur ce
dernier argument et ses diverses
formes, cf. ROBIN, p. 21, n. 18 et
p. 609, n. 51 ; cf. aussi Ross, I, 194.

En substance, c'est le suivant : si tout
élément commun à plusieurs choses
est élevé au rang de substance séparée, ce qui est commun à l'homme
sensible et à l'Homme en soi produira
à son tour un troisième homme ; ce
qui est commun à ce troisième
homme, à l'Homme en soi et à
l'homme sensible produira un quatrième homme, et ainsi de suite, à
l'infini.

[2] Cf. ALEX., 85, 21 Hd. — Si toute
unité d'une multiplicité est érigée en
substance séparée, la Dyade indéfinie
étant une dualité, cessera d'être principe ; c'est la dualité qui sera antérieure et sera une Idée. La dualité, à
son tour, est un nombre, lequel sera
antérieur en tant qu'Idée. D'autre
part, le nombre, qui est un relatif,
sera antérieur à la Dyade indéfinie,
qui pourtant est principe et par soi.

pour affirmer l'existence des Idées, non seulement
il y aura des Idées des substances, mais de beaucoup
d'autres choses (car il y a pensée une, non seulement
25 des substances, mais aussi des autres choses ; d'autre
part, il n'y a pas seulement science de la substance,
mais encore d'autres choses, et mille autres conséquences de cette sorte). Et cependant, d'après les
conséquences logiques et les opinions reçues à leur
sujet, si les Idées sont participables, inévitablement
c'est seulement des substances qu'il peut y avoir Idées.
30 En effet, il n'y a pas de participation par accident, mais
il faut que cette participation ait lieu à l'égard
de chaque Idée, en tant qu'elle n'est pas affirmée
accidentellement d'un sujet. Par « participation accidentelle », je veux dire que si un être participe du
Double en soi, il participe aussi de l'Eternel, mais
par accident, car c'est par accident que le Double
en soi est éternel. Donc, il n'y aura d'Idées que de
la substance ; or ce qui signifie la substance dans le
monde sensible la signifie également dans le monde
991 a intelligible ; autrement que voudrait-on dire en dé-
clarant que l'unité d'une multiplicité est quelque
chose de distinct de cette multiplicité [1]? — Et s'il y

---

[1] Toute cette argumentation est très
difficile. On en trouvera un bon
exposé dans Robin, la Th. Platon.,
pp. 627 et ss. — Aristote met les
Platoniciens en contradiction avec
eux-mêmes : d'une part l'unité de la
multiplicité a lieu en dehors des
substances, et il y aura des Idées de
qualités… et autres choses qui ne
sont pas substances ; mais, d'autre
part, la participation ne peut être que
substantielle. Il n'y a pas de participation par accident et il n'y a
d'Idées que de la substance, car une
chose n'est ce qu'elle est que par participation à l'essence de la chose par-
ticipée ; le double est double parce
qu'il participe au Double en soi,
essence du double, et non à l'Eternel,
qui n'est qu'un accident du double.
Enfin, substance a la même signification dans le monde sensible et dans

a identité de forme entre les Idées et les êtres qui y participent, il y aura entre les Idées et ces êtres quelque chose de commun. Pourquoi, en effet, entre les dyades corruptibles et les dyades mathématiques, multiples aussi, mais éternelles, y aurait-il unité et identité de la Dyade, plutôt qu'entre la Dyade en soi et quelque dyade particulière? Mais s'il n'y a pas 5 identité de forme, il y aura seulement homonymie, et c'est alors comme si on appelait « homme », à la fois Callias et un morceau de bois, sans envisager aucune nature commune entre eux[1].

La plus importante question à poser, ce serait de demander ce qu'enfin confèrent les Idées aux êtres sensibles, soit aux êtres éternels, soit aux êtres géné- 10 rables et corruptibles. En effet, elles ne sont pour ces êtres causes d'aucun mouvement, ni d'aucun changement. Elles ne sont non plus d'aucun secours pour la science des autres êtres (elles n'en sont pas, en effet, la substance, sinon elles seraient en eux), ni pour expliquer leur existence, car elles ne sont pas immanentes aux êtres participés ; si elles étaient immanentes, peut-être sembleraient-elles causes des

---

le monde intelligible, autrement la communauté de nature disparaîtrait et toute participation serait impossible : autrement dit les Idées sont univoques avec les choses sensibles. — C. aussi Colle, *Comm.*, pp. 135 et ss.

[1] S'il y a univocité, communauté de nature entre les Idées et les substances sensibles, il doit exister une réalité supérieure aux unes et aux autres, qui aura pour essence ce qu'il y a de commun entre elles (par exemple, il y aura une Dyade supérieure à la Dyade en soi et à la Dyade particulière), et ainsi de suite, à l'infini : nous retombons dans l'argument du troisième homme. Si, au contraire, les partisans des Idées tentent de nier cette communauté et de soutenir que les Idées et les choses sensibles sont simplement équivoques, alors c'est comme si on appelait « homme » un morceau de bois, puisqu'il n'y a rien de commun entre eux.

15 êtres, comme le blanc est cause de la blancheur dans
l'être blanc, en entrant dans sa composition ; mais
cet argument, qui a sa source dans ANAXAGORE, et
que, plus tard, EUDOXE et certains autres philosophes ont repris, est d'une réfutation trop facile, car il
est aisé de multiplier les objections insolubles contre
une pareille doctrine [1].— D'ailleurs, les autres objets
ne peuvent provenir « des » Idées [ἐκ] dans aucun
20 des sens où l'on entend d'ordinaire cette expression
« de » [2]. Quant à dire que les Idées sont des paradigmes [παραδείγματα] et que les autres choses en participent, c'est prononcer des mots vides et faire des
métaphores poétiques. Où donc travaille-t-on en
fixant les yeux sur les Idées ? Il peut se faire, en effet,
qu'il existe et devienne quelque être semblable à
un autre être, sans se trouver modelé sur cet autre ;
25 ainsi, Socrate existant ou non, il pourrait naître un
homme semblable à Socrate ; et il en serait évidemment ainsi, quand bien même on supposerait un
Socrate éternel. En outre, il y aurait plusieurs
paradigmes du même être, et, par suite, plusieurs
Idées de cet être ; par exemple, pour l'homme, ce
serait l'Animal, le Bipède, et, en même temps aussi,
l'Homme en soi. De plus, ce ne sont pas seulement

---

[1] ALEXANDRE (97, 21 Hd) expose en détail les nombreuses objections d'AR., d'après le περὶ ἰδεῶν. D'une façon gé-nérale, on peut reprocher à cette théo-rie du Mélange d'être grossièrement matérialiste et d'enlever aux Idées leur transcendance.

[2] Interprétation de BONITZ (*Metaph.* 117) et de ROSS (I, 198). On peut comprendre aussi, avec ROBIN (*la Th. Platon.*, p. 77, n. 87-I) qu'« aucun des moyens ordinairement employés pour expliquer la génération de quelque chose » ne donne non plus satisfac-tion.

des êtres sensibles que les Idées seront paradigmes,
mais aussi des Idées elles-mêmes, et, par exemple, le 30
genre, en tant que genre, sera le paradigme des
espèces contenues dans le genre [1]; la même chose sera
donc paradigme et image. Et puis, il semblerait
impossible que la substance fût séparée de ce dont 991 b
elle est substance ; comment donc les Idées, qui sont
les substances des choses, seraient-elles séparées des
choses ?

Dans le *Phédon* [2], il est dit que les causes de l'être
et du devenir sont les Idées ; pourtant, même en
admettant l'existence des Idées, les êtres participés ne
sont pas engendrés sans l'intervention d'une cause 5
motrice ; par contre, beaucoup d'autres objets sont
produits, par exemple une maison et un anneau, dont
nous, PLATONICIENS, disons qu'il n'y a pas d'Idées.
Il est donc évidemment possible, pour les autres
choses aussi, d'exister et de devenir par des causes
analogues à celles des objets dont nous parlons.

Ensuite, si les Idées sont des nombres, comment
seront-elles causes ? Est-ce parce que les êtres sont 10
d'autres nombres, par exemple tel nombre, l'homme,
tel autre, Socrate, tel autre, Callias ? Pourquoi alors
les Nombres idéaux sont-ils causes des nombres des
choses ? Que les uns soient éternels et que les autres
ne le soient pas, ce sera là une différence insuffisante.
Si l'on objecte que les êtres sensibles sont des rap-

---

[1] Sur ce passage, cf. ROBIN, *la Th.*
Platon., p. 81, n. 88. — Sur les
γένους εἴδη distinguées des τὰ μὴ γένους
εἴδη, voir *infra* Z, 4, 1030 a 12, note.
[2] 100 c e.

ports numériques, par exemple une harmonie, il est
clair qu'il y a quelque chose du moins dont ils sont
rapports. Si ce quelque chose, savoir un substrat, est
15 une chose définie, il est évident que les Nombres
idéaux eux-mêmes seront des rapports d'une chose à
une autre. Je prends un exemple : si Callias est un
rapport numérique de Feu, de Terre, d'Eau et d'Air,
l'Idée, elle aussi, sera un rapport numérique de certains autres substrats, et l'Homme en soi, qu'il soit un
Nombre idéal ou non, sera malgré tout un rapport
20 numérique de certains éléments, et non un nombre
proprement dit, et, pour cette raison, il n'y aura
plus aucun nombre du tout[1]. — En outre, d'une
pluralité de nombres est engendré un nombre unique, mais d'une pluralité d'Idées, comment engendrer une Idée unique? Si ce n'est pas des nombres
eux-mêmes, mais des unités contenues dans le nombre, que le nombre est engendré, comme dans la
myriade, quelle sera alors la nature de ces unités
[μονάδες] ? Si ces unités sont spécifiquement identiques, il s'ensuivra de nombreuses absurdités, et la
difficulté sera la même si elles ne sont pas spécifi-
25 quement identiques, que les unités entrant dans la
constitution d'un même nombre ne soient pas iden-

---

[1] Le passage est très difficile et son
sens est contesté. Nous adoptons,
pour l'ensemble, l'explication donnée
en premier lieu par ALEXANDRE (109,
12-30), et en tenant compte des observations de ROBIN, la Th. Platon.,
p. 356, n. 299. Cf. aussi Ross, I,
199. — Quelles que soient les difficultés du texte, la pensée d'ARISTOTE
est claire. Si les Nombres idéaux sont
des rapports, ils perdent leur substantialité puisqu'ils doivent se fon-
der sur un sujet. C'est la ruine du
nombre idéal, et, par suite, du nombre sensible, qui en est la copie.

tiques entre elles ou que les unités appartenant à
des nombres différents ne soient pas non plus toutes
identiques à l'égard de toutes [1]. En effet, par quoi dif-
féreraient-elles, étant sans déterminations? Ces hypo-
thèses ne sont ni conséquentes, ni en conformité avec
ce que nous pensons au sujet des unités. —<Si les
unités sont spécifiquement distinctes>[2], il sera
ensuite nécessaire d'introduire une autre espèce de
nombre qui sera l'objet de l'Arithmétique, et cons-
tituera toutes ces réalités, appelées intermédiaires par
certains philosophes [3]. Comment ces intermédiaires
existent-ils, et de quels principes procèdent-ils? Pourquoi y a-t-il des intermédiaires entre le monde sen- · 30
sible et les Idées? — De plus, les unités, dans la
Dyade indéfinie, viendront chacune d'une dyade
antérieure, ce qui est impossible [4]. — En outre, 992 a
comment expliquer que le Nombre idéal, composé

---

[1] μήτε αἱ αὐταὶ ἀλλήλαις μήτε αἱ ἄλλαι
πᾶσαι πάσαις. L'interprétation de ce
passage soulève beaucoup de difficultés : cf. ROBIN, la Th. Platon., p. 332,
n. 284, note 4, et Ross, I, 200.
— Dans l'ensemble, l'argumentation
d'AR. est la suivante. Le Nombre
idéal est une individualité une, tout
à fait distincte du nombre mathématique, et qui ne saurait être composée
d'autres nombres. Admet-on qu'il est
composé d'unités, que seront alors ces
unités ? Elles seront ou bien toutes
identiques, comme les unités mathématiques, ou bien spécifiquement
distinctes ; dans les deux cas, bien
des difficultés en découleront. AR.
reprendra toute cette argumentation
dans le livre M, auquel nous renvoyons.
[2] Cette conditionnelle, que nous
avons dû ajouter pour éclairer le sens,
ne figure pas dans le texte.

[3] L. 28, nous lisons, avec tous les
mss, et conformément au texte de
BONITZ et de CHRIST, adopté par ROBIN,
περὶ ὃ ἀριθμητικὴ καὶ πάντα τὰ μεταξύ, et
rattachons καὶ πάντα τ. μ. à ce qui
précède, contrairement à la correction de Ross, lequel place, après
ἀριθμητική, une virgule qui ne semble
pas nécessaire (Ross, I, 200).
[4] Interprétation d'ALEXANDRE et de
BONITZ ; contra, Ross, I, 201, qui
estime qu'ARISTOTE a en vue, non pas
la Dyade indéfinie, mais le nombre
deux. D'après l'interprétation traditionnelle, AR. veut dire ceci: la Dyade
indéfinie, principe matériel des Idées
et des Nombres, est elle-même composée de deux unités qui doivent dériver, à leur tour, d'un principe matériel, d'une autre Dyade indéfinie,
ce qui est absurde.

d'unités, soit un ? — Ce n'est pas tout. Si les unités
sont différentes entre elles, on devrait parler comme
les physiciens, qui admettent deux ou quatre éléments, chacun d'eux entendant par là, non un élé-
5 ment commun, le Corps en général par exemple, mais
le Feu ou la Terre, que le Corps soit, ou non, quelque chose de commun, distinct des corps. Mais, en
réalité, les PLATONICIENS s'expriment comme si l'Un-
en-soi était, tout autant que le Feu ou l'Eau, spécifiquement identique. S'il en est ainsi, les nombres
ne seront pas des substances, mais il est clair que, si
l'Un-en-soi existe, et qu'il soit principe, l'Un ne rece-
vra qu'une diversité de dénomination [πλεοναχῶς],
autrement, il y aurait là une impossibilité [1]. — Dans
10 le but de ramener les substances à nos principes,
nous, PLATONICIENS, composons les longueurs à partir
du Court et du Long, c'est-à-dire d'une espèce du
Petit et du Grand, la surface, à partir du Large et de
l'Etroit, le corps, à partir du Haut et du Bas. Cependant, comment la surface contiendra-t-elle la ligne,
ou le solide, la ligne et la surface ? Car d'un genre
15 différent sont le Large et l'Etroit, d'une part, le Haut
et le Bas, de l'autre. De même, donc, que le Nombre
n'existe pas dans ces principes des Grandeurs, parce

---

[1] ARISTOTE reproche aux PLATONI-
CIENS d'avoir pris comme principe
formel un Un sans diversité, analogue à la notion trop vague de Corps,
en Physique, et qui rend impossible
l'existence des unités dérivées : toutes
ces unités devront être spécifiquement
identiques, ce qui est contraire à
l'hypothèse platonicienne, et ruine la
notion de Nombre idéal, l'identité des
unités caractérisant exclusivement le
nombre mathématique. Et si les PLA-
TONICIENS veulent absolument que
l'Un-en-soi existe et qu'il soit principe, il n'y aura entre les diverses
unités aucune diversité véritable
(Cf. ROBIN, la Th. Platon., p. 417 et
n. 333).

que le Beaucoup et le Peu en diffèrent, il est évident
aussi que de ces diverses Grandeurs, celles qui sont
logiquement antérieures [ἄνω] n'existeront pas dans
les Grandeurs dérivées [κάτω]. On ne peut pas dire
que le Bas rentre dans le genre du Large, car alors le
corps serait une sorte de surface [1]. Au surplus, d'où
les Points contenus dans la Ligne procèderont-ils [2] ?
PLATON lui-même combattait la notion de Point 20
comme n'étant qu'une conception géométrique, mais
employait le nom de « principe de la ligne », et il se
servait même souvent de l'expression « Lignes insécables » [ἄτομοι γραμμαί]. Cependant, il est nécessaire
que ces Lignes insécables aient une limite ; aussi
les raisons qui établissent l'existence de la Ligne insécable établissent-elles aussi celle du Point.

D'une façon générale, alors que la Philosophie a
pour objet la recherche de la cause des phénomènes,
c'est précisément ce que nous, PLATONICIENS, laissons
de côté (car nous ne disons rien de la cause qui est le 25
principe du changement), et, croyant expliquer la
substance des êtres sensibles, nous posons l'existence
d'autres espèces de substances. Mais quant à expliquer comment ces dernières sont les substances des
précédentes, nous nous contentons de paroles creuses :

---

[1] C'est le principe de l'incommunicabilité des genres. Cf. *Anal. post.*,
I, 7.
[2] ARISTOTE vient de critiquer le
choix, fait par les PLATONICIENS, de
leur principe matériel. Il passe maintenant au principe formel, qui est,
suivant SPEUSIPPE, le Point, et suivant PLATON, la Ligne insécable. Mais

d'où viendront les points qui composent la ligne ? L'hypothèse de la
Ligne insécable ne sert de rien : les
Lignes insécables sont limitées par des
points et on retombe dans les difficultés précédentes. — Sur la Ligne
insécable, cf. Ross, I, 203 et ss. —
AR. complètera ses critiques dans les
livres M et N.

car « participer », comme nous l'avons dit plus haut,
ne signifie rien. — En ce qui concerne maintenant
cette cause [1], qui, nous l'avons vu, est le principe des
30 sciences, en vue de laquelle toute intelligence et toute
nature agit, cette cause que nous disons être l'un des
principes, les Idées n'ont aucune relation avec elle.
Mais les Mathématiques sont devenues, pour les philosophes d'à présent, toute la Philosophie, bien
qu'on dise qu'on ne devrait les cultiver qu'en vue du
992 b reste. — En outre, ce qui est présenté par ces philosophes comme la substance et le sujet des êtres, pourrait être considéré comme une matière trop mathématique ; c'est plutôt un attribut et une différencia-
tion de la substance et de la matière que la matière
elle-même; tel est le cas, par exemple, pour le Grand
et le Petit, qui correspondent au Rare et au Dense,
5 dont parlent les physiologues et qu'ils définissent les
premières différenciations du substrat ; ce n'est là,
en effet, qu'une espèce de l'Excès [ὑπεροχή] et du
Défaut [ἔλλειψις]. — Quant au mouvement [2], si l'on
veut que ces déterminations soient mouvement, il
est évident que les Idées seront mues. Sinon, d'où le
mouvement est-il venu ? C'est l'étude tout entière
de la nature qui est ruinée. — Ce qui semble être

---

[1] La cause finale.
[2] Les PLATONICIENS ne donnent pas
la cause du mouvement, les Idées
étant, de par leur immobilité essen-
tielle, une cause d'immutabilité et de
repos. Admettons pourtant, avec PLA-
TON, que le Grand et le Petit (ταῦτα,
ces déterminations) soient mouvement : mais alors les Idées, composées
à partir du Grand et du Petit, seront
aussi en mouvement, ce qui est contraire au fondement même de la théorie. Et si ce mouvement du Grand et
du Petit est impossible, d'où vient le
mouvement ? Le mouvement sup-
primé, c'est la Physique tout entière qui est ruinée.

plus facile, c'est de démontrer que tout ce qui est,
se ramène à l'unité, et pourtant on n'y parvient pas ; 10
car de la preuve par ecthèse[1] il ne résulte pas que
tout soit un, mais seulement qu'il existe un certain
Un-en-soi séparé, si toutefois on accorde qu'il y a une
Idée correspondant à chaque nom commun[2], et encore ne peut-on l'accorder que si on admet également
que l'universel est un genre : or cela, dans certains
cas, est impossible[3]. — De même on ne peut expliquer comment les notions postérieures aux nombres[4],
à savoir les Longueurs, les Surfaces et les Solides,
existent ou peuvent exister, ni quelles sont leurs fonctions. Les Grandeurs, en effet, ne peuvent être ni des 15
Idées (puisqu'elles ne sont pas des Nombres), ni des
Etres intermédiaires (qui sont seulement les Choses
mathématiques), ni des êtres corruptibles ; ce serait
donc évidemment un nouveau et quatrième genre
d'êtres.

En général, rechercher les éléments des êtres sans
distinguer les différentes acceptions de l'Etre, c'est
se rendre incapable de les trouver, surtout si on
recherche de cette façon les éléments dont les choses 20
sont constituées. De quels éléments, en effet, sont
composés le « faire », ou le « pâtir »; ou le droit ?
C'est ce qu'il est certainement impossible de décou-

---

[1] L'ecthèse (ἔκθεσις) est l'opération
par laquelle les PLATONICIENS éri-
geaient les attributs des choses en
substances séparées. Dans la terminologie d'AR., c'est la simple abstraction logique. Cf. Ross, I, 208.
[2] Textuellement « si on accorde

tout », c'est-à-dire tout ce que les
PLATONICIENS demandent. Cf. ALEX.,
126, 22 Hd.
[3] Cf. RAVAISSON, Essai sur la Mét.
d'Ar., I, p. 128 et note.
[4] τὰ μετὰ τοὺς ἀριθμούς, c'est-à-dire
les Grandeurs idéales.

vrir ; si les éléments peuvent être découverts, ce ne
peut être que les éléments des substances ; de sorte
que chercher les éléments de tous les êtres, ou penser
qu'on les a trouvés, est une méprise. — Comment
d'ailleurs apprendrait-on les éléments de toutes
25 choses ? Il est évident qu'il ne faudrait posséder
aucune connaissance antérieure. C'est ainsi que celui
qui commence d'apprendre la Géométrie, bien qu'il
puisse posséder d'autres connaissances antérieures,
ignore tout de l'objet même de la science en question
et des matières qu'il se propose d'apprendre. Il en
est de même dans tous les autres cas. Si donc
il existe, comme on le prétend, une science de
toutes choses, on l'abordera sans connaissance anté-
30 rieure. Pourtant toute discipline s'acquiert par le
moyen de connaissances préalables, totales ou par-
tielles, qu'elle procède soit par démonstration [δι'
ἀποδείξεως], soit par des définitions [δι ' ὁρισμῶν], car
il faut que les éléments de la définition soient
connus préalablement, et même familiers. De même
pour le savoir qui procède par induction [ἐπαγωγή]¹.
Mais, d'un autre côté, si la science se trouvait
993 a actuellement innée [σύμφυτος]², il serait étonnant
qu'à notre insu nous possédions en nous la plus
haute des sciences. — Ensuite, comment atteindre

---

¹ L'induction, au sens aristotéli-
cien, comprend l'ensemble des opéra-
tions par lesquelles l'esprit tire de
données particulières et multiples, des
notions ou jugements qui constituent
des résultats généraux et unifiés.
² Allusion à l'ἀνάμνησις platonicienne. — Ar. vient de démontrer
que la science des principes de toutes
choses est impossible, car aucune
science ne s'apprend qu'au moyen de
connaissances antérieures. Objectera-
t-on, avec PLATON, que cette science
est innée et qu'il s'agit d'une simple
réminiscence ? Ar. répond qu'une
pareille chose est invraisemblable.

les ultimes éléments dont les choses sont composées et comment en serons-nous assurés ? C'est là
encore une difficulté. On pourra toujours être en
désaccord à ce sujet, comme on l'est à propos de
certaines syllabes, par exemple : les uns disent que
la syllabe ZA est composée de Σ, de Δ et de A ; les 5
autres prétendent qu'il s'agit d'un son autre, et non
d'un des sons connus. — Enfin, les objets perçus par
un sens, comment un homme, privé de l'usage de
ce sens, les connaîtrait-il ? Pourtant il le faudrait,
si les éléments sont les mêmes [ταὐτά][1] pour toutes
choses, de la même manière que les sons composés
sont constitués des éléments propres au son.   10

10.

< *Conclusion du premier Livre.* >

Que les causes que nous avons énumérées dans la
Physique[2] soient celles-là mêmes que tous les philosophes ont, semble-t-il, cherchées, et qu'en dehors
de ces causes, nous n'en puissions nommer d'autres,
les considérations qui précèdent le prouvent avec
évidence. Mais ces principes ont été indiqués d'une

---

[1] Avec la plupart des commentateurs modernes (SCHWEGLER, ROSS, I,
211, ROBIN, *la Th. Plat.*, p. 526, note
471[2]) on doit lire ταὐτά et non ταῦτα.
— Le dernier argument d'AR. est le
suivant : Si toutes choses se réduisent aux mêmes éléments constitutifs,
il suffirait de connaître les principes
des réalités non-sensibles pour connaître les choses sensibles elles-mêmes,
qui ne seraient que des dépendances
de ces principes. La perception sensible deviendrait ainsi inutile.

[2] II, 3, 7.

manière vague. On peut dire, en un sens, qu'ils ont
tous été énoncés avant nous, et, en un autre sens,
15 qu'aucun d'eux ne l'a été. La Philosophie des premiers
temps, jeune encore et à son début, semble, en effet,
bégayer sur toutes choses ; c'est ainsi qu'EMPÉDOCLE
dit [1] que l'os existe par la proportion de ses éléments ·
or c'est ce que nous appelons la quiddité, et la substance formelle de la chose. Mais alors, il est nécessaire également, ou bien que la chair et chacun des
autres éléments organiques soient aussi une propor-
20 tion, ou bien qu'aucun d'eux ne le soit ; en effet,
c'est en raison de cela que la chair, l'os et chacun
de ces autres éléments existeront, et non en raison
de la matière qu'EMPÉDOCLE nomme Feu, Terre, Eau,
Air. EMPÉDOCLE se fût rendu nécessairement à ces raisons si on les lui eût expliquées, mais il n'a pas
exposé clairement sa pensée.

Sur tous ces sujets, nous avons précédemment
exposé notre manière de voir. Mais il nous faut reve-
25 nir aux difficultés qui peuvent être soulevées sur ces
mêmes points [2]. Peut-être la solution de celles qui
surviendront dans la suite en sera-t-elle rendue plus
aisée.

---

[1] Fgmt 96 Diels.
[2] Renvoi au livre B, par dessus α   lequel rompt l'unité de la *Métaphysique*.

LIVRE α (II)

Le livre α, comme l'indique sa numérotation, est d'introduction postérieure. Est-il l'œuvre d'ARISTOTE ? On l'attribuait généralement, chez les Anciens, à PASICLÈS de RHODES, neveu d'EUDÈME et élève du Stagirite. Mais l'authenticité de α est affirmée par ALEXANDRE d'APHRODISE (169, 24 Hd), qui, toutefois, juge que ce livre n'est pas à sa place : ce serait une introduction à la *Physique*. On pourrait plutôt y voir une préface générale à toute la Philosophie. Il est certain, en tout cas, que le contenu et le style sont nettement aristotéliciens.

Le plan est aisé à dégager. ARISTOTE commence par exposer les difficultés de l'étude philosophique de la nature ; il reconnaît ensuite le mérite de ses devanciers, établit la valeur théorique de la science et l'existence des premiers principes. Il termine par des indications sommaires sur la méthode.

1.

< De l'étude de la Philosophie. >

L'étude [θεωρία] de la vérité est, en un sens, diffi 30 cile, et, en un autre sens, facile. Ce qui le prouve, c'est que nul ne peut atteindre adéquatement la vérité, ni la manquer tout à fait. Chaque philosophe 993 b trouve à dire quelque chose sur la nature ; en lui-

même, cet apport n'est rien sans doute, ou il est
peu de chose, mais l'ensemble de toutes les réflexions
produit de féconds résultats. De sorte qu'il en est de
la vérité, semble-t-il, comme de ce que dit le pro-
5 verbe : Qui ne mettrait la flèche dans une porte ?
Considérée ainsi, cette étude est facile. Mais le fait
que nous pouvons posséder une vérité dans son
ensemble et ne pas atteindre la partie précise que
nous visons, montre la difficulté de l'entreprise [1]. —
Peut-être aussi, comme il y a deux sortes de difficultés, la présente difficulté prend-elle sa cause non
dans les choses, mais en nous-mêmes. De même, en
effet, que les yeux des chauves-souris sont éblouis par
10 la lumière du jour, ainsi l'intelligence de notre âme
est éblouie par les choses les plus naturellement évi-
dentes. — Il est donc juste de se montrer reconnais-
sant, non seulement envers ceux dont on partage les
doctrines, mais encore envers ceux qui ont proposé
des explications superficielles : ils ont, eux aussi,
apporté leur contribution et développé notre faculté
15 de penser [2]. Si Timothée [3] n'avait pas existé, nous
aurions perdu beaucoup de mélodies, mais, sans
Phrynis [4], Timothée n'eût pas existé. Il en est de
même de ceux qui ont traité de la vérité. Nous avons
hérité certaines opinions de plusieurs philosophes,

---

[1] La recherche de la vérité est
comparée au tir à l'arc ; il est facile
d'atteindre une grande surface,
comme une porte, mais beaucoup
plus difficile d'atteindre un point déterminé de la cible.

[2] C'est-à-dire : ils ont, par la pratique, transformé une δύναμις naturelle en une ἕξις acquise.

[3] Fameux poète et musicien milé-
sien (445-357).

[4] On ne sait rien de ce Phrynis.

mais les autres philosophes ont été causes de la venue
de ceux-là.

C'est aussi à bon droit que la Philosophie est appe- 20
lée la science de la vérité. En effet, la fin de la spéculation est la vérité, et celle de la pratique, l'œuvre [1] ; car, même quand ils examinent le comment, les
hommes de pratique ne considèrent pas l'éternel,
mais le relatif et le présent. Or, nous ne connaissons
pas le vrai sans connaître la cause. De plus, la chose
qui possède éminemment une nature est toujours
celle dont les autres choses tiennent en commun
cette nature. Par exemple, le Feu est le chaud par 25
excellence, parce que, dans les autres êtres, il est
la cause de la chaleur. Ainsi, ce qui est la cause de la
vérité qui réside dans les êtres dérivés, est la vérité
par excellence. De là vient que les principes des Etres
éternels sont nécessairement vrais par excellence, car
ils ne sont pas vrais seulement à tel moment, et il n'y
a pas de cause de leur être ; au contraire, ce sont eux 30
qui sont la cause de l'être des autres êtres. Ainsi
autant une chose a d'être, autant elle a de vérité [2].

---

[1] Classification sommaire des sciences, à rapprocher de celle des *Top.*,
I, 14, 105 *b* 19-29. La véritable classification sera dans E, 1, et K, 7,
infra.
[2] Doctrine éminemment aristotélicienne, suivant laquelle les lois de
la pensée sont les lois de l'être.

Cf. *An. post.*, I, 46, 52 *a* 32, et aussi
SAINT THOMAS, *Sum. Theolog.*, Iª,
quaest. II, *art.* 3, qui fait de cette idée
le fondement de sa *quarta via* pour
démontrer l'existence de Dieu. — Sur
le raisonnement d'ARISTOTE, cf. COLLE,
Comm., II, pp. 176 et ss.

2.

< *Impossiblité de causes infinies et nécessité de l'existence d'un premier Principe.* >

994 a   Maintenant, il est évident qu'il y a un premier principe et que les causes des êtres ne sont pas infinies ; elles ne forment pas une série verticale [εἰς εὐθυωρίαν] infinie, et, d'autre part, ne présentent pas un nombre infini d'espèces [κατ᾽ εἶδος] [1].

En effet, au point de vue de la matière, il n'est pas possible qu'une chose procède d'une autre à l'infini, que la chair, par exemple, vienne de la Terre, la Terre, de l'Air, l'Air, du Feu, et cela sans terme. — De même
5   pour le principe du mouvement, l'homme, par exemple, étant mis en mouvement par l'Air, l'Air, par le Soleil, le Soleil, par la Haine [2], et qu'il n'y ait à cela aucune limite. — De même encore, pour la cause finale on ne peut aller à l'infini et dire que la promenade est en vue de la santé, celle-ci, en vue du bonheur, le bonheur, en vue d'autre chose, et que
10   toute chose est toujours ainsi en vue d'une autre. — De même enfin pour la quiddité. — Pour les intermédiaires, en effet, en dehors desquels se trouve un

---

[1] Plan nettement indiqué. Voici les principales articulations de ce chapitre :
I. Impossibilité de l'infini εἰς εὐθυωριαν (994 a 3-994 b 28), envisagé:
1. ἄνω (994 a 3-20), en ce qui concerne la cause matérielle, efficiente, finale et formelle. A cette subdivision sa rattache 994 b 6-28 ;
   2. κάτω (994 a 20-b 6).
II. Impossibilité de l'infini κατ εἶδος (994 b 28 ad finem).
[2] Allusion à la cosmologie d'EMPÉDOCLE.

dernier terme et un terme antérieur, le terme antérieur est nécessairement la cause des termes suivants. Car s'il nous fallait dire lequel des trois termes
est cause, nous répondrions que c'est le premier. Ce
n'est sûrement pas le dernier, car le terme final n'est
cause de rien ; ce n'est pas non plus l'intermédiaire,
car il n'est cause que d'un seul. Peu importe d'ail- 15
leurs que cet intermédiaire soit un ou plusieurs, infini ou fini en nombre. Mais des séries qui sont infinies de cette façon, et de l'infini en général, tous les
termes également ne sont que des intermédaires,
jusqu'au terme présent exclusivement; de sorte que
s'il n'y a pas de premier terme, il n'y a absolument
pas de cause [1].

Mais il n'est pas possible non plus, en descendant
[τὸ κάτω], d'aller à l'infini, étant donnée l'existence 20
d'un principe en remontant, de telle sorte que l'Eau
procéderait du Feu, la Terre, de l'Eau, et qu'ainsi
toujours un autre genre de choses serait produit.
En effet, dire que « ceci procède de cela » présente
une double signification (excluons le cas où « de »
signifie simplement « après »: par exemple, après les
Jeux Isthmiques, les Jeux Olympiques): ce peut être,
d'abord, au sens où l'on dit que, de l'enfant, qui

---

[1] Le raisonnement d'AR. est très
clairement exposé par COLLE, *Comm.*,
pp. 181-182, sous la forme syllogisti-
que suivante :
   La cause de toute série comprenant
des intermédiaires (que ces intermédiaires soient un ou multiples, en
nombre fini ou infini) est nécessairement un terme antérieur aux intermédiaires ;
   Or une série de causes infinies en
remontant n'aurait pas de premier
terme : tous les termes, sauf le dernier, seraient des intermédiaires ;
   Donc une telle série n'aurait pas
de cause

change, vient l'homme, ou encore comme l'air vient
25 de l'eau. En disant que l'homme vient de l'enfant,
nous l'entendons comme ce qui est devenu vient de
ce qui est devenant, ou comme ce qui est achevé vient
de ce qui est s'achevant. De même, en effet, qu'il
existe toujours un intermédiaire, qui est le Devenir,
entre l'Etre et le Non-Etre, de même aussi il y a ce qui
devient entre ce qui est et ce qui n'est pas. Celui qui
est étudiant est devenant savant, et c'est ce qu'on
30 veut signifier quand on dit que de l'étudiant vient
le savant. — Quant au second sens, où l'on entend
qu'une chose procède d'une autre chose comme l'eau
vient de l'air, il implique la destruction de l'autre
chose. C'est pourquoi, dans le premier cas, il n'y a
pas réciprocité : l'enfant ne vient pas de l'homme,
car ce qui est engendré n'est pas engendré de
994 b la génération même, mais vient après la génération [1]. C'est ainsi encore que le jour vient de l'aurore, en ce sens qu'il vient après l'aurore, mais,
par cela même, l'aurore ne vient pas du jour.
Dans l'autre espèce de génération, au contraire,
il y a réciprocité. Mais, dans les deux cas, il est
impossible de progresser à l'infini : dans le premier,
les termes, étant des intermédiaires, ont nécessaire-
5 ment une fin [2], et, dans le second, il y a retour per-

---

[1] Ar. veut dire : il ne s'agit pas du
devenir absolu de la substance, mais
l'enfant vient *après* la génération,
autrement dit, vient de ce qui a déjà
été engendré. — Le texte est d'ailleurs obscur. Nous adoptons l'interprétation d'Alexandre (156, 32 Hd)
et de Bonitz, *Métaph.*, 133. Colle,
dans son commentaire du livre II, p.
186, propose une autre explication.
[2] L'enfant finit par être homme, et
les diverses parties du devenir, intermédiaires entre le non-être et l'être de
ce qui devient, forment une série limitée.

pétuel d'un élément à l'autre, puisque la corruption de l'un est la génération de l'autre[1].

En même temps[2], il est impossible aussi que le premier élément de la série, étant éternel, périsse ; puisque, en effet, la génération régressive n'est pas infinie, < elle suppose une cause éternelle, mais > une cause qui ne produit d'effets que par sa propre destruction, ne peut pas être éternelle[3]. — De plus, la cause finale est une fin, et d'une nature telle qu'elle n'est pas en vue d'autre chose, mais c'est en vue d'elle que les autres choses sont; de sorte que, s'il 10 existe un tel terme final, il n'y aura pas de progression à l'infini, et, s'il n'existe pas, il n'y aura pas de cause finale. Mais ceux qui posent une série infinie ne s'aperçoivent pas qu'ils ruinent la notion même du Bien. Et pourtant personne ne consentirait à rien entreprendre, s'il ne devait pas arriver à un terme. L'intelligence serait absente de telles actions. C'est toujours, en effet, en vue de quelque chose, qu'agit 15 l'homme, du moins l'homme raisonnable, et cette chose est une limite, car la fin est une limite. — On ne peut pas non plus ramener, à l'infini, la quiddité à une autre définition plus haute dans son expression. La définition prochaine est plus définition que celle qui suit ; or ce dont le premier terme n'existe pas, le suivant n'existe pas non plus[4]. Bien plus, un pareil

---

[1] On ne *progresse* donc pas à l'infini puisqu'il y a réciprocité.

[2] AR. revient à la première cause matérielle envisagée ἄνω, déjà traitée a 11-19.

[3] La première cause matérielle ne rentre donc pas dans cette espèce de cause matérielle indiquée précédemment, l. 5-6. — Ce passage est obscur et elliptique. Nous l'avons traduit et complété suivant les indications de Ross, I, 218.

[4] Passage difficile. La pensée d'AR. paraît être la suivante. Soit l'homme,

20 système est la ruine de toute connaissance scientifique
[τὸ ἐπίστασθαι], car on ne peut rien connaître avant
d'être arrivé aux éléments indivisibles de la définition
[ἄτομα][1]. Et la connaissance vulgaire elle-même [τὸ
γιγνώσκειν] devient impossible, car comment appréhender des êtres qui sont infinis en acte? Il n'en est
pas ici comme pour la ligne, qui, il est vrai, est indéfiniment divisible[2], mais que la pensée ne peut
appréhender sans arrêter le processus de division.
25 C'est pourquoi en parcourant cette ligne indéfiniment
divisible, on n'en pourra compter les divisions en
puissance. Au reste, ce n'est que dans ce qui est mû
que l'on peut connaître la matière[3]. En outre, rien

---

défini comme « animal raisonnable ».
Cette définition peut être réduite à
celle-ci : « Substance vivante sensible
et raisonnable », mais on ne peut
pousser cette réduction *ad infinitum*,
et ce, pour deux raisons: *a*. « Animal
raisonnable » est plus définition de
l'homme que « substance vivante sensible et raisonnable », qui est une définition de définition. Et si « animal
raisonnable » n'est pas une définition
satisfaisante, à plus forte raison
l'autre définition ne l'est-elle pas. Autrement dit : il n'y a pas de série
dans les causes formelles, il n'existe
que la définition la plus proche de la
chose. — *b*. Toute connaissance deviendra impossible.

[1] C'est-à-dire les termes les plus
universels, qui ne peuvent s'analyser
en genre et différences. Si la série des
genres est infinie, il est clair qu'on
n'arrivera jamais à ces éléments indivisibles.

[2] L'ἄπειρον κατὰ τὴν διαίρεσιν est l'infini en puissance. — ARISTOTE prévoit l'objection suivante : ne connaît-
on pas la ligne, quoiqu'infinie ? Ce
n'est pas la même chose, répond-il,
car la ligne n'est infinie qu'en puis-

sance et toute connaissance de la
ligne suppose précisément l'arrêt du
processus de division, puisque la
ligne est essentiellement continue.

[3] ἀλλὰ καὶ τὴν ὕλην ἐν κινουμένῳ νοεῖν
ἀνάγκη. — Texte inintelligible. *Quid
significent* [*haec verba*], *non possum
nisi obscura quadam divinatione asse-
qui*, dit BONITZ (*Métaphys.*, 134), et
l'explication qu'il donne n'est guère
satisfaisante. Il en est de même de
celle de Ross (I, 219), laquelle présente de plus l'inconvénient de mo-
difier le texte (il lit ὕλην au lieu de
ὕλην). Dans l'incertitude, nous adoptons la traduction traditionnelle (*In
omni eo quod movetur necesse est
intelligere materiam*), telle que l'a
comprise SAINT THOMAS (*Comment.*,
édition Cathala, p. 110, n° 328) : on
peut admettre qu'AR. a voulu dire
que la matière, puissance pure, est
une sorte d'infini, inconnaissable
comme tel, et qu'elle n'est connue
que dans son union avec la forme,
union réalisée dans les composés sensibles, seuls sujets au mouvement. —
Cf. aussi en ce sens ASCLEPIUS, 133,
2-9, Hd.

d'infini ne peut exister, ou alors l'infinité n'est pas infinie [1].

Enfin [2], même si l'on disait que les espèces des causes sont en nombre infini, la connaissance serait encore impossible, car nous pensons savoir seulement quand nous connaissons les causes, mais l'infini par 30 addition [κατὰ τὴν πρόσθεσιν] [3] ne peut être parcouru en un temps fini.

3.

< Considérations sur la méthode. >

Le succès des leçons dépend des habitudes de l'auditeur. Nous aimons, en effet, qu'on se serve d'un 995 a langage familier, sinon, les choses ne nous paraissent plus les mêmes; le dépaysement nous les rend moins accessibles et plus étrangères. L'accoutumance favorise la connaissance. Ce qui montre bien à quel point l'habitude est forte, ce sont les lois, où des fables et des enfantillages ont plus de puissance, par la vertu 5 de l'habitude, que la connaissance de ces lois. — Or, les uns n'admettent qu'un langage mathématique; d'autres ne veulent que des exemples; d'autres veulent qu'on recoure à l'autorité de quelque poète;

---

[1] Si on conçoit l'infini, non pas comme une forme séparée, mais comme l'attribut de choses concrètes, l'infini ne peut exister, car sa quiddité (τὸ ἀπείρῳ εἶναι), informant des êtres finis, perdrait son caractère d'infini

[2] Ici commence la seconde partie de la division annoncée 994 a, 2 (οὔτε κατ᾽ εἶδος).
[3] C'est-à-dire l'infini en acte, par opposition à l'infini κατὰ τὴν διαίρεσιν

d'autres, enfin, exigent pour toutes choses une démonstration rigoureuse, tandis que d'autres jugent
cette rigueur excessive, soit par impuissance à suivre
la chaîne du raisonnement, soit par crainte de se
10 perdre dans les futilités. Il y a, en effet, quelque chose
de cela dans l'affectation de la rigueur. Aussi quelques-uns la regardent-ils comme indigne d'un
homme libre, tant dans le commerce de la vie que
dans la discussion philosophique. C'est pourquoi il
faut apprendre d'abord quelles exigences on doit
apporter en chaque espèce de science, car il est
absurde de chercher en même temps la science et la
méthode de la science ; aucun de ces deux objets
n'est facile à saisir.

15 On ne doit pas notamment exiger en tout la rigueur
mathématique, mais seulement quand il s'agit d'êtres
immatériels. Aussi la méthode mathématique est-elle
inapplicable à la Physique, car toute la nature contient vraisemblablement de la matière ; de la vient
que nous devons d'abord considérer ce qu'est la
nature, et ainsi nous verrons également de quoi traite
la Physique<et s'il appartient à une seule science ou
à plusieurs d'étudier les causes et les principes des
20 choses>[1].

---

[1] Ces derniers mots, omis par ALEXANDRE, ont peut-être été ajoutés arbitrairement à cette place pour rattacher α à B.

LIVRE B (III)

Le livre B est *diaporématique* ; il pose des problèmes, des difficultés ou *apories*, qui seront réso-
lues dans les livres suivants. « L'ἀπορία, dit HAMELIN
(le *Syst. d'Ar.*, p. 233), est la mise en présence de
deux opinions, contraires et également raisonnées,
en réponse à une même question. » Développer
l'aporie, c'est διαπορῆσαι ; la résoudre, c'est εὐπορῆσαι.

Les Anciens (ALEX. 172, 18 Hd) voyaient dans le
livre B le véritable début de la *Métaphysique*, les
livres A et α constituant seulement une sorte
d'introduction. Le livre B fait en quelque sorte
l'unité de l'ouvrage.

1.

< Enoncé des apories [1]. >

Il est nécessaire, dans l'intérêt de la science que
nous cherchons, que nous commencions par l'examen des problèmes qu'il faudra d'abord discuter. 25
Tels sont les points sur lesquels certains philosophes ont exposé une doctrine différente de la nôtre,

---

[1] Ce chapitre pose 14 apories, qui
seront discutées dans les chapitres
suivants. Pour faciliter l'intelligence
du texte, nous avons, à l'exemple de
Ross, indiqué par un numéro chacun des problèmes.

et, en outre, certains points qui se seraient trouvés
négligés. Or, quand on veut résoudre une difficulté,
il est bon de la développer avec soin, car l'aisance
future de la pensée suppose la solution des difficultés
qui existaient auparavant, et il est impossible de
30 dénouer un nœud sans le connaître. L'embarras de
la pensée rend ce nœud évident pour l'objet de notre
investigation. En effet, être embarrassée, c'est, pour
la pensée, se trouver dans un état semblable à celui
d'un homme enchaîné : pas plus que lui, elle ne
peut aller de l'avant. Toutes les difficultés doivent
donc être examinées préalablement, pour ces motifs
certes, mais aussi parce que chercher, sans poser
35 d'abord le problème, c'est comme si l'on marchait
sans savoir où l'on va, c'est s'exposer même à ne
pouvoir reconnaître si, à un moment donné, on a
995 b trouvé, ou non, ce qu'on cherchait. Il est évident,
en effet, qu'alors on n'a point de but ; seul a clairement un but celui qui a d'abord discuté les difficultés. Enfin, on se trouve nécessairement dans une
meilleure situation pour juger, quand on a entendu,
comme parties adverses en quelque sorte, tous les
arguments opposés.

La première difficulté a pour objet les problèmes
5 que nous nous sommes déjà proposés dans l'Introduction [1] : <1> l'étude des causes appartient-elle à une
seule science ou à plusieurs ? <2> Cette science doit-
elle considérer seulement les premiers principes de

---

[1] Référence au livre A (les quatre causes).

la substance, ou bien doit-elle embrasser aussi les
principes généraux de la démonstration, tel que
celui-ci : « Est-il possible, ou non, d'affirmer et de
nier, en même temps, une seule et même chose », et
tous autres principes semblables ?<3> Et si la 10
science en question s'occupe de la substance, est-ce
une seule science qui s'occupe de toutes les substances, ou y en a-t-il plusieurs, et, s'il y en a plusieurs,
sont-elles toutes d'un genre commun, ou bien faut-il
regarder les unes comme des sciences philosophiques,
les autres comme quelque chose de différent ?<4>
Nécessairement aussi, il convient de se demander ceci
même : savoir si l'on ne doit reconnaître que des
substances sensibles, ou s'il y en a d'autres en dehors 15
de celles-là ; si ces autres substances sont d'un seul
genre, ou s'il y en a plusieurs genres, comme pensent
ceux qui supposent, outre les Idées, les Choses mathématiques intermédiaires entre le monde des Idées et
le monde sensible. Toutes ces difficultés, disons-nous,
il faut les examiner, et aussi<5>celle de savoir si
notre étude doit s'appliquer seulement aux substances,
ou si elle doit s'appliquer aussi aux attributs essentiels [τὰ συμβεβηκότα καθ' αὑτά][1] des substances. D'au- 20
tres problèmes se posent au sujet du même et de
l'autre, du semblable et du dissemblable, de l'identité
et de la contrariété, de l'antérieur et du postérieur
et des autres topiques de ce genre, traités par les dialecticiens qui ne font leurs recherches qu'à l'aide

---

[1] Cf. *infra*, 2, 997 *a*, 7, note.

de prémisses probables; à qui appartient-il d'exami-
25 ner tout cela ? On verra ensuite quelles sont les propriétés essentielles de ces notions elles-mêmes, et,
non seulement la nature de chacune d'elles, mais
encore si une seule chose a toujours un seul contraire. $<6>$ Autre question : les principes et les éléments des êtres sont-ils les genres [γένη], ou sont-ils,
pour chaque être, les parties intrinsèques en lesquelles il est divisé; et $<7>$ si ce sont les genres,
sont-ce les genres qui sont affirmés les plus rappro-
chés des individus, ou bien les genres les plus élevés
30 [τὰ πρῶτα] ? Par exemple, est-ce l'animal ou l'homme
qui est principe, et qui existe plutôt en dehors de
l'individu ? $<8>$ Un autre problème doit surtout
être examiné et approfondi : y a-t-il, ou non, en dehors de la matière, quelque chose qui soit cause par
soi ? Ce quelque chose est-il séparé, ou non ? est-il un
ou multiple ? Y a-t-il quelque chose en dehors du
35 composé concret [σύνολον] (j'entends par « composé »
que quelque chose est affirmé de la matière), ou bien
n'y a-t-il rien de séparé, ou bien y a-t-il quelque chose
de séparé pour certains êtres et non pour d'autres, et
quels sont ces êtres ? $<9>$ Ensuite, les principes
996 a sont-ils limités numériquement [ἀριθμῷ][1] ou spécifiquement [εἴδει], soit qu'il s'agisse des principes

---

[1] L'unité numérique est l'unité de
l'individu, et l'unité spécifique, celle
de l'espèce. Dès lors, comme l'observe
COLLE (*Comm.*, p. 207) avec raison,
« demander si les principes sont limités numériquement ou spécifiquement,
c'est demander si chaque principe est
un individu ou bien une espèce ». —
L. 996 a, 1-2, AR. entend par « principes formels » les éléments de la définition.

formels, ou des principes matériels? <10> Est-ce
que les principes des êtres corruptibles et ceux
des êtres incorruptibles sont les mêmes, ou sont-ils
différents ? Sont-ils tous incorruptibles, ou ceux des
choses corruptibles sont-ils corruptibles ? <11>
Mais voici le problème le plus ardu et qui présente 5
la plus grave difficulté : l'Un et l'Etre sont-ils, comme
le prétendaient les PYTHAGORICIENS et PLATON, non
des attributs d'une autre chose, mais la substance
même des choses ? ou bien n'en est-il pas ainsi, mais
existe-t-il quelque autre chose qui leur serve de
substrat, ce qu'était, par exemple, pour EMPÉ-
DOCLE, l'Amitié, ou, pour tel autre philosophe, le
Feu, pour tel autre, l'Eau, pour tel autre encore,
l'Air[1] ? <12> De plus, les principes sont-ils des
universels ou sont-ils semblables à des objets indi- 10
viduels ? <13> Sont-ils en puissance ou en acte ?
Sont-ils en puissance ou en acte, autrement que par
rapport au mouvement[2]? Ces questions présentent, en
effet, de grandes difficultés. <14> En outre, les nombres, les longueurs, les figures et les points sont-ils,
ou non, des substances, et, s'ils sont des substances,
sont-ils séparés des êtres sensibles, ou sont-ils immanents à ces êtres? — Sur tous ces points, il est dif- 15
ficile de découvrir la vérité, et il n'est même pas aisé
de développer comme il convient les difficultés.

---

[1] Il s'agit, respectivement, d'HÉRA-   [2] Cf. θ, 6
CLITE, de THALÈS et d'ANAXIMÈNE.

2.

< *Première, deuxième, troisième, cinquième*
et quatrième apories. >

<*1*> D'abord, donc, au sujet de la difficulté que
nous avons indiquée en premier lieu, appartient-il
à une science, ou à plusieurs, d'étudier tous les genres
20 de causes ? Comment appartiendrait-il à une seule
science de connaître des principes qui ne sont pas contraires entre eux [1] ? — De plus, dans un grand nombre d'êtres, tous ces principes ne se rencontrent pas.
De quelle façon, en effet, un principe de mouvement
ou la nature du Bien pourraient-ils exister dans les
êtres immobiles [2], puisqu'absolument tout ce qui est
bon par soi et en vertu de sa nature propre est une
25 fin, et par suite une cause, étant donné que c'est en
vue de ce bien que les autres êtres deviennent et existent, et puisque la fin, le « ce en vue de quoi », est la
fin de quelque action, et que toutes les actions impliquent le mouvement ? Ainsi, dans les êtres immobiles,
on ne pourrait admettre l'existence, ni de ce principe
du mouvement, ni du Bien par soi. Telle est la raison
aussi pour laquelle les Mathématiques ne démontrent
30 rien par cette sorte de cause, qu'elles ne démontrent
pas davantage par le mieux ou par le pire ; et même,
aucun mathématicien ne fait allusion à rien de pareil.

---

[1] Car la science des contraires est une (Cf. Γ, 2, 1004 *a*, 9. — La pre-mière aporie est discutée et résolue Ι', 1.

[2] Tels que les Nombres idéaux. Cf. M, 3, 1078 *a*, 31 et ss.

C'est pour ce motif que des Sophistes, comme Aris-
tippe, traitaient avec dédain les Mathématiques, car,
disaient-ils, dans les autres arts, même dans les arts
mécaniques, tels que celui du charpentier et celui
du cordonnier, on donne sans cesse comme raison
le mieux et le pire, tandis que les mathématiques ne 35
tiennent aucun compte des biens et des maux. — 996 b
Mais, d'autre part, s'il y a plusieurs sciences des
causes et une science différente pour chaque principe
différent, laquelle d'entre elles doit être considérée
comme celle que nous cherchons, ou, parmi les
hommes qui les possèdent, lequel faut-il considérer
comme possédant la connaissance la plus parfaite
de l'objet causé ? Il est possible, en effet, qu'une seule 5
chose réunisse en elle toutes les sortes de causes. Par
exemple, dans une maison, le principe du mouvement, c'est l'art ou l'architecte, la fin, c'est l'œuvre,
la matière, la terre et les pierres, la forme, sa définition. D'après la discussion précédemment instituée [1]
sur la question de savoir quelle science doit être appelée Philosophie, il y a des raisons d'appeler ainsi chacune des sciences qui s'occupent de ces causes. En
tant, en effet, qu'elle est la science souveraine et do- 10
minatrice, à laquelle il est juste que les autres
sciences obéissent sans réplique, comme des ser-
vantes, la science de la fin et du Bien possède assurément ce caractère (car les autres choses existent en
vue du Bien). Mais, en tant que la Philosophie a été

---

[1] *In* A, 2, 982 a, 8.

définie comme la science des premières causes et de
ce qui est le plus connaissable, ce serait la science
de la substance formelle. On peut, en effet, connaître
une même chose de bien des manières, mais nous
15 disons qu'il vaut mieux connaître un être par ce qu'il
est que par ce qu'il n'est pas, et, dans ce premier
mode de connaissance même, nous distinguons des
degrés : la connaissance la plus parfaite de l'objet est
celle de son essence, et non pas celle de sa quantité,
ou de sa qualité, ou de son activité ou de sa passivité.
En outre, dans tous les autres cas où le terme à définir est un attribut[1] dont la démonstration est possible, nous pensons encore n'en avoir la connaissance
20 que lorsque nous savons son essence ; par exemple,
qu'est-ce essentiellement que construire un carré
équivalent à un rectangle ? C'est trouver une moyenne
proportionnelle[2]. Et ainsi dans tous les autres cas. —
Mais, en ce qui concerne la génération des êtres, les
actions, et tout changement, nous croyons en avoir la
science, lorsque nous connaissons le principe du
mouvement, principe qui est différent de la fin, et
25 même son opposé. — Il semblerait donc qu'il appar-
tînt à des sciences différentes d'étudier chacune de
ces causes.

<2> Mais les principes de la démonstration sont-
ils, avec les causes, l'objet d'une seule science ou de
plusieurs ? C'est encore là un problème[3]. J'appelle

---

[1] Et non une substance, qui est connue directement et non par dé-monstration.

[2] Entre les côtés du rectangle. Cf. Euclide, VI, 13 et II, 14.

[3] Problème résolu 1', 3.

principes de la démonstration les opinions communes
[κοιναὶ δόξαι][1] qui servent de base à toute démonstration, telle que celle-ci : « Toute chose doit nécessairement être affirmée ou niée », et « Il est impossible
qu'une chose soit et ne soit pas en même temps », 30
ainsi que toutes autres prémisses [προτάσεις][2] de ce
genre. La question est de savoir si la science de ces
principes est une avec celle de la substance, ou si
elle en diffère, et, si elle n'est pas la même, laquelle
des deux doit être reconnue pour celle que nous
sommes en train de chercher. — Qu'il s'agisse d'une
science une, ce n'est pas vraisemblable. Pourquoi, en
effet, serait-ce le privilège de la Géométrie plutôt
que de toute autre science, de traiter des axiomes? Si
donc toute science le possède également, et si pour- 35
tant il n'est pas admissible que toutes l'exercent,
il n'appartient pas plus en propre à la science des 997 a
substances qu'aux autres sciences, de traiter de ces
vérités. Et, en même temps, en quel sens pourrait-il
y avoir une science de ces principes ? Ce qu'est
chacun d'eux, nous le connaissons assez par une
expérience immédiate ; du moins toutes les autres
sciences les emploient-elles comme choses bien
connues. Si, d'autre part, il y avait une science dé- 5
monstrative de la vérité de ces principes, il faudrait

---

[1] Aʀ. entend par là (comme, plus
tard Euclide par l'expression κοιναὶ
ἔννοιαι), les *axiomes* (ἀξιώματα, cf. *infra*,
997 a, 7).
[2] La προτάσις est une proposition
prise en tant que prémisse. C'est un discours mis en avant (προτεινόμενος) par

celui qui prépare une conclusion. La
προτάσις peut d'ailleurs être affirma-
tive ou négative (προτάσις ... ἐστὶ λόγος
καταφατικὸς ἢ ἀποφατικὸς τινὸς κατά τινος,
Analyt. prior., I, 1, 24 a, 16). Cf.
Boniᴛᴢ, *Ind. arist.*, 650 a, 36.

admettre, pour ces principes, un genre servant de
substrat, et que certains d'entre eux fussent des
attributs [πάθη]¹ démontrables du genre, tandis que
les autres seraient des axiomes (car il est impossible
qu'il y ait démonstration de tout) ; la démonstration
doit nécessairement, en effet, partir de certaines prémisses, porter sur une certaine essence, et démontrer certaines propriétés. Il en résultera que toutes
les choses qu'on démontre pourront se ramener à
10 l'unité de genre ; car toutes les sciences démonstra-
tives emploient les axiomes². — Mais si la science
des axiomes est autre que celle de la substance, laquelle des deux sera naturellement maîtresse et première? Les axiomes sont, en effet, ce qu'il y a de
plus universel et sont les principes de toutes choses.
S'ils ne rentrent pas dans la science du philosophe,
quelle autre sera donc chargée d'en vérifier la vérité
ou la fausseté?

15   <3> En général, est-ce qu'il y a une science uni-

---

¹ πάθη, συμβεβηχότα,
σνμβεβηχότα
χαθ᾽ αὑτά signifient également propriétés, attributs découlant de l'essence, mais qui n'appartiennent pas
à l'essence. On peut traduire aussi par
accidents, ou accidents essentiels. Nous
avons employé indifféremment ces
expressions qui, dans la terminologie
aristotélicienne, présentent une même
signification.
² Sur le raisonnement d'An., 997 a,
2-11, cf. Colle, Comm., p. 219 et ss.
— La science des axiomes ne peut
être ni une science par définition, car
il est inutile de définir une chose que
nous connaissons immédiatement, ni
une science par démonstration. Cette
dernière assertion est prouvée comme
suit. Si les axiomes sont démontra-

bles, chaque science ayant un seul
genre pour objet (ἑνὸς γένους μία ἡ
ἐπιστήμη, Métaph., Γ, 2, 1003 b, 19),
ils devront se ramener à l'unité de
genre, et, comme toutes les sciences
se servent des axiomes, toutes les
sciences, ayant le même objet, se
fondront dans une science unique et
universelle, conséquence absurde aux
yeux d'An., pour qui les genres sont
incommunicables. — L. 6-7, Ar. fait
remarquer que les propriétés démon-
trées par la science démonstrative des
axiomes, seront elles-mêmes des axiomes, à l'exception de quelques-uns
d'entre eux cependant, qui conser-
veront nécessairement le rôle de principes.

que de toutes les substances, ou plusieurs sciences [1] ?
— S'il y en a plus d'une, de quelle substance traitera
notre science? — Mais, d'un autre côté, qu'il n'y ait
qu'une science pour toutes les substances, c'est peu
rationnel, car alors il y aurait une seule science démonstrative pour tous les attributs des êtres, s'il
est vrai que chaque science démonstrative étudie,
en ce qui concerne un sujet déterminé, les attributs essentiels de ce sujet, en partant des axiomes. 20
Donc, pour un même genre, les attributs essentiels
seront l'objet d'une seule science, partant des mêmes axiomes : le genre, sujet de toutes les substances [περὶ ὅ], appartiendra à une seule science, et,
de leur côté, les axiomes [ἐξ ὧν] appartiendront également à une seule science, peu importe que cette
dernière soit la même science ou une science différente. Il en résultera que tous les attributs seront
aussi l'objet d'une seule science, soit qu'il s'agisse
de ces deux sciences, soit qu'il s'agisse d'une science
unique composée de ces deux sciences [2].

<5> De plus, on peut se demander si notre 25
science [3] n'embrasse que les substances, ou si elle embrasse aussi les accidents des substances [4] ? Je prends
un exemple : si le solide est une substance, et si les

---

[1] Ar. résout cette aporie Γ, 2,
1004 a 2 - 9, et E, 1.
[2] Etant donné l'unité de genre, objet d'une seule science, et l'unité de
la science des axiomes, on aboutira,
comme dans le § précédent, à la
notion d'une science unique et universelle, contraire au principe de l'in-

communicabilité des genres. — Les
deux sciences en question sont évidemment la science du genre et la
science des axiomes.
[3] Toujours la Métaphysique.
[4] Aporie résolue Γ, 2, 1003 b 32-
1005 a 18.

lignes et les surfaces sont aussi des substances, appartiendra-t-il à une même science de les étudier et d'étudier les propriétés de chaque genre, objet des démonstrations mathématiques, ou bien sera-ce à une
30 science différente ? — Si c'est la même science, la science de la substance sera aussi démonstrative ; or, semble-t-il, il n'y a pas de démonstration de l'essence [1]. — S'il y a deux sciences différentes, quelle sera donc celle qui traitera des accidents de la substance ? C'est là une question des plus difficiles à résoudre.

<4> En outre, faut-il admettre seulement des substances sensibles, ou y en a-t-il d'autres en dehors
35 de celles-là [2] ? Est-ce qu'il existe un ou plusieurs genres
997 b de substances ? De cette dernière opinion sont les partisans des Idées et des Choses intermédiaires, objet, disent-ils, des sciences mathématiques. — Le sens dans lequel nous, PLATONICIENS, assurons que les Idées sont à la fois des causes et des substances par soi, a été indiqué dans notre premier Livre [3], qui
5 traite de ce sujet. Cette doctrine soulève des objections de plusieurs sortes, mais rien n'est plus absurde que de prétendre qu'il existe des réalités déterminées en dehors de celles que nous voyons dans l'Univers sensible, et que ces réalités sont les mêmes que les réalités sensibles, excepté toutefois qu'elles sont éternelles, tandis que les autres sont corruptibles. Quand on dit,

[1] Cf. *Anal. post.*, II, 3-8. [3] A, 6.
[2] Aporie traitée Δ, 6-10.

en effet, qu'il existe l'Homme en soi, le Cheval en soi
et la Santé en soi, sans rien ajouter, on ne fait qu'imiter ceux qui disent qu'il y a des dieux, mais que les 10
dieux ont la forme de l'homme. Ces derniers ne
faisaient pas autre chose que des hommes éternels, et de même les PLATONICIENS, en créant leurs
Idées, ne créent que des êtres sensibles éternels. —
De plus, si, à part des Idées et des êtres sensibles,
on pose des Choses intermédiaires, il s'ensuivra de
nombreuses difficultés. En effet, il y aura évidemment aussi des lignes intermédiaires entre les Lignes
en soi et les lignes sensibles, et de même pour chacun des autres genres de choses, de sorte que si 15
l'Astronomie est une des sciences mathématiques, il
y aura un autre ciel, en dehors du Ciel sensible, un
autre Soleil, une autre Lune, et de même pour tous
les autres Corps célestes. Comment croire à de telles
rêveries ? On ne peut même pas raisonnablement
supposer un tel corps immobile, mais il est complètement impossible aussi qu'il soit en mouvement. —
Il en est de même pour les phénomènes dont traite 20
l'Optique et pour l'étude mathématique de l'Harmonie. Là encore, en effet, il est impossible, pour ces
êtres, d'exister à part des êtres sensibles, et cela, pour
les mêmes raisons. S'il existe, en effet, des êtres sensibles intermédiaires, il y aura des sensations intermédiaires correspondantes, et évidemment aussi il
y aura des animaux intermédiaires entre les Animaux en soi et les animaux corruptibles. — On

25 pourrait aussi se demander à quelle espèce d'êtres [1]
s'appliqueraient ces sciences des intermédiaires. Si, en
effet, la Géométrie ne diffère de l'Arpentage qu'en
ce que l'Arpentage porte sur des objets que nous
percevons, tandis que la Géométrie s'applique à des
objets non-sensibles, il en sera évidemment de
même pour la Médecine et pour chacune des autres
sciences, et nous aurons une science intermédiaire
entre la Médecine en soi et la médecine sensible.
30 Comment une pareille supposition serait-elle possible? Il existerait ainsi des choses saines en dehors
des choses saines sensibles et du Sain en soi. Au
surplus, il n'est même pas vrai de dire que
l'Arpentage traite des grandeurs sensibles et corruptibles, car alors cette science périrait avec ces grandeurs elles-mêmes. — Mais, d'autre part, l'Astronomie n'a cependant pas pour objet les grandeurs sen-
35 sibles ni le Ciel qui se trouve sur nos têtes. En effet,
998 a ni les lignes sensibles ne sont les lignes du géomètre
(car les sens ne nous donnent ni ligne droite, ni
ligne courbe, conforme à la définition; le cercle sensible ne rencontre pas la tangente en un point seulement, mais de la manière qu'indiquait PROTAGORAS

---

[1] L. 25, Ross lit, avec raison, περὶ
au lieu de παρά (contra ALEXANDRE et
BONITZ). — En ce qui concerne l'argument lui-même, AR. montre que
les principes platoniciens aboutissent
à l'absurde. Si on admet l'existence
de choses intermédiaires dans tous les
cas où il y a des êtres sensibles et
des êtres non-sensibles, comme dans
l'Arpentage et la Géométrie, on devra
admettre aussi des choses intermédiaires, faisant l'objet d'une science
intermédiaire, dans la Médecine et dans
toutes les sciences où se présente la
distinction du sensible et du supra-
sensible. — Sur toute l'argumentation
contre la réalité des Choses mathématiques intermédiaires, cf. ROBIN, la
Th. Platon., pp. 211 et ss. On trouvera une autre objection d'AR., M,
2, 1077 a, 9-14.

dans sa *Réfutation des Géomètres*[1]), ni les mouvements et les révolutions [ἕλικες][2] du Ciel ne sont les 5
mêmes que dans les calculs astronomiques, ni enfin
les points ne sont de la même nature que les astres.
— Maintenant, il y a des philosophes[3] qui admettent
l'existence de ces êtres dits intermédiaires entre les
Idées et le Monde sensible, mais ils ne les séparent
point des choses sensibles, et disent qu'ils sont immanents au sensible. Toutes les impossibilités qu'entraîne une telle doctrine, il serait trop long de les
expliquer en détail. Bornons-nous aux considérations 10
suivantes. Il n'est pas rationnel d'admettre que ces
êtres intermédiaires seulement seront dans les objets
sensibles, mais, évidemment, les Idées elles-mêmes y
seront aussi, car les raisons sont les mêmes dans les
deux cas. De plus, il s'ensuivra que deux solides
occuperont nécessairement le même lieu, et que les
intermédiaires ne seront pas immobiles puisqu'ils se
trouveront dans des objets sensibles, lesquels sont en
mouvement. Et, en définitive, à quoi bon poser l'exis- 15
tence d'intermédiaires pour les placer dans les êtres
sensibles? Les mêmes absurdités que tout à l'heure
se renouvelleront. Ainsi, il y aura un Ciel en dehors
du Ciel sensible, excepté qu'il n'en sera pas séparé,

---

1 Peut-être s'agit-il du περὶ τῶν
Μαθημάτων dont parle D. L., IX, 55.
Pour PROTAGORAS, qui réfutait les géomètres à l'aide des choses sensibles
(ALEX., 200, 18 Hd), la tangente rencontre le cercle οὐ κατὰ στιγμὴν , ἀλλὰ
κατὰ μῆκος.

2 Rigoureusement *mouvements en
spirale*. Cf. PLATON, *Tim.*, 39 a.
3 Probablement des PLATONICIENS. —
Sur tout ce passage, cf. ROBIN, *la
Th. Platon.*, pp. 204 et n. 213.

mais qu'il sera dans le même lieu, ce qui est encore
plus impossible [1].

3.

< *Sixième et septième apories.* >

20   <*6*> Sur tous ces points, la difficulté est donc
grande pour arriver à la vérité. Il en est de même au
sujet des principes. Faut-il considérer les genres
comme éléments et principes des êtres ? N'est-ce pas
plutôt le rôle des parties premières constitutives de
chaque individu [2] ? Par exemple, les éléments et les
principes du mot [φωνή] [3] semblent bien être les éléments premiers qui concourent à la formation de
tous les mots, et non pas le mot pris comme genre
25 commun ; et nous appelons éléments ces propositions
géométriques [διαγράμματα] [4] dont la démonstration
est contenue dans la démonstration des autres propositions, soit de toutes, soit de la plupart. De même,
pour les êtres corporels, ceux qui admettent, soit plusieurs éléments, soit un seul, tous entendent par
principes les parties dont les corps sont constitués et
30 composés: pour EMPÉDOCLE, par exemple, c'est le Feu,
l'Eau et les autres éléments intermédiaires, qui sont

---

[1] Pour toute cette argumentation
contre l'immanence des choses mathématiques intermédiaires, cf. ROBIN, *la
Th. Platon.*, pp. 208 et ss. et n. 217.
Voir une autre objection M, 2, *init.*
[2] Cf. Z, 10, 13.
[3] Φωνή signifie littéralement *son
articulé*, soit la syllabe, soit le mot.
C'est un son composé du langage hu-

main, ou même, d'une façon générale,
un son émis par un être animé (cf.
de An., II, 8, 420 *b*, 5-6, *Poétique*,
XX, 1). Les éléments (στοιχεῖα) du
mot sont les lettres.
[4] Sur le sens de διαγράμματα cf. AS-
CLEPIUS, 174, 9 Hd. Cf. aussi, θ, 9,
1051 *a*, 22 où ce mot est pris dans un
sens différent.

les principes constitutifs des êtres, mais il ne présente
pas ces choses comme les genres mêmes des êtres.
En outre, si l'on veut examiner la nature de quelque 998 b
autre être, d'un lit, par exemple, on cherche de
quelles pièces il est composé, et leur arrangement, et
c'est alors qu'on connaît sa nature. De ces raisons, il
résulte que les genres ne seraient pas les principes
des êtres. — Mais, d'un autre côté, comme nous connaissons chaque chose au moyen des définitions et 5
que les genres sont les principes des définitions, les
genres sont nécessairement aussi les principes des
êtres définis [1]. De même, si c'est acquérir la connaissance des êtres que d'acquérir celle des espèces
d'après lesquelles les êtres sont affirmés, les genres
seront, de toute façon, les principes des espèces. Ensuite certains des philosophes qui admettent comme
éléments des êtres l'Un et l'Etre, et [ἤ][2] le Grand et
le Petit, paraissent bien les considérer comme des 10
genres. — Mais il n'est pas possible de parler de
principes dans les deux sens en même temps. En
effet, la définition de la substance doit être une; or
la définition par les genres sera différente de la définition au moyen des éléments constitutifs [3].

<7> De plus, même si ce sont les genres qui sont

---

[1] L'identité du principe de l'être
et du connaître entraîne l'identité du
principe de la définition et de la
chose définie (SAINT THOMAS, *Comm.*,
p. 145, n. 427).
[2] On doit traduire ici ἤ par *et*. Cf.
ROBIN, *la Th. Platon.*, p. 502, n. 449-I.
— AR. a en vue les PYTHAGORICIENS
et PLATON.

[3] On pourrait être tenté de résoudre la difficulté en disant que les
principes des choses sont de deux
sortes : les éléments constitutifs et les
genres. AR. répond que c'est impossible car on aboutirait à une dualité
dans la définition, laquelle, exprimant l'essence, ne peut être qu'unique.

15 le plus principes, faudra-t-il regarder comme principes les genres premiers ou bien les espèces infimes
immédiatement attribuées aux individus[1] ? C'est, là
encore, un sujet de discussion. Si, en effet, ce qui est
universel est toujours le plus principe, il est clair que
les genres les plus élevés [τὰ ἀνωτάτω τ. γ.] seront les
principes, car ils sont affirmés de la totalité des êtres.
Il y aura donc autant de principes des choses que de
20 genres premiers, de sorte que l'Etre et l'Un seront
principes et substances, car ce sont ces notions qui
sont le plus affirmées de la totalité des êtres. Mais il
n'est pas possible que l'Un ou l'Etre soit un genre
des êtres. Il faut nécessairement, en effet, que les différences de chaque genre existent et que chaque différence soit une ; or il est impossible que les espèces
du genre soient attribuées aux différences propres
25 prises en elles-mêmes, et il est impossible aussi que
le genre, pris à part de ses espèces, soit attribué à
ces différences[2]. Si donc l'Un ou l'Etre est un genre,
aucune différence ne sera ni être, ni une. D'autre part,

---

[1] Suivant la terminologie d'Ar.,
ἄτομα désigne tantôt les *infimae species* (τὰ ἄτομα εἴδη) tantôt, comme
dans le présent passage, les individus.
Cf. pour la solution de cette aporie,
Z, 12, 1038 *a* 19, et Z, 13.
[2] L'Un et l'Etre sont, non pas des
genres, mais de simples πολλαχῶς
λεγόμενα et s'élèvent au-dessus de
toutes les Catégories en qualité de *ter-
mini transcendantales*. — Le raisonnement d'ARISTOTE est le suivant :
tout étant un et être, si l'Un et l'Etre
sont des genres, ils auront des différences spécifiques auxquelles on
pourra les attribuer, mais il est impossible d'attribuer un genre à ses
différences, car la différence a plus
d'extension que le genre. Cf. *Top.*,
VI, 6, 144 *a* 31 - *b* 11, — Métaph., K.,
1, 1059 *b*, 30. L'argumentation d'Ar.
est bien exposée dans SAINT THOMAS,
Comm., n. 432, p. 145 (cf. aussi *Sum.
Theol.* Iᵃ, quaest. 3, art. 5) et surtout dans ROBIN, *la Th. Platon.*, p.
139, ouvrage dont nous nous sommes
inspiré pour la traduction de ce passage. Cf. aussi COLLE, *Comm.* sur le
livre III, p. 239.

si l'Etre et l'Un ne sont pas des genres, ils ne seront
pas non plus des principes, puisque les genres sont
principes. — En outre, les espèces intermédiaires,
dans lesquelles le genre est combiné avec les différences successives, seront, dans cette théorie, des
genres [1], jusqu'à ce qu'on arrive aux individus, bien
qu'en fait certaines seulement, semble-t-il aux PLA-
TONICIENS, soient des genres et que les autres ne le 30
soient pas [2]. Ajoutons que les différences seront plus
principes que les genres ; mais si elles sont aussi principes, les principes seront, pour ainsi dire, en nombre
infini, surtout si on pose comme principe le genre le
plus élevé [3]. — D'autre part, s'il est vrai que l'unité 999 a
paraît présenter surtout le caractère de principe, si
l'indivisible est un, si tout indivisible est indivisible ou bien selon la quantité, ou bien selon
l'espèce, et si l'indivisible selon l'espèce est antérieur, si enfin les genres se divisent en espèces, ce
qui est attribué immédiatement à l'espèce dernière
sera plus véritablement un ; l'homme, en effet, n'est 5
pas le genre des hommes. De plus, dans les choses
où il y a de l'antérieur et du postérieur, il n'est pas
possible que ce qui est attribué à ces choses existe en
dehors d'elles. Par exemple, si la dyade est le premier des nombres [4], il n'y aura pas un Nombre en soi

[1] Ce seront des genres et, par suite, des principes, à raison de leur universalité.
[2] Les PLATONICIENS n'admettaient pas d'Idées (c'est-à-dire de genres) pour les privations, les négations, les relations et les *artefacta*.
[3] Le genre le plus élevé est l'Etre ou l'Un. Si l'Etre ou l'Un est un genre, toutes les différences seront aussi principes à raison de leur universalité, et, par suite, si on les envisage dans toutes les catégories, les principes seront en nombre infini.
[4] L'Un est hors série. — Il s'agit ici des nombres mathématiques et non des Nombres idéaux.

en dehors des espèces des nombres particuliers. De
même, il n'y a pas une Figure en soi en dehors des
10 espèces des figures particulières, et, s'il n'y a point
ici de genres en dehors des espèces, il n'y en aura
pas, à plus forte raison, pour les autres choses, car
c'est surtout pour les nombres et les figures qu'il
semble y avoir des genres. Mais dans les individus,
il n'y a ni antérieur ni postérieur. De plus, partout
où il y a meilleur et pire, le meilleur est toujours
antérieur, de sorte qu'il ne peut non plus y avoir de
genres dans ces cas. D'après ces considérations, il
paraît préférable d'attribuer le rôle de principes aux
15 espèces affirmées des individus plutôt qu'aux genres ¹.
— Mais, par contre, comment concevoir que ces espèces soient principes ? Ce n'est pas facile à expliquer.
Il faut que la cause, ou principe, existe en dehors des
choses dont elle est le principe et puisse en être séparée. Mais qu'il y ait un principe de ce genre en dehors
20 des individus, pourquoi le supposerait-on,   sinon

---

¹ 999 a 1-16. Sur ce passage, cf.
Robin, *la Th. Platon.*, pp. 615 et
622. — Si l'on veut, dit Ar., que les
genres communs soient principes, il
est préférable de choisir les *infimae
species*, immédiatement attribuables
aux individus, plutôt que les genres
premiers. Il en donne deux raisons :
a) Le principe doit être quelque chose
d'un et d'indivisible (car s'il était
divisible, ce seraient ses éléments composants qui seraient principes); or
l'indivisibilité la plus haute, celle de
la forme, appartient aux espèces dernières et non aux genres. *b)* Sans
doute, pour les choses hiérarchiquement subordonnées, qui admettent l'antérieur et le postérieur (par
exemple les nombres et les figures),
il ne peut y avoir de genre commun
(le nombre en général, par exemple)
distinct des espèces (sur les raisons
de cette impossibilité, cf. *de An.*, I,
1, 414 b 19 et ss., et Robin, pp. 616
et ss.). Mais les individus échappent
à la subordination de l'antérieur et
du postérieur : ils sont coordonnés
(l'homme n'est pas le genre des
hommes) et, à ce titre, admettent
une essence commune distincte. —
Revenant ensuite à la question de
l'antérieur et du postérieur, Aristote
montre que non seulement les nombres et les figures, mais toutes les
espèces (car en toutes choses se rencontrent le meilleur et le pire) supposent l'antérieur et le postérieur.

parce qu'il est affirmé comme universel et comme
embrassant la totalité des êtres ? Mais si l'on se rend
à cette raison, ce qui est plus universel doit alors être
supposé être plus principe, de sorte que ce seraient
les genres premiers qui seraient principes [1].

4.

< Huitième, neuvième, dixième
et onzième apories. >

<8> Il y a une difficulté qui se rattache aux pré-
cédentes, qui est la plus ardue de toutes, et qu'il est
le plus nécessaire d'étudier. C'est celle dont nous 25
allons maintenant parler. — S'il n'y a rien en dehors
des individus, et étant donné que les individus sont en
nombre infini, comment alors est-il possible d'acquérir la science de l'infinité des individus ? Tous les
êtres que nous connaissons, en effet, nous les connaissons en tant qu'ils sont quelque chose d'un et d'identique, et en tant que quelque attribut universel leur
appartient. — Mais si cela est nécessaire, et s'il faut
qu'il existe quelque chose en dehors des individus, il 30
est nécessaire que ce soient des genres qui existent en
dehors des individus, soit les genres les plus voisins
des individus, soit les genres premiers. Or nous
avons précisément montré plus haut que c'était

---

[1] On retombe ainsi dans les mêmes difficultés.

impossible [1]. — En outre, s'il existe véritablement
quelque chose à part du composé toutes les fois que
quelque chose est affirmée de la matière, cette chose
doit-elle, dans ce cas, exister à part de tous les êtres,
ou seulement à part de quelques-uns et non des
autres, ou bien n'est-elle en dehors d'aucun? Si, alors,
il n'y a rien en dehors des individus, il n'y aura rien
d'intelligible [νοητόν], tous les êtres seront sensibles et
il n'y aura science d'aucun, à moins d'appeler science
la sensation. Il n'y aura non plus rien d'éternel ni
d'immobile, car tous les êtres sensibles sont corruptibles et en mouvement. Mais s'il n'y a rien
d'éternel, le devenir même n'est pas possible : il est
nécessaire, en effet, que, dans toute génération, il y
ait quelque chose qui devient et quelque chose dont
ce qui devient est engendré, et aussi que l'ultime
terme de la série soit inengendré, puisque la série
s'arrête, et que du Non-Etre rien ne peut procéder. De plus, si le devenir et le mouvement existent,
il est nécessaire qu'ils aient aussi un terme, car,
d'une part, aucun mouvement n'est infini, mais
tout mouvement a une fin, et, d'autre part, ce qui
est incapable d'être devenu ne peut devenir, tandis que ce qui est devenu existe nécessairement à
partir du moment où il est devenu [2]. De plus, si la

999 b

5

10

---

[1] B, 3, *init.* — Pour cette huitième
aporie, cf. Z, 8, 13, 14 : Λ, 6-10 ;
M, 10.
[2] Et trouve ainsi sa limite dans
l'être réalisé. — AR. prouve d'abord
(5-8) l'existence d'une matière séparée, puisque ce de quoi une chose

procède est la matière ; il prouve
ensuite (8-17) l'existence d'une forme
séparée et immobile, comme terme
du mouvement en général et de la
génération en particulier. Cette forme
sera séparée des individus, puisqu'elle
est immobile et que les individus

matière existe à l'état séparé parce qu'elle est in-
engendrée, à bien plus forte raison faut-il admettre
l'existence séparée de la substance formelle, qui est
ce que la matière devient à un moment donné. Si, en
effet, on prétend qu'il n'y a ni substance, ni matière,
il n'existera absolument rien, et, comme cela est 15
impossible, il existe nécessairement quelque chose en
dehors du composé, savoir la configuration ⌈μορφή⌉[1]
et la forme [εἶδος][2]. — Mais si on admet l'existence
séparée de la forme, la difficulté sera de savoir pour
quels êtres on admettra cette existence séparée, et
pour quels êtres on ne l'admettra pas. Qu'on ne
puisse, en effet, l'admettre pour la totalité des êtres,
c'est évident, car nous ne pouvons pas dire qu'il
existe une maison en dehors des maisons individuelles. En outre, la substance formelle de tous les 20
individus sera-t-elle une, par exemple celle des hommes? Mais cela est absurde, car tout ce dont la substance formelle est une, est un. Leur substance formelle sera-t-elle multiple et différente? Mais cela
encore est déraisonnable[3]. — En même temps, comment la matière devient-elle chaque forme indivi-

---

sont, au contraire, en perpétuel mouvement.

[1] μορφή est à peu près synonyme
de εἶδος, mais ce mot désigne plutôt
les contours extérieurs de l'objet. La
véritable traduction serait *configuration*. Cf. HAMELIN, *Physique*, II,
p. 42.

[2] Nouvel argument en faveur de
l'existence séparée de la forme :
l'existence séparée de la matière en-

traîne nécessairement l'existence séparée de la forme, car la forme c'est
la matière réalisée, et s'il n'y a pas
de forme, la matière ne pourra devenir forme. — Niera-t-on l'existence de
la matière et de la forme? Rien
alors n'existera. Cf. COLLE, *Comm.*,
pp. 255-256.

[3] Les différents individus d'une
même espèce ne peuvent, en effet,
différer formellement.

duelle, et comment aussi le composé est-il ces deux
éléments à la fois [1] ?

25
<9> Voici, au sujet des principes, une nouvelle
difficulté. S'ils ne sont un que spécifiquement,
rien ne sera un numériquement [2], pas même l'Un-
en-soi et l'Etre-en-soi. Et alors comment le savoir
sera-t-il possible, s'il n'y a pas quelque unité commune à tous les êtres ? — Si, par contre, les principes sont un numériquement, si chacun d'eux est
unique, et n'est pas, comme sont les principes dans
les choses sensibles, autre dans des choses autres
(par exemple, dans telle syllabe particulière qui est
spécifiquement la même qu'une autre, les principes
30
aussi sont, comme la syllabe, les mêmes en espèce
que ceux de l'autre ; en espèce, car numériquement
ces principes sont autres, eux aussi), si donc il n'en
est pas ainsi, et si, au contraire, les principes des
êtres possèdent l'unité numérique, il n'existera rien
d'autre en dehors des éléments. Qu'on dise, en effet,
« un numériquement » ou « individu », il n'y a aucune différence, car nous appelons précisément indi-
1000 a
vidu ce qui est un numériquement, et universel ce
qui est affirmé de tous les individus. De sorte qu'il
en sera comme si les éléments du son articulé [3] étaient
limités numériquement [4] : la somme des lettres que
l'on pourrait écrire ne saurait dépasser la somme de

---

[1] Autre difficulté : si la matière et
la forme possèdent l'existence séparée, comment expliquer leur union
dans le σύνολον ?
[2] Si les principes n'ont pas d'individualité, les choses dérivées ne la
posséderont pas non plus, à commencer par l'Un-en-soi et l'Etre-en-soi. —
Sur cette 9e aporie, cf. aussi Z, 14,
Λ 4, 5 et M, 10.
[3] C'est-à-dire du langage ; en l'espèce de l'alphabet.
[4] Autrement dit, numériquement
uns.

ces éléments, puisque ceux-ci ne devraient se répéter
ni une ni plusieurs fois [1].

<10> Une difficulté, qui ne le cède à aucune autre, 5
et qui a été négligée par les philosophes actuels
comme par leurs devanciers, c'est de savoir si les
principes des êtres corruptibles et ceux des êtres
incorruptibles sont les mêmes, ou s'ils sont autres [2].
Car si les principes sont les mêmes, comment se fait-
il que certains êtres soient corruptibles et les autres
incorruptibles, et pour quelle cause ? Les disciples
d'HÉSIODE et tous les théologiens se sont souciés seulement de ce qui pouvait les convaincre eux-mêmes, 10
sans songer à nous. Considérant, en effet, les principes comme des dieux et comme nés des dieux, ils
disent que les êtres n'ayant pas goûté le nectar et
l'ambroisie sont nés mortels. Ces expressions avaient
évidemment un sens satisfaisant pour eux, mais ce
qu'ils ont dit au sujet de l'application même de ces
causes dépasse la portée de notre compréhension [3]. 15
Si c'est en vue du plaisir, en effet, que les dieux tou-
chent à ces breuvages, le nectar et l'ambroisie ne
sont nullement les causes de leur être ; si c'est,
au contraire, en vue de leur être, comment les dieux
pourraient-ils être éternels, ayant besoin de nourriture ? Mais les subtilités mythologiques ne méritent

---

[1] Cf. COLLE, *Comm.*, pp. 260 et
261. — Si les principes sont des
choses individuelles (ou numériquement un), rien n'existera que les
principes eux-mêmes. Comme l'explique ALEX. (217,27 Hd), s'il existe un
A numériquement un, et un B numériquement un, il n'y aura qu'une

syllabe BA et il ne pourra y avoir
d'autre composé avec le B, si B est
numériquement un, en dehors de BA.
— Cf. aussi M, 10, 1086 *b* 19-32.
[2] Cf. Z, 7-10 et Λ, 1-7.
[3] Ironique. — Cf. PLATON, *Soph.*,
242 *c*-243 *c* ; *Parmén.*, 128 *b*.

pas d'être soumises à un examen sérieux. Tournons-
20 nous plutôt du côté de ceux qui raisonnent par la
voie de la démonstration, et demandons leur comment il se fait, après tout, que, provenant des mêmes
principes, certains êtres ont une nature éternelle,
tandis que les autres sont corruptibles. Puisque ces
philosophes ne nous en disent pas la cause, et qu'en
effet cet état de choses est irrationnel, il est évident
que ni les principes, ni les causes de ces deux sortes
d'êtres ne peuvent être les mêmes. — Par exemple,
un philosophe qu'on croirait pourtant le plus cohé-
25 rent dans ses raisonnements, EMPÉDOCLE, a commis,
lui aussi, la même faute. Il pose, en effet, un principe, la Haine, comme cause de la corruption. On
n'en voit pas moins ce principe engendrer tous les
êtres, sauf l'Un ; car tous les êtres, excepté DIEU [1],
procèdent de la Haine. Voici d'ailleurs ses paroles :
« C'est de la Haine et de l'Amitié [ἐξ ὧν] que se forme
tout ce qui a été, est, ou sera jamais, c'est d'elles que
30 poussent les arbres, les hommes et les femmes, les
bêtes sauvages, les oiseaux et les poissons qui se nourrissent d'eau, et même les dieux à la longue vie [2]. »
Cela, du reste, serait évident, même sans tenir compte
1000 b de ces vers. Si, en effet, la Haine n'existait pas dans les
choses, tout serait un, comme dit EMPÉDOCLE : quand
les choses se furent réunies, « alors s'éleva enfin la
Haine » [3]. Il en résulte que, pour EMPÉDOCLE, Dieu,
souverainement heureux, est moins sage [φρόνιμος] [4]

---

1 L'Un et DIEU signifient le *Sphé-*
rus (fg. 31 Diels). Cf. *infra* 1000 b
14 note.

2 Fgmt 21 Diels.
3 Fgmt 36 Diels.
4 Au sens rigoureux, la φρόνη

que les autres êtres, car il ne connaît pas tous les
éléments, puisqu'il n'a pas en lui la Haine; or il n'y a 5
connaissance que du semblable par le semblable [ἡ δὲ
γνῶσις τοῦ ὁμοίου τῷ ὁμοίῳ]. « C'est par la Terre, dit
EMPÉDOCLE, que nous voyons la Terre, par l'Eau,
l'Eau, par l'Ether, le divin Ether, et par le Feu, le
Feu dévorant, par l'Amour, l'Amour, et la Haine, par
la triste Haine [1]. » Reprenons notre raisonnement : il
est du moins manifeste que, chez EMPÉDOCLE, la Haine
n'est, finalement, pas plus cause de la corruption que 10
de l'Etre. De même l'Amitié n'est pas plus cause de
l'Etre que de la corruption, car lorsqu'elle réunit les
êtres en l'Un, elle détruit tout le reste. Et, en même
temps, EMPÉDOCLE n'assigne au changement lui-
même [2] aucune cause; il dit seulement que telle est la
nature des choses : « Mais quand la Haine enfin eut
grandi dans les membres de *Sphérus* [3], quand elle
s'élança vers les honneurs après le temps révolu, que 15
fixait à l'Amitié et à la Haine, tour à tour, l'ample
pacte [4]. » Cela revient à dire que le changement était
nécessaire, mais EMPÉDOCLE n'assigne aucune cause à
cette nécessité. Mais, du moins, lui seul évite la contradiction, en ce qu'il ne fait pas les êtres, les uns,
corruptibles, les autres, incorruptibles ; tous sont

---

c'est la prudence, l'intellect pratique,
propre à l'homme et appliqué à la
réalisation du bien.
[1] Fgmt 109 Diels, cité aussi dans
le *de An.*, I, 2, 404 *b* 13-15.
[2] Changement du règne de la
Haine à celui de l'Amitié, et inversement.

[3] Dans le système d'EMPÉDOCLE, le
Sphérus (Σφαῖρος) est l'état de l'Univers caractérisé par l'unité absolue
et dans lequel l'Amitié est à son
apogée. La dénomination de Sphérus
vient peut-être de l'Etre sphérique de
PARMÉNIDE.
[4] Fgmt 30 Diels.

20 corruptibles, à l'exception des éléments. Or la difficulté que nous examinons est de savoir pourquoi
certains êtres sont corruptibles, et les autres, non,
alors qu'ils viennent des mêmes principes.

Que les principes ne puissent pas être les mêmes,
ce qui a été dit suffit pour l'établir. Mais si les principes sont différents, une difficulté surgit : seront-
ils, eux aussi, incorruptibles ou corruptibles? S'ils
sont corruptibles, il est clair qu'ils viennent néces-
25 sairement aussi de certains éléments, car tout ce qui
périt retourne à ses éléments. Il s'ensuit donc qu'il
existera d'autres principes, antérieurs aux principes.
Or c'est impossible, soit que l'on s'arrête, soit que
l'on marche à l'infini. De plus, comment pourra-t-il
exister des êtres corruptibles si les principes viennent
à être anéantis? Et si, d'autre part, les principes des
choses corruptibles sont incorruptibles, pourquoi les
30 êtres composés de certains principes incorruptibles
seront-ils corruptibles, tandis que les êtres composés
des autres principes incorruptibles seront incorruptibles? Cela n'est pas rationnel : c'est une chose ou
bien impossible, ou bien qui manque singulière-
ment de preuve. Enfin, aucun philosophe n'a tenté
de faire admettre des principes différents [1], mais tous
1001 a reconnaissent que les principes de toutes choses sont
les mêmes. Il est vrai qu'ils effleurent [2] la difficulté

[1] Pour les choses corruptibles et pour les choses incorruptibles.
[2] Le verbe ἀποτρώγειν, l. 2, paraît signifier *effleurer*. Cf. BONITZ, *Métaphys.*, 162 : *abrodere sive delibare, id est obiter tangere.*

que nous avons posée d'abord, la regardant comme
insignifiante.

<11> Une question, difficile entre toutes, et d'une
importance capitale pour la connaissance de la vérité, c'est de savoir si l'Etre et l'Un sont les sub- 5
stances des choses, si chacun d'eux n'est pas autre
chose que respectivement l'Etre et l'Un, ou s'il faut
chercher ce qu'est l'Etre et l'Un en les considérant
comme ayant une autre nature qui leur sert de sujet[1].
Certains philosophes tiennent pour la première doctrine, les autres, pour la seconde. — PLATON et les PY-
THAGORICIENS pensent, en effet, que l'Etre et l'Un ne 10
sont pas quelque autre chose, mais que cela même
est leur nature, leur substance étant précisément
l'Un lui-même et l'Etre lui-même. Les physiciens sont
d'une autre opinion ; EMPÉDOCLE, par exemple,
comme pour réduire son principe à une notion plus
facile à comprendre, dit ce qu'est l'Un, car de ses
paroles il paraît résulter que l'Un est l'Amitié ; du
moins, l'Amitié est-elle la cause de l'unité pour tous
les êtres. D'autres physiciens prétendent que c'est le 15
Feu, d'autres, que c'est l'Air, qui est l'Un et l'Etre,
et que de ces éléments les êtres sont constitués et
ont été engendrés. Le même système est professé par
ceux qui admettent la multiplicité des éléments, car
ils doivent, eux aussi, nécessairement compter précisément autant de fois l'Etre et l'Un qu'ils reconnaissent de principes. — Mais si l'on ne pose pas l'Un et

---

[1] Sur cette aporie, cf. Z, 16, I, 2, M, 8.

20 l'Etre comme une substance, il s'ensuit qu'aucun des
autres universaux n'est non plus une substance, car
l'Etre et l'Un sont ce qu'il y a de plus universel, et,
s'il n'y a pas d'Un en soi et d'Etre en soi, on ne voit
guère comment il pourra exister quelqu'autre être en
dehors des choses dites individuelles. De plus, si l'Un
n'est pas une substance, il est évident que le nombre
25 même ne peut exister comme une réalité séparée des
êtres[1] : le nombre, en effet, se compose d'unités, et
l'unité est justement une certaine espèce d'Un. —
Mais, s'il y a un Un en soi et un Etre en soi, il est nécessaire que leur substance soit l'Un et l'Etre, car
il n'y a rien d'autre qui puisse être attribué universellement à tout ce qui est ou est un, à l'exception de
l'Etre et de l'Un mêmes[2]. — Mais si l'Etre en soi et
l'Un en soi sont des substances, une grande diffi-
30 culté sera de comprendre comment quelque autre
chose existera en dehors de l'Etre et de l'Un, je veux
dire comment les êtres seront multiples. En effet
l'autre que l'Etre n'est pas, de sorte qu'il en résulte
nécessairement ce que soutenait PARMÉNIDE[3], savoir
que tous les êtres sont un et que cet Un est l'Etre. —
1001 b À ces deux systèmes, des objections peuvent être
adressées. En effet, que l'Un ne soit pas une
substance, ou qu'il existe un Un en soi, il est impossible que le nombre soit une substance. Dans le cas
où l'Un en soi n'est pas une substance, nous avons
déjà dit[4] pourquoi le nombre ne peut pas être une

---

[1] Ainsi que le soutenait SPEUSIPPE
[2] Cf. ROBIN, la Th. Platon., p. 517,
n. 461².
[3] Fgmt 7 Diels.
[4] Supra, a 24-27.

substance. Dans le cas où l'Un en soi est une substance, la difficulté est la même que celle que nous
avons soulevée au sujet de l'Etre. D'où pourrait venir,
en effet, un autre un, en dehors de l'Un en soi? Il 5
serait nécessairement non-un ; mais tous les êtres sont
un ou composés d'une multiplicité d'êtres dont chacun est un. De plus, si l'Un en soi est indivisible,
d'après la conception [ἀξίωμα][1] de ZÉNON, il ne sera
rien. En effet, ce qui, étant ajouté ou retranché,
ne rend ni plus grand, ni plus petit, ZÉNON prétend
que ce n'est pas un être, posant comme évident que 10
la grandeur appartient à tout être. Et si l'être est une
grandeur, il est corporel, car le corporel possède
l'être dans toutes les dimensions [πάντῃ], tandis que
les autres objets des mathématiques, ajoutés d'une
certaine manière, augmenteront ce à quoi ils sont
ajoutés, mais, ajoutés d'une autre manière, n'augmenteront pas ce à quoi ils sont ajoutés : c'est ainsi
que se comportent la surface et la ligne, tandis que
l'addition du point et de l'unité n'a d'effet d'aucune
manière[2]. Toutefois le raisonnement de Zénon est
grossier : quelque chose d'indivisible peut exister, de
telle sorte que nous pouvons le réfuter, lui aussi, et 15
lui répondre : l'indivisible, quand il est ajouté,

---

[1] ἀξίωμα = placitum (Bonitz, Métaph.,
165). Même sens, M, 2, 1077 a 31.
[2] An. utilise, pour les besoins de
sa polémique contre l'existence de
l'Un-en-soi, une idée de Zénon, suivant laquelle l'être est défini par la
grandeur, laquelle seule est divisible,
et même par la grandeur corporelle

à trois dimensions. Donc, si l'Un-
en-soi est indivisible, il n'est rien. —
L. 11-13 : les lignes et les surfaces
n'augmentent la grandeur que si elles
sont *ajoutées* à une autre ligne ou à
une autre surface, mais non si elles
sont *superposées* ; le point, indivisible, n'a aucun effet.

n'augmentera pas la grandeur, mais il augmentera
le nombre[1]. Cependant, comment d'un tel Un, ou
de plusieurs, arrivera-t-on à former une grandeur?
Cela reviendrait à dire que la ligne se compose de
points. Même si l'on prétend, à l'exemple de cer-
20 tains philosophes, que le nombre est engendré à partir de l'Un en soi et d'un principe autre que l'Un[2],
il n'en restera pas moins à rechercher pourquoi et
comment le produit est tantôt un nombre, tantôt une
grandeur, si du moins ce Non-Un est l'Inégalité et
s'il constitue une même nature[3]. Comment, en effet,
de l'Un et de l'Inégalité, et comment, d'un nombre
25 quelconque et de l'Inégalité, les grandeurs pourraient être engendrées, c'est ce qu'on ne voit pas.

5.

< *Quatorzième aporie.* >

<*14*> Une difficulté qui se rattache aux précé-
dentes est celle-ci : les nombres, les solides, les surfaces
et les points sont-ils, ou non, des substances[4] ? Si ce
ne sont pas des substances, il est impossible de dire ce

---

[1] ARISTOTE fait une réserve. Le raisonnement de ZÉNON ne vaut rien, car
l'indivisible n'est pas le néant : ajouté
à autre chose, il augmente le *nombre*. La conclusion (l'Un-en-soi n'est
rien) n'a donc pas grande valeur.
[2] Ce principe autre que l'Un est la
Dyade indéfinie de PLATON. — Tout

le raisonnement d'AR. repose sur la
distinction radicale qu'il établit entre
la quantité continue (les grandeurs)
et la quantité discrète (les nombres).
[3] C'est-à-dire un seul et même principe pour les nombres et les grandeurs.
[4] Cf. M et N.

qu'est l'Etre et ce que sont les substances des êtres. En effet, les déterminations, les mouvements, les relations, les dispositions, les proportions ne parais- 30 sent exprimer la substance de rien. Toutes ces notions, en effet, sont affirmées d'un certain sujet et aucune n'est une substance individuelle [τόδε τι] [1]. Quant aux choses qui sembleraient présenter le plus le caractère de la substance, telles que l'Eau, la Terre, le Feu et l'Air, dont les corps composés sont consti- tués, assurément leur chaud et leur froid et les autres 1002 a propriétés de même nature sont de simples affec- tions de ces corps, et non des substances, et c'est le corps, sujet de ces modifications, qui subsiste seul comme un être réel et comme une substance. — Mais le corps est assurément moins substance que la surface, la surface, moins que la ligne, la 5 ligne, moins que l'unité et le point. C'est, en effet, par ces grandeurs que le corps est défini, et elles peuvent exister, semble-t-il, sans le corps, tandis que le corps ne peut exister sans elles. C'est pourquoi (alors que la plupart des philosophes et, parmi eux, les plus anciens, croyaient que la substance et l'Etre, c'est le corps, et que les autres choses sont seulement des affections du corps, de sorte que les principes 10 des corps sont aussi les principes des êtres), les phi- losophes plus récents [2], et qui sont réputés être plus

---

1 Τόδε τι, c'est l'individuel, telle chose que voici (*hoc aliquid*); c'est, contrairement à l'attribut, ce qui existe par soi-même, et, la plupart du temps, τόδε τι est synonyme d'οὐσία (Bonitz, *Ind. arist.*, 495 b 45). Plus précisément, τόδε τι est la forme ou essence à laquelle il ne manque que d'être réalisée dans une matière pour devenir un individu véritable. C'est la substance première.

2 Les Pythagoriciens et Platon op- posés aux anciens physiologues.

savants que leurs devanciers, ont professé que les
principes des êtres sont les nombres. Ainsi donc
que nous l'avons dit, si ces choses ne sont pas des
substances, il n'y a absolument aucune substance
ni aucun être, car les accidents de ces êtres ne méritent sûrement pas d'être appelés des êtres. — Mais,
15 si l'on se range à cette opinion que les lignes et les
points des corps sont plus substances que les corps,
nous ne voyons pas pourtant à quels corps ces choses
pourraient appartenir (car il est impossible qu'elles
se trouvent parmi les corps sensibles[1]), et alors il
n'y aura, encore une fois, aucune substance. En
outre, il apparaît que lignes, surfaces et points
ne sont que des divisions du corps, la ligne, suivant la largeur, la surface, suivant la profondeur, le
20 point, suivant la longueur. De plus, ou bien toute
figure quelconque est présente également dans le
solide, ou bien aucune ne s'y trouve, de sorte que si
l'Hermès n'est pas dans la pierre, la moitié du cube
n'est pas non plus dans le cube, comme quelque
chose de déterminé; la surface n'y est donc pas
davantage, car s'il s'y trouvait une surface quelconque, celle qui limite la moitié du cube s'y trouve-
25 rait aussi. Même raisonnement pour la ligne, le point
et l'unité. Par conséquent, si, d'un côté, le corps
est le plus substance, mais que, d'un autre côté, la
surface, la ligne et le point soient plus substance
que le corps, et si pourtant ni les surfaces, ni les

---

[1] Qui possèdent seuls l'existence substantielle.

lignes, ni les points ne sont eux-mêmes des substances, il devient impossible de savoir ce qu'est
l'Etre et ce qu'est la substance des êtres. — Outre ces
difficultés, cette opinion entraîne d'autres conséquences irrationnelles sur la génération et la corruption. Il semble, en effet, que si la substance qui 30
n'existait pas auparavant, existe maintenant, et que
si celle qui existait auparavant, n'existe plus ensuite,
ce changement est accompagné d'un processus de
génération et de corruption ; au contraire, les points,
les lignes et les surfaces, qui tantôt sont et tantôt ne
sont pas, ne sont pas logiquement susceptibles de génération et de corruption. En effet, quand les corps
entrent en contact [ἅπτηται] ou sont divisés, au moment même où ils sont en contact, une surface est 1002 *b*
créée [γίγνεται] et au moment où ils se divisent, deux
surfaces sont créées. Ainsi, quand les corps sont
unis, les surfaces ne sont plus, mais cessent d'être
[ἔφθαρται], tandis qu'après la division, elles existent,
alors qu'elles n'existaient pas auparavant. Car
enfin, le point, qui est indivisible, n'a pu être
divisé en deux. Et si ces réalités sont sujettes à la
génération et à la corruption, elles doivent procéder
de quelque substrat[1]. Mais il en est de ces êtres 5

---

[1] Pour tout ce passage, cf. ALEX.,
232, 11-16 Hd, ROBIN, *la Th. Platon.*,
pp. 233-234 et note 234, et COLLE,
Comm., liv. III, pp. 290, et ss. Γίγνεται
signifie ici, non pas *est engendré*,
mais *est créé* suivant un processus
étranger à la génération proprement

dite ; de même ἔφθαρται ne veut pas
dire *a péri par corruption*, mais *est
anéanti, cesse d'exister*, sans qu'il y
ait eu aucune corruption. L'appari-
tion et la disparition des points, des
lignes et des surfaces obéissent à des
règles autres que celles qui régissent

comme de l'instant dans le temps : il n'est sujet, lui
non plus, ni à la génération, ni à la corruption,
tout en paraissant toujours être autre que lui-même,
car il n'est pas une substance. Il en est de même
évidemment pour les points, les lignes et les surfaces,
10 car la raison est la même, puisque ces choses sont
également des limites ou des divisions.

6.

On pourrait soulever, d'une manière générale, la
question de savoir pourquoi il faut, en dehors des
êtres sensibles et des êtres intermédiaires, chercher
d'autres êtres encore, par exemple les Idées, posées
par nous, PLATONICIENS. Si c'est pour cette raison que
les Choses mathématiques, alors qu'elles diffèrent
15 sous un autre rapport[1] des êtres d'ici-bas, n'en diffèrent pas du fait qu'elles sont une multiplicité possédant l'unité spécifique, en sorte que leurs principes ne peuvent pas être limités en nombre (il en
est comme des éléments de notre alphabet, qui sont
limités, non pas numériquement, mais seulement
spécifiquement, à moins qu'on ne considère les

---

les substances. — On ne peut objecter
que la génération se fait par la division du point, ou de la ligne, ou de
la surface, car le point (et aussi, ce
qu'AR. sous-entend, la ligne et la
surface) est indivisible. — Au surplus

on ne voit pas quelle matière servi-
rait de point de départ à la génération de ces notions. Il en résulte que
le point, la ligne et la surface ne sont
pas des substances.
[1] Par l'éternité et l'immobilité.

éléments de telle syllabe particulière, ou de tel son
déterminé dont les éléments seront alors limités mê- 20
me numériquement; c'est ce qui arrive pour les êtres
intermédiaires, car, là aussi, les choses d'une même
espèce sont infinies en nombre); et, par conséquent [1],
s'il n'existe pas, en dehors des choses sensibles et des
choses mathématiques, d'autres êtres, telles que certains philosophes affirment que sont les Idées, alors
il n'y aura pas de substance une en nombre, mais
seulement une en espèce, et les principes des êtres
ne seront pas déterminés numériquement, mais spé- 25
cifiquement. Si cette conséquence est nécessaire [2], il y
aura aussi nécessité d'admettre, à cause de cela, l'existence des Idées. En effet, quoique les partisans de
cette doctrine ne s'expliquent pas bien nettement,
c'est pourtant ce qu'ils veulent dire, et ils sont dans
la nécessité d'affirmer l'existence des Idées, parce que
chacune des Idées est une substance et qu'aucune
n'existe par accident. — Mais, si on pose que les 30
Idées existent et que les principes sont un numériquement et non spécifiquement, nous avons dit plus
haut quelles impossibilités en résultent inévitablement.

<13> Une autre difficulté est liée étroitement au

---

[1] Cette longue phrase est mal construite : la protase est abandonnée et
l'apodose fait défaut. L'argumentation d'AR. est tout aussi négligée.
Cf. BONITZ, *Obs. crit.*, p. 36, et COLLE,
Comm., liv. III, p. 294. — Les principes ne peuvent avoir seulement
l'unité spécifique des objets mathématiques, unité tout accidentelle ré-

sultant de leur universalité ; il faut
leur reconnaître aussi l'unité numérique, le caractère individuel, qui
limitera leur nombre. On en arrive
ainsi à admettre l'existence des réalités supra-sensibles que sont les
Idées.

[2] C'est-à-dire : si les principes des
êtres ont l'unité numérique.

problème précédent : est-ce que les éléments existent
en puissance, ou de quelque autre manière? [1] S'ils
sont autrement qu'en puissance, il y aura quelque
1003 *a* autre chose d'antérieur aux principes, car la puissance est antérieure à la cause en acte, et il n'est pas
nécessaire que toute puissance soit en acte. — Mais
si les éléments existent seulement en puissance, il
est possible qu'aucun être ne soit, car même ce qui
n'est pas encore peut être ; en effet, ce qui devient
c'est ce qui n'est pas, mais rien ne devient de ce qui
5 est incapable d'être.

<12> Telles sont donc les difficultés qu'il est
nécessaire de soulever au sujet des principes. On
doit se demander, en outre, s'ils sont universels, ou
bien s'ils rentrent dans ce que nous appelons les
choses individuelles [2]. S'ils sont universels, ils ne
seront pas des substances, car ce qui est commun ne
désigne jamais une substance individuelle [τόδε τι],
mais telle qualité [τοίον δε], tandis que la substance,
c'est tel être individuel. Si l'attribut commun est tel
être individuel et qu'on puisse le faire exister à part
10 [ἐκθέσθαι], il y aura alors, dans Socrate, plusieurs animaux, à savoir lui-même, l'homme et l'animal,
puisque chacun de ces êtres signifie telle chose individuelle et une. Si donc les principes sont universels, telles sont les conséquences qui en résultent. —
S'ils ne sont pas universels, mais s'ils sont comme

---

[1] C'est-à-dire en acte. — Cf. aussi
θ, 1-9.

[2] Cf. Z, 13, 14, 15 ; M, 10.

les êtres individuels, ils ne seront pas objet de science, toute science portant sur l'universel. De sorte qu'il devra y avoir d'autres principes antérieurs aux principes, savoir ceux qui sont attribués universellement, si l'on veut qu'une science des principes soit possible.

———

LIVRE Γ (IV)

Le livre Γ se rattache aux livres précédents et constitue une transition avec les livres suivants. Il traite de l'Etre en tant qu'être, des axiomes et du principe de contradiction.

1. [20 titul]

< La Métaphysique, science de l'Etre en tant qu'être. >

Il y a une science [1] qui étudie l'Etre en tant qu'être [τὸ ὂν ᾗ ὄν], et ses attributs essentiels [ὑπάρχοντα καθ' αὑτό]. Elle ne se confond avec aucune des sciences dites particulières, car aucune de ces autres sciences ne considère en général l'Etre en tant qu'être, mais découpant une certaine partie de l'Etre, c'est seulement de cette partie qu'elles étudient l'attribut essentiel; tel est le cas des sciences mathématiques. Mais puisque nous recherchons les principes premiers et les causes les plus élevées, il est évident qu'il existe

---

[1] C'est-à-dire la Métaphysique.

nécessairement quelque réalité[1] à laquelle ces principes et ces causes appartiennent, en vertu de sa nature propre. Si donc les philosophes qui recherchaient les éléments des êtres, recherchaient ces mêmes principes[2], il en résulte nécessairement que les
30 éléments de l'Etre sont éléments de l'Etre, non pas
en tant qu'accident, mais en tant qu'être. C'est pourquoi nous devons aussi appréhender les causes premières de l'Etre en tant qu'être.

2

< *La Métaphysique, science de la substance,*
de l'Un et du Multiple,
et des contraires qui en dérivent[3]. >

L'Etre se prend en plusieurs acceptions, mais c'est
toujours relativement à un terme unique [πρὸς ἕν], à
une même nature[4]. Ce n'est pas une simple homonymie, mais de même que tout ce qui est sain se
35 rapporte à la santé, telle chose parce qu'elle la conserve, telle autre parce qu'elle la produit, telle autre
parce qu'elle est le signe de la santé, telle autre enfin

---

[1] L'Etre en tant qu'être.
[2] Cf. A, 1, 2.
[3] Pour l'intelligence générale de ce
chapitre, cf. ALEXANDRE, 247, 9 et ss.
Hd, et ROBIN, *la Th. Platon.*, pp. 137
et ss.
[4] Ce qui est dit καθ' ἕν ou πρὸς ἕν
est intermédiaire entre les συνώνυμα
et les ὁμώνυμα. « Ce sont des homonymes d'une espèce particulière : avec

eux, la communauté de nom a sa raison d'être en ce qu'il y a une certaine nature qui se manifeste en quelque façon en toutes leurs acceptions, relativement à laquelle elles
sont ce qu'elles sont et qui sert de
principe à leur dénomination commune. » (ROBIN, *la Th. Platon.*,
p. 151).

parce qu'elle est capable de la recevoir ; de même 1003 b
encore que le médical a trait à la médecine, et se dit,
ou de ce qui possède l'art de la médecine, ou de ce
qui y est naturellement propre, ou enfin de ce qui
est l'œuvre de la médecine, et nous pouvons trouver
d'autres exemples de choses qui sont dites relativement à un terme unique ; de même aussi, l'Etre se
prend en de multiples acceptions, mais, en chaque 5
acception, toute dénomination se fait par rapport à un
principe unique. Telles choses, en effet, sont dites des
êtres parce qu'elles sont des substances, telles autres
parce qu'elles sont des affections de la substance,
telles autres, parce qu'elles sont un acheminement
vers la substance [1], ou, au contraire, des corruptions
de la substance, ou parce qu'elles sont des privations,
des qualités de la substance, ou bien parce qu'elles
sont des causes efficientes ou génératrices, soit d'une
substance, soit de ce qui est nommé relativement à
une substance, ou enfin parce qu'elles sont des négations de quelqu'une des qualités d'une substance, ou
des négations de la substance même. C'est pourquoi
nous disons que même le Non-Etre est : il est Non- 10
Etre. Et, de même donc que de tout ce qui est sain,
il n'y a qu'une seule science, ainsi en est-il pour
les autres cas. En effet, non seulement l'étude des
choses qui sont nommées par rapport à un seul
terme relève d'une science unique, mais encore
l'étude de tout ce qui est relatif à une nature unique,

---

[1] La génération et l'accroissement (ALEX., 242, 20 Hd).

car ce sont là des choses nommées, en quelque manière, selon un terme unique. Il est donc évident
15 qu'il appartient aussi à une seule science d'étudier
tous les êtres en tant qu'êtres. Or la science a toujours pour objet propre ce qui est premier, ce dont
toutes les autres choses dépendent, et à raison de quoi
elles sont désignées. Si donc c'est la substance, c'est
des substances que le philosophe devra appréhender
les principes et les causes.

Mais, pour chaque genre, de même qu'il n'y a
qu'une seule sensation, ainsi il n'y a qu'une seule
20 science. Par exemple, une science unique, la Gram-
maire, étudie tous les mots. C'est pourquoi une
science génériquement une traitera de toutes les
espèces de l'Etre en tant qu'être, et ses divisions
spécifiques, des différentes espèces de l'Etre. —
Maintenant, l'Etre et l'Un sont identiques et d'une
même nature, en ce qu'ils sont corrélatifs l'un de
l'autre, comme le principe et la cause sont corrélatifs, sans qu'ils soient cependant exprimés dans
25 une même notion (peu importe, au surplus, que
nous considérions l'Etre et l'Un comme identiques
par la notion [1]; notre argumentation en serait même renforcée); et, en effet, il y a identité entre
« un homme », « homme existant » et « homme »,
et on n'exprime pas quelque chose de différent, à
raison du redoublement des mots « un homme est »,

---

[1] Ce seraient alors des πολυώνυμα (ALEXANDRE, 247, 24 Hd), mais AR. n'emploie ce mot qu'une seule fois (Hist. Anim., I, 2, 489 a, 2).

au lieu de « homme est »[1] (il est évident que l'être de
l'homme ne se sépare de son unité ni dans la génération, ni dans la corruption, comme aussi l'Un ne se   30
sépare pas de l'Etre[2]). Il est donc manifeste que l'addition [πρόσθεσις], dans tous ces cas, ne modifie en
rien l'expression, et que l'Un n'est rien d'autre en
dehors de l'Etre. De plus, si la substance de chaque
être est une, et cela non par accident, de même elle
est essentiellement une chose existante, de sorte que,
autant il y a précisément d'espèces de l'Un, autant il y
a d'espèces de l'Etre. L'étude de l'essence de ces différentes espèces sera l'objet d'une science générique-   35
ment une[3], par exemple une même science étudiera
l'identique et le semblable[4] et les autres espèces de
l'Un de cette sorte, et aussi leurs opposés. Presque tous
les contraires se réduisent à cette opposition princi-   1004 a
pale: considérons cela comme ayant été étudié dans
notre *Choix des Contraires*[5]. — La Philosophie aura
d'ailleurs autant de parties qu'il y a de substances,
et il y aura donc nécessairement, au nombre de ces
branches de la Philosophie, une Philosophie pre-

---

[1] Pour ce passage, nous suivons le
texte de CHRIST. Il y a de nombreuses variantes, mais le sens est
clair. Cf. Ross, I, 257-8.
[2] Sens difficile. Cf. Ross, I, 257.
Nous adoptons l'interprétation propo-
sée par ROBIN, *la Th. Platon.*, p. 147,
n. 168-II[16].
[3] Dans tout ce passage, ainsi que
le remarque ALEXANDRE (249, 28 Hd),
AR. s'exprime inexactement, car
l'Etre et l'Un ne sont pas des genres
et on ne saurait parler de leurs
espèces.

[4] L'identique (τὸ ταὐτό) et le semblable (τὸ ὅμοιον) sont des espèces de
l'Un : l'identique est un selon la substance, le semblable est un selon la
qualité.
[5] Référence incertaine. Peut-être
est-ce le περὶ ἐναντίων du catalogue de
DIOGÈNE, ou un traité perdu, ou un
chapitre du *de Bono*. — L'opposition
principale dont il est question l. 1004
a 1, est celle de l'Etre et du Non-
Etre, et de l'Un et du Multiple.

mière, et après, une Philosophie seconde [1]. L'Etre et
l'Un tombent, en effet, immédiatement, sous certains
5 genres, et c'est pourquoi les sciences aussi correspon-
dront à ces genres; car le philosophe est comme le
mathématicien, au sens où ce mot est employé, car
il y a aussi des parties dans les Mathématiques ; il
y a une science première, une science seconde et
d'autres sciences dérivées, dans ce domaine [2].

La science des opposés est une, et le Multiple est
10 opposé à l'Un ; or une seule et même science traite
de la négation et de la privation, par le fait que, dans
l'un et l'autre cas, c'est réellement traiter d'un terme
unique dont il y a négation ou privation (on distingue, en effet, la négation proprement dite, qui indique seulement l'absence de la chose, et la privation
dans un genre déterminé; dans ce dernier cas, une
différence est surajoutée à ce qui est impliqué dans la
pure négation, car la négation est l'absence de la
15 chose en question, tandis que, dans la privation, il y a
aussi, subsistant dans un sujet, une nature particulière dont la privation est affirmée [3]). <Le Multiple
est donc opposé à l'Un [4]>. Il résulte de ces considérations, que les contraires des notions que nous avons

[1] La Philosophie première (ou
Théologie) traitera de la substance
séparée et immobile ; la Philosophie
seconde (ou Physique) traitera de la
substance séparée, mais non immobile.
[2] Cf. Alexandre, 258, 24-38 Hd.
La Mathématique première est
l'Arithmétique ; la M. seconde, la
Géométrie plane ; les M. dérivées, la

Géométrie des solides, l'Astronomie,
etc...
[3] Le texte de cette parenthèse est
altéré. Cf. Ross, I, 259-260, dont
nous adoptons l'interprétation, plus
simple que celle d'Alexandre. Mais
il faut renoncer à traduire τῷ ἑνί
l. 13.
[4] Répétition suspecte.

énumérées, tels que l'autre, le dissemblable, l'inégal et autres modes de ce genre, dérivés soit de ces notions, soit du Multiple et de l'Un, rentreront aussi dans le domaine de la science que nous avons indi- 20 quée. Parmi ces modes, on doit ranger la contrariété, car la contrariété est une différence[1], et la différence est une altérité. En conséquence, puisque l'Un se prend en plusieurs acceptions, ces différents termes aussi seront pris en plusieurs acceptions, mais cependant c'est à une science unique qu'il appartient de les connaître tous. Ce n'est pas, en effet, la pluralité des significations d'un terme qui le rend sujet de différentes sciences, c'est seulement le fait qu'il n'est pas nommé par rapport à un principe unique et aussi que ses définitions dérivées ne sont pas rapportées à une signification primordiale. Or tout se rapportant 25 à un terme premier, par exemple tout ce qui est un étant dit relativement à l'Un premier, nous devons énoncer qu'il en est ainsi du même, de l'autre et des contraires en général. Par conséquent, après avoir distingué les différentes significations de chaque terme, notre explication doit ensuite se référer à ce qui est premier dans le cas de chaque prédicat en question[2], et dire comment a lieu cette relation au terme premier. En effet, certaines choses recevront leur nom de ce qu'elles ont en elles cette 30 notion première, d'autres, de ce qu'elles la produisent, d'autres, d'après quelques raisons analogues.

---

[1] C'est même la différence maxima (I, 4, 1055 a 4).

[2] Sur le sens particulier de κατηγορία, l. 29, cf. BONITZ, *Métaph.*, 180.

Il est donc évident, comme nous l'avons indiqué dans notre livre des *Apories*[1], qu'une seule science doit donner la raison de ces notions, aussi bien que de la substance; c'était même une des difficultés que nous avions posées. Au reste, il appartient au philosophe de pouvoir spéculer sur toutes ces choses. Si ce 1004 *b* n'est pas là l'office du philosophe, qui est-ce qui examinera si « Socrate » est identique à « Socrate assis », si une seule chose a un seul contraire, ce qu'est le contraire, en combien de sens il est pris ? Et de même, pour les autres questions de ce genre. Donc, puisque 5 ces modes sont des propriétés essentielles de l'Un en tant qu'un, et de l'Etre en tant qu'être, et non en tant que nombres, lignes ou feu, il est clair que notre science devra les connaître dans leur essence et dans leurs attributs. Et ceux qui font des attributs l'objet de leur examen ont le tort, non pas de considérer des objets étrangers à la philosophie, mais d'oublier que la substance, dont ils n'ont pas une idée exacte, 10 est antérieure à ses attributs. De même, en effet, que le nombre en tant que nombre est affecté de propriétés spéciales, telles que l'impair et le pair, la commensurabilité et l'égalité, l'excès et le défaut, modes qui appartiennent aux nombres en eux-mêmes et aux nombres dans leurs rapports entre eux; de même encore que le solide, l'immobile et le mû, le non-lourd et ce qui a poids ont aussi d'autres 15 attributs particuliers, ainsi l'Etre en tant qu'être pos-

---

[1] B, 1, 995 *b*, 18-27, et 2, 997 *a*, 25-34.

sède aussi certains attributs propres, et c'est au sujet
de ces attributs que le philosophe doit rechercher le
vrai. En voici une preuve : les dialecticiens et les
sophistes, qui revêtent le même manteau que le philosophe (car la Sophistique, comme la Dialectique, est
seulement l'apparence de la Philosophie), disputent
sur l'ensemble des choses, et l'être est commun à 20
toutes choses ; or ils disputent de ces matières, évidemment parce qu'elles rentrent dans le domaine de
la Philosophie. Le genre de réalités où se meuvent la
Sophistique et la Dialectique est le même, en effet,
que pour la Philosophie, mais celle-ci diffère de la
Dialectique par la nature de la méthode, et, de la
Sophistique, par la règle de vie qu'elle propose. La
Dialectique est purement critique [πειραστική] là où la 25
Philosophie fait connaître positivement [γνωριστική].
Quant à la Sophistique, elle n'est qu'une philoso-
phie apparente et sans réalité[1].

De plus, des deux séries de contraires, l'une est
privation de l'autre : or tous les contraires se ramè-
nent à l'Etre et au Non-Etre, à l'Un et au Multiple ;
ainsi le repos appartient à l'Un, le mouvement, à la
multiplicité. Presque tous les philosophes s'accordent
d'ailleurs à reconnaître que les êtres et la substance 30
sont constitués de contraires ; tous, du moins, prennent des contraires pour principes. Pour les uns[2], c'est

---

[1] La Dialectique n'est qu'une pré-
paration critique [πειραστική] à la
science, tandis que la Philosophie atteint directement la vérité : elle est
γνωριστική. Quant à la Sophistique, « la
règle de vie qu'elle propose », c'est le
succès et le gain : elle est χρηματιστική
(de Soph. Elench., 11, 171 b 28).
[2] Les Pythagoriciens.

l'Impair et le Pair, pour d'autres[1], le Chaud et le
Froid, pour d'autres[2], la Limite et l'Illimité, pour
d'autres enfin[3], l'Amitié et la Haine. Tous les autres
contraires sont évidemment aussi réductibles à l'Un
et au Multiple (prenons comme accordée cette réduc-
1005 a tion), et les principes des autres philosophes viennent alors s'y ranger sans exception, comme sous
des genres. Il résulte donc clairement de ces considérations aussi, qu'il appartient à une seule science
de spéculer sur l'Etre en tant qu'être. Tous les êtres
sont, en effet, ou des contraires, ou composés de
contraires, et les principes des contraires sont l'Un
5 et le Multiple. Or ces dernières notions rentrent dans
une même science, qu'elles soient, ou, comme il est
probablement plus vrai de le soutenir, qu'elles ne
soient pas dites selon un terme unique. Cependant,
même si l'Un se prend en de multiples acceptions,
les autres acceptions se rapportent cependant toutes
à un terme premier, et il en est de même pour les
contraires de l'Un. C'est ce qui arrive, même si l'Etre
ou l'Un n'est pas un universel, et identique dans tous
les individus, ou s'il n'est pas séparé des individus,
10 ainsi que probablement, en fait, il ne l'est pas, mais
si l'unité signifie seulement tantôt une simple relation à l'égard d'un terme unique [τὰ πρὸς ἕν], tantôt
une unité de consécution [τὰ τῷ ἐφεξῆς][4]. C'est pour-

---

[1] PARMÉNIDE, mais dans le « Che-
min de l'Opinion ».
[2] LES PLATONICIENS.
[3] EMPÉDOCLE.

[4] Sur la distinction entre les πρὸς
ἕν et les ἐφεξῆς, cf. ALEXANDRE, 263,
26 Hd, et ROBIN, la Th. Platon.,
pp. 168 et ss., n. 172-III, IV, V.

quoi ce n'est pas au géomètre d'étudier ce qu'est le
contraire, ou le parfait, ou l'Etre, ou l'Un, ou le
même, ou l'autre, mais il se bornera à en poser
l'existence comme principe de raisonnement [ἐξ
ὑποθέσεως]. — Ainsi donc, qu'il appartienne à une
science unique d'étudier l'Etre en tant qu'être, et
les attributs de l'être en tant qu'être, cela est évident ; et aussi cette même science théorétique étudiera non seulement les substances, mais encore leurs 15
attributs, tant ceux dont nous avons parlé que des
concepts tels que l'antérieur et le postérieur, le
genre et l'espèce, le tout et la partie, et les autres
notions de cette sorte.

3.

< Etude des axiomes
et du principe de contradiction. >

Il nous faut dire maintenant s'il appartient à une
science unique ou à des sciences différentes, d'étudier tant les vérités qui, en mathématiques, sont 20
appelées axiomes, que la substance. Evidemment ce
double examen est l'objet aussi d'une seule science,
qui est celle du philosophe. En effet, les axiomes
embrassent absolument tous les êtres, et non pas tel
genre particulier, à l'exclusion des autres[1]. Et tous

---

[1] Les axiomes relèvent de la Métaphysique en tant qu'ils sont l'expression de la relation avec lui-même de
l'Etre en tant qu'être.

les hommes se servent des axiomes, parce que les
axiomes appartiennent à l'Etre en tant qu'être, et que
chaque genre est être. Mais ils ne s'en servent que
25 dans la mesure qui leur convient. c'est-à-dire autant
que le comporte le genre sur lequel roulent leurs démonstrations. Aussi, puisqu'il est évident que les
axiomes s'appliquent à tous les êtres en tant qu'êtres
(car l'Etre est ce qui est commun à toutes choses),
c'est de la connaissance de l'Etre en tant qu'être
que relève également l'étude de ces vérités. C'est
pourquoi, aucun de ceux qui s'enferment dans
l'étude d'une science particulière, ne cherche à dire
30 quoi que ce soit sur la vérité ou la fausseté de ces
axiomes, ni le géomètre, ni l'arithméticien. Il n'y a
eu, pour le tenter, que quelques physiciens, dont
l'attitude était d'ailleurs facile à comprendre, car ils
pensaient qu'ils étaient les seuls à examiner l'ensemble de la nature et l'Etre en général. Mais puisqu'il y a quelqu'un qui est encore au-dessus du physicien (car la nature est seulement un genre déterminé de l'Etre), c'est à lui, lui qui étudie l'universel
35 et la substance première, qu'appartient aussi l'exa-
1005 b men de ces vérités. La Physique est bien une sorte
de philosophie, mais elle n'est pas la Philosophie
première. Quant aux tentatives de certains philosophes [1] pour déterminer les conditions de la vérité des
propositions, elles sont dues à l'ignorance des Analytiques. Il faut, en effet, connaître les Analytiques

---

[1] Peut-être Antisthène.

avant d'aborder aucune science, et ne pas attendre 5
qu'on vous enseigne l'une ou l'autre pour se poser
de pareilles questions [1].

Qu'il appartienne alors au philosophe, c'est-à-dire
à celui qui étudie la nature de toute substance, d'examiner aussi les principes du raisonnement syllogis-
tique, cela est évident. Mais c'est quand on est le plus
instruit en quelque genre que ce soit qu'on est le
plus capable d'indiquer les principes les plus certains dans ce domaine. Ainsi donc, celui qui con- 10
naît les êtres en tant qu'êtres, doit être capable
d'établir les principes les plus certains de toutes
choses : or celui-là, c'est le philosophe, et le principe le plus certain de tous est celui au sujet duquel
il est impossible de se tromper. Il est, en effet, nécessaire qu'un tel principe soit le mieux connu (car
toujours on se trompe sur les choses qu'on ne connaît pas) et qu'il n'ait rien d'hypothétique
[ἀνυπόθετον] [2], car un principe dont la possession est 15
nécessaire pour comprendre n'importe quel être n'est
pas une hypothèse, et ce qu'il faut nécessairement
connaître pour connaître n'importe quoi, il faut aussi
le posséder nécessairement déjà avant tout. Evidemment alors un tel principe est le plus certain de
tous ; quel est-il, nous allons maintenant l'énoncer.
Le voici : « Il est impossible que le même attribut

---

[1] Cf. *Anal. post.*, I, 1, II, 19. Autrement dit, la Logique est une pro-
pédeutique.
[2] Est ἀνυπόθετον, ce qui n'est pas
déduit d'un autre principe, mais est

connu par soi (ἐξ αὐτῆς ἐπιστητή, Alex.,
269, 5 Hd). Or le principe de contradiction, étant antérieur à toute
connaissance, est nécessairement ἀνυπόθετον.

appartienne et n'appartienne pas en même temps, au
20 même sujet et sous le même rapport », sans préjudice
d'autres déterminations qui pourraient être ajoutées,
afin de parer à des difficultés logiques [1]. — Tel est
donc le plus certain de tous les principes, car il répond à la définition donnée ci-dessus. Il n'est pas
possible, en effet, de concevoir jamais que la même
chose est et n'est pas, comme certains croient qu'Hé-
25 RACLITE le dit. Mais tout ce qu'on dit, il n'est pas nécessaire qu'on le pense; et s'il n'est pas possible qu'en
même temps, des contraires appartiennent à un
même sujet (et il nous faut aussi ajouter, dans cette
prémisse, les déterminations habituelles), et si une
opinion, qui est la contradictoire d'une autre opinion, est son contraire, il est évidemment impossible,
pour un même homme, de concevoir, en même
30 temps, que la même chose est et n'est pas, car, si
on se trompait sur ce point, on aurait des opinions
contraires simultanées [2]. C'est pourquoi toute démonstration se ramène à cet ultime principe, car il
est naturellement principe, même pour tous les autres
axiomes.

---

[1] Les énoncés du principe de contradiction sont, en effet, plus com-
plets dans *Soph. Elench.*, 5, 167 *a*,
23, et le *de Interpr.*, 6, 17 *a*, 34. —
Les « difficultés logiques » sont celles
qui pourraient être élevées par les
Sophistes, raisonnant λογικῶς, (cf.
sur λογικῶς, Z, *init.*), *descripto pa-*
rum accurate principio occasionem
praebeamus speciosæ refutationis, dit
Bonitz, *Métaph.*, 187.
[2] Le principe de contradiction est,
avant tout, une loi ontologique, et,
d'une manière dérivée seulement, une
loi de l'esprit. Cf. le ch. suivant.

4.

< *Démonstration indirecte*
du principe de contradiction. >

Il y a des philosophes[1] qui, comme nous l'avons 35
dit, prétendent, d'une part, que la même chose peut
être et n'être pas, et, d'autre part, que cela peut se 1006 *a*
concevoir. Un grand nombre de physiciens aussi
s'expriment de la même manière. Quant à nous, nous
venons de reconnaître qu'il était impossible, pour
une chose, d'être et de n'être pas en même temps, et
c'est par ce moyen que nous avons démontré que ce
principe était le plus certain de tous[2]. Quelques philosophes[3] demandent une démonstration même pour 5
ce principe, mais c'est un effet de leur ignorance de
la Logique : c'est de l'ignorance, en effet, que de ne
pas distinguer ce qui a besoin de démonstration et ce
qui n'en a pas besoin. Or, il est absolument impossible de tout démontrer : on irait à l'infini, de telle
sorte qu'il n'y aurait encore pas de démonstration.
Et s'il est des vérités dont il ne faut pas chercher de 10
démonstration, qu'on nous dise pour quel principe
il le faut moins que pour celui-ci ?

---

[1] L'Ecole de Mégare probablement.
[2] De la fin du chapitre précédent
et du début du présent chapitre, il
résulte que, suivant Ar., l'impossibilité *logique* d'affirmer et de nier
en même temps le prédicat du sujet,
se fonde sur l'impossibilité *ontologique* de la coexistence des contraires.
[3] ANTISTHÈNE.

Il est cependant possible d'établir par voie de réfutation [ἀποδεικνύναι ἐλεγκτικῶς] l'impossibilité que la
même chose soit et ne soit pas, si l'adversaire dit
seulement quelque chose [1]. S'il ne dit rien, il serait
ridicule de chercher à exposer nos raisons à quelqu'un qui ne peut donner la raison de rien < en tant
qu'il ne le peut [2] >. Un tel homme, en tant que tel, est
15 dès lors semblable à une plante. Mais établir par voie
de réfutation, c'est une autre chose, à mon avis, que
démontrer : une démonstration ne semblerait être
qu'une pétition de principe [αἰτεῖσθαι τὸ ἐν ἀρχῇ], mais
quand c'est un autre qui est responsable d'une telle
pétition de principe, nous serons en présence d'une
réfutation, et non d'une démonstration. Le principe de tous les arguments de cette nature n'est pas
de demander à l'adversaire de dire que quelque chose
est ou n'est pas (car on pourrait peut-être croire que
20 c'est supposer ce qui est en question), mais de dire
du moins quelque chose qui présente une signification pour lui-même et pour autrui. Cela est de
toute nécessité, s'il veut dire réellement quelque
chose, sinon, en effet, un tel homme ne serait capable
de raisonner ni avec lui-même, ni avec autrui. Si ce
point est accordé, il pourra y avoir démonstration
par réfutation, car il y aura déjà quelque chose de

---

[1] Sur le rôle de la Dialectique
dans l'établissement des principes des
sciences, cf. HAMELIN, le Syst. d'Arist.,
p. 235.
[2] Ces derniers mots (ᾗ μὴ ἔχει) pa-

raissent inutiles. CHRIST, qui les
place entre crochets, les considère
tanquam interpretamentum verborum
ᾗ τοιοῦτος, l. 15.

défini. Cependant l'auteur de la pétition de principe 25
ne sera pas celui qui démontre, mais celui qui subit
la démonstration, car, en détruisant la démonstration, il se prête à la démonstration [1]. — De plus
accorder cela, c'est accorder qu'il y a quelque chose
de vrai indépendamment de toute démonstration, de
sorte que rien ne saurait être « ainsi et non ainsi » [2].

<1> D'abord, il y a du moins cette vérité évi-
dente, que l'expression « être », ou « n'être pas », présente une signification définie, de sorte que rien ne 30
saurait être « ainsi et non ainsi ». — De plus, supposons que « homme » signifie une seule chose, et
que ce soit « animal bipède » (Par signification unique, j'entends ceci : si « homme » signifie « telle chose »
et si quelque être est homme, « telle chose » sera ce
que la quiddité d'homme signifie pour cet être [3].
Il est d'ailleurs indifférent qu'on attribue plusieurs sens au même mot, pourvu qu'ils soient en

---

[1] Pour toute cette argumentation, nous nous sommes inspiré de Bonitz, *Métaph.*, 188-189 : *Si quis principium contradictionis demonstrare susceperit, quoniam non est alia propositio hac altior, fieri non potest quin ad ipsum pro fundamento concludendi ponat et ab adversario concedi postulet, quod ab initio ad demonstrandum erat propositum* (αἰτεῖσθαι τὸ ἐν ἀρχῇ, l. 17, int. προχείμενον). *Qui vero refutare alium suscipit, initium capit ab iis propositionibus, quae adversarius libens volens concedit, et vel inesse in his vel ex his consequi id, quod erat demonstrandum, comprobat ; qua in argumentatione si tecte id ipsum pro fundamento ponit, quod est comprobandum, non ipsi potest objici peti-*

tio principii, sed potius adversarius ejus petitionis principii auctor est (ἄλλου δὲ τοῦ τοιούτου αἰτίου ὄντος, l. 18, τοῦ τοιούτου i. e τοῦ δοκεῖν αἰτεῖσθαι τὸ ἐν ἀρχῇ, cf. l. 25.) *Atque ad refutandos infitiatiores principii contradictionis nihil requiritur aliud, nisi id quod adversartus, quum disputat, eo ipso quod disputat* (ὑπομένει λόγον, l. 26) *concedit, se dicendo aliquid significare.*
[2] Aristote va maintenant prouver le principe de contradiction par sept arguments, que nous indiquons par des numéros d'ordre pour faciliter la lecture.
[3] Si homme = animal bipède, et si A est un homme, être homme sera pour A être animal bipède. Cf. Bonitz, *Métaph.*, 190.

1006 b nombre limité, car on pourrait, à chaque définition,
assigner un mot différent : par exemple, on pourrait
dire que « homme » présente, non pas un sens, mais
plusieurs, dont un seul aurait comme définition « animal bipède », tandis qu'il pourrait y avoir encore plusieurs autres définitions, pourvu qu'elles fussent en
nombre limité, car alors un nom particulier pourrait
5 être affecté à chacune des définitions. Mais si on ne
posait pas de limites, et qu'on prétendît qu'il y eût
une infinité de significations, il est évident qu'il ne
pourrait y avoir aucun raisonnement possible. En
effet, ne pas signifier une chose une, c'est ne rien
signifier, et si les noms ne signifiaient rien, en même
temps serait ruiné tout échange de pensées entre les
hommes, et même, en vérité, aussi avec soi-même.
10 La pensée est impossible si l'on ne pense pas un objet
un, et, si elle est possible, il faut appliquer un nom
unique à l'objet de la pensée). Qu'il soit donc entendu que le nom, comme nous l'avons dit au début,
possède un sens défini et un sens unique. — Il est
dès lors impossible que la quiddité d'homme puisse
signifier précisément la non-quiddité d'homme, si
« homme » signifie non seulement l'attribut d'un
sujet déterminé [καθ᾽ ἑνός] mais aussi un sujet déter-
15 miné [καὶ ἕν]. En effet, nous n'établissons pas d'identité entre les expressions : « signifier un sujet déterminé », et « signifier quelque chose d'un sujet déterminé » ; s'il en était ainsi, le musicien, le blanc et
l'homme signifieraient aussi une même chose, et
tous les êtres seraient par suite un seul être, car ils

seraient univoques [συνώνυμα] [1]. — Enfin il ne sera
pas possible d'être et de n'être pas la même chose,
sinon au point de vue de la simple homonymie
[καθ᾽ ὁμωνυμίαν], comme si ce que nous appelons
« homme », d'autres l'appelaient « non-homme ». 20
Mais la question n'est pas de savoir s'il est possible
que la même chose soit et ne soit pas, en même
temps, un homme pour la dénomination, mais s'il
est possible qu'elle le soit en elle-même. — Si
« homme » et « non-homme » ne signifient pas une
chose différente, il est évident que la non-quiddité
d'homme ne sera pas autre chose que la quiddité
d'homme. Ainsi la quiddité d'homme sera la non-
quiddité d'homme, car ce sera une même chose. En 25
effet, telle est la signification de « être un » ; ce sera
comme manteau et vêtement sont un, si leur notion
est une. Or, s'il y a identité, la quiddité d'homme et
la non-quiddité d'homme signifieront une même
chose. Mais il a été montré que la signification de ces
deux expressions est différente [2]. — C'est pourquoi,
s'il est vrai de dire de quelque chose que c'est un
homme, il est nécessaire que ce soit un animal bipède,

---

[1] Cf. Ross, I, 269. Cette expression,
que nous avons déjà rencontrée, a
plutôt ici le sens de πολυώνυμα (Cf.
ALEX., 280, 19 Hd): AR. veut dire
que musicien, blanc et homme sont
une seule chose, en ce sens qu'ils
sont les prédicats d'un même sujet,
mais non en ce sens qu'ils ont une
signification identique, autrement il
n'y aurait qu'un seul être qui rece-
vrait différents noms. « Homme »
présente en réalité une seule signification.

[2] Pour toute cette subtile argumentation, qui ne va pas sans difficultés, cf. Ross, I, p. 269. — Le raisonnement d'ARISTOTE semble être le
suivant. Si ce que l'un appelle
« homme », l'autre l'appelle « non-
homme », « être homme » sera identique à « être non-homme », comme
vêtement est supposé identique à
manteau ; par conséquent, « être
homme » et « être non-homme » auront un sens unique, ce qui est contraire à ce que nous avons démontré
plus haut, l. 11-15.

30 car tel est le sens que nous avions donné à « homme » [1].
Et si cela est nécessaire, il n'est pas possible que
cette même chose aussi ne soit pas un animal bipède ;
car telle est la signification de « être nécessaire » :
c'est ne pouvoir pas ne pas être. Il n'est donc pas
possible qu'il soit vrai, en même temps, de dire
que la même chose est un homme et n'est pas un
homme. — Le même raisonnement s'applique

1007 a aussi pour le « être non-homme », car la quiddité
d'homme et la quiddité de non-homme signifient une
chose différente, puisque même « être blanc » et
« être homme » sont une chose différente. Or les deux
premières expressions sont beaucoup plus opposées ;
elles doivent donc, à plus forte raison, signifier une
chose différente. Que si l'on prétend que blanc et

5 homme signifient une seule et même chose, nous
n'avons qu'à répéter ce qui a été dit ci-dessus, savoir
qu'il y aura identité de toutes choses, et non seulement des opposés. Si cela n'est pas possible, il s'ensuit ce que nous avons dit, à la condition que l'adversaire réponde à notre question. — Mais si, à la question simplement posée, il répond en ajoutant des néga-

10 tions [2], il ne répond pas à la question. Rien n'empêche, en effet, que le même être soit homme, et blanc,
et d'innombrables autres choses ; mais cependant si
l'on pose cette question : « Est-il vrai, ou non, de
dire que telle chose est un homme ? », l'adversaire

---

[1] Supra, a 31.
[2] S'il répond, ainsi que la suite du   raisonnement le fait voir : A est B
     et non-B.

doit donner une réponse qui signifie une seule chose,
et ne doit pas ajouter que la chose est aussi blanche et
grande, car, notamment, le nombre des accidents
étant infini, on ne peut les énumérer ; qu'on les énumère donc tous, ou qu'on n'en énumère aucun. De 15
même encore, le même être fût-il mille fois homme
et non-homme, l'adversaire ne doit pas, en répon-
dant à la question posée de savoir si cet être est un
homme, ajouter qu'il est encore, en même temps,
non-homme, à moins d'ajouter aussi à la réponse
tous les autres accidents, tout ce que le sujet est ou
n'est pas. Mais procéder ainsi, c'est renoncer à toute
discussion.

En général, ceux qui raisonnent de cette manière [1] 20
ruinent la substance et la quiddité. Ils sont en effet
dans la nécessité de soutenir que tout est accident,
et de dire que ce qui constitue essentiellement la
quiddité de l'homme, ou la quiddité de l'animal,
n'est pas. Si l'on veut, en effet, qu'il y ait quelque
chose qui soit la quiddité de l'homme, ce ne sera ni la
quiddité du non-homme, ni la non-quiddité de
l'homme, bien que ce soit là des négations de la
quiddité de l'homme; car il y a une seule chose qui 25
était signifiée par la quiddité de l'homme [2], et cette
chose est la substance de quelque chose. Or, signifier
la substance d'une chose, c'est signifier que rien d'autre n'est la quiddité de cette chose. Mais si ce qui
est la quiddité de l'homme est aussi la quiddité du

---

[1] C'est-à-dire ceux qui admettent
les contradictoires.

[2] Savoir, animal bipède (1006 a,
32).

non-homme ou la non-quiddité de l'homme, alors la quiddité de l'homme sera quelque chose d'autre. De sorte que ces philosophes doivent nécessairement
30 admettre que rien ne sera défini de cette façon, mais que tout sera accident[1]. Voici en effet, ce qui distingue de l'accident la substance : le blanc, pour l'homme, est accident, parce que l'homme est blanc, mais que le blanc n'est pas son essence. — Mais si on dit que tout est accident, il n'y aura plus de sujet premier des accidents, s'il est vrai que l'accident
35 désigne toujours le prédicat d'un sujet. La prédica-
1007 b tion devra donc nécessairement aller à l'infini[2]. Mais c'est impossible, car il n'y a même jamais plus de deux accidents liés l'un à l'autre. D'abord, en effet, un accident n'est un accident d'accident que si l'un et l'autre sont accidents d'un même sujet : je dis, par exemple, que le blanc est musicien, et que le musicien est blanc, seulement parce que tous les deux
5 sont des accidents de l'homme. Ensuite Socrate est musicien, mais non en ce sens que l'un et l'autre termes sont les accidents d'un autre être. Ainsi donc les accidents sont dits tantôt dans le premier sens, tantôt dans le second. Pour ceux qui sont pris dans le dernier sens, comme le blanc chez Socrate, il est

---

[1] Rien ne sera substance, tout sera accident. Si un caractère peut indifféremment appartenir ou ne pas appartenir à une chose, il ne rentrera pas dans son essence, ni dans sa définition, il sera un accident, lequel peut, ou non, appartenir à la chose. Cf. ALEX., 287, 4 Hd. — Nous conservons, l. 27-28, les mots mis entre crochets par CHRIST.

[2] Autrement dit : les accidents s'attribuent les uns aux autres en série infinie. Or c'est impossible, car il peut y avoir seulement attribution d'*un* accident à un sujet.

impossible de remonter à l'infini dans la direction du
prédicat : par exemple, à Socrate blanc on ne peut
attacher un autre accident, car une telle collection 10
d'attributs ne fait pas un être un [1]. De même, dans le
premier sens, on ne peut pas rattacher au blanc un
autre accident, par exemple musicien, car musicien
n'est pas plus accident de blanc que blanc n'est accident de musicien [2]. Et en même temps se trouve déterminée la distinction du sens de l'accident : tantôt il
est pris dans ce sens, tantôt c'est dans le sens suivant
lequel musicien est accident de Socrate. Dans le dernier cas, l'accident n'est jamais accident d'accident; 15
il n'y a que les accidents du premier cas qui puissent l'être, de sorte qu'on ne peut pas dire que tout
est accident [3]. Il y aura donc aussi quelque chose
pour signifier la substance. Mais nous avons démontré que, s'il en est ainsi, les contradictoires ne peuvent pas être attribuées simultanément [4].

<2> De plus, si toutes les contradictions relatives
au même sujet sont vraies en même temps, il est
évident que tous les êtres n'en feront qu'un. Il y 20
aura identité entre une trirème, un rempart et un
homme, si, de tout sujet, il est possible d'affirmer ou
de nier, indifféremment, un prédicat, comme doivent nécessairement l'admettre ceux qui adoptent le

[1] Une substance est donc nécessaire et une somme infinie d'accidents est impossible.
[2] Il n'y a donc aucune véritable attribution, puisqu'elle ne se fait pas à un sujet, mais à un accident.
[3] Par conséquent, quel que soit celui des deux sens dans lequel on prend l'accident, il est faux de dire qu'il n'y a que des accidents ; de toute façon une substance est nécessaire.
[4] Le principe de contradiction est donc vrai.

raisonnement de PROTAGORAS. En effet, s'il y a quelqu'un à croire que l'homme n'est pas une trirème, il
n'est évidemment pas une trirème ; par conséquent
aussi, il est une trirème, puisque la contradictoire est
25 vraie. On en arrive alors à la doctrine d'ANAXAGORE que
toutes choses sont confondues [ὁμοῦ πάντα χρήματα],
et que, par suite, rien n'existe réellement. Ces philosophes semblent donc traiter de l'indéterminé, et,
quand ils croient traiter de l'Etre, ils traitent du Non-
Etre, car l'Etre en puissance, et non l'Etre en entéléchie [ἐντελεχείᾳ][1], est l'indéterminé[2]. — Mais ces philosophes sont dans l'obligation d'admettre que tout
30 prédicat peut être affirmé ou nié de tout sujet. Il
serait absurde, en effet, qu'à chaque sujet on pût
attribuer sa propre négation, et qu'on ne lui attribuât
pas la négation d'un autre sujet qui ne lui est pas
attribué. Je prends un exemple : s'il est vrai de dire
de l'homme qu'il est non-homme, il est évidemment vrai de dire aussi qu'il est non-trirème. Si donc
nous admettons l'affirmation « trirème », il faut nécessairement admettre aussi la négation « non-tri-
35 rème ». Et si l'affirmation n'est pas attribuée au sujet,
du moins la négation sera-t-elle plus attribuée que

---

[1] Sur la distinction entre l'ἐνέργεια
(acte) et l'ἐντελέχεια (entéléchie), cf.
BONITZ, *Index Arist.* : *Ita videtur Ar.*
ἐντελέχειαν *ab* ἐνεργείᾳ *distinguere, ut*
ἐνέργεια *actionem, qua quid ex possi-*
bilitate ad plenam et perfectam per-
ducitur essentiam, ἐντελέχεια *ipsam*
hanc perfectionem significet. —
L'ἐνέργεια est l'action, l'ἐντελέχεια, le
terme réalisé par l'action et ne renfermant plus aucun devenir, sans

pourtant que l'acte soit antérieur à
l'entéléchie, car l'ἕξις mise en œuvre
par l'ἐνέργεια est aussi une forme infé-
rieure de l'entéléchie et sert de point
de départ à l'acte. En fait, acte et
entéléchie se distinguent difficilement,
et AR. les emploie fréquemment l'un
pour l'autre. Cf. la célèbre définition
de l'âme, *de Anima,* II, 1, 412 *a*, 27.
[2] Et qui peut être à *la fois* B et
non-B. L'actualité réalise B ou non-B.

la négation du sujet lui-même. Si donc la négation 1008 *a*
du sujet lui-même est attribuée au sujet, la négation
de la trirème sera aussi attribuée, et, si elle est attribuée, l'affirmation le sera aussi [1].

<3> Telles sont donc les conséquences de la doc-
trine de ces philosophes. Il en résulte aussi qu'on ne
sera forcé ni à l'affirmation, ni à la négation [2]. En
effet, s'il est vrai qu'un être est homme et non-
homme, il est évident aussi qu'il ne sera ni homme, 5
ni non-homme : aux deux assertions correspondent
deux négations, et si la première assertion que la
chose est un homme et un non-homme est considérée en tant que proposition unique composée de
deux propositions, la dernière aussi est une proposition unique opposée à la première [3].

<4> Il y a plus. Ou bien la doctrine que nous
attaquons est vraie dans tous les cas, et le blanc est
aussi le non-blanc, et l'Etre, le Non-Etre, et semblablement pour toutes les autres affirmations et négations ; ou bien cette théorie souffre des exceptions, 10
elle s'applique à certaines affirmations et négations,
et non à certaines autres. Si elle ne s'applique pas à
toutes, celles qui sont exceptées seront alors recon-
nues comme ayant un attribut et non son contradic-

---

[1] Le raisonnement d'Ar., à partir
de la l. 29, est le suivant (Ross, I,
p. 266) : Si non-A est dit de A,
non-B sera *a fortiori* dit de A. Si
donc, A est B, il est aussi non-B, et,
s'il n'est pas B, il doit être plus non-B
que non-A. Puisque alors A est non-A,
il est *a fortiori* non-B, et, par conséquent, il est B.

[2] La négation du principe de contradiction entraîne celle du principe
du tiers exclu.
[3] Dans ce passage, comme dans
beaucoup d'autres, nous avons dû
paraphraser le texte d'Aristote, qui
est extrêmement concis.

toire. Si elle s'applique à toutes, alors, comme tout
à l'heure, ou bien tout ce qu'on peut affirmer, on
peut le nier aussi, et tout ce qu'on peut nier, on peut
l'affirmer aussi ; ou bien tout ce qu'on affirme, on le
nie, mais tout ce qu'on nie, on ne l'affirme pas. Dans
15 ce dernier cas, il y aura quelque chose n'étant réellement pas, et ce sera là une opinion certaine : et si
le Non-Etre est quelque chose de certain et de connaissable, l'affirmation contraire sera encore plus
connaissable. Mais si, tout ce qu'on nie, on peut l'affirmer également, il arrive nécessairement ou bien
qu'on énonce chaque prédicat comme vrai séparément, par exemple, je dis que ceci est blanc, puis,
20 à l'inverse, que ceci n'est pas blanc; ou bien qu'on
n'énonce pas chaque prédicat comme vrai séparément. Mais si on n'énonce pas chaque prédicat
comme vrai séparément, notre adversaire ne dit pas
ce qu'il prétend dire, et, en définitive, il n'existe
absolument rien. Or comment des non-êtres parle-
raient-ils ou se promèneraient-ils ? En outre, toutes
choses n'en feraient qu'une, comme il a été indiqué
plus haut, et il y aurait identité entre un homme,
25 un dieu et une trirème, et leurs contradictoires. Si,
en effet, les contradictoires peuvent être indifféremment affirmées de chaque sujet, un être ne diffé-
rera en rien d'un autre être, car, s'ils différaient,
cette différence serait quelque chose de vrai et de
particulier. De même, s'il est possible, en énon-
çant chaque prédicat séparément, de dire la vérité,

il s'ensuit tout ce que nous venons de dire[1],
et cette autre conséquence encore, que tout le monde
dirait le vrai et tout le monde dirait le faux, et
qu'ainsi notre adversaire lui-même avoue être dans
l'erreur. En même temps, il est clair que la discus- 30
sion avec cet adversaire n'a aucun objet ; car il
ne dit rien : il ne dit ni « ainsi », ni « non-ainsi »,
mais il dit « ainsi et non ainsi » ; et derechef, ces
propositions sont niées toutes les deux, et il dit « ni
ainsi, ni non ainsi » ; car autrement il y aurait déjà
quelque chose de défini[2].

<5> En outre, si, lorsque l'affirmation est vraie,
la négation est fausse, et si, lorsque la négation est 35
vraie, l'affirmation est fausse, il ne sera pas possible
que la même chose soit, en même temps, affirmée et
niée avec vérité. Mais peut-être dirait-on que c'est là 1008 b
une pétition de principe[3].

<6> De plus, est-ce donc que celui qui pensera
que telle chose est ainsi, ou qu'elle n'est pas ainsi, se
trompera, tandis que celui qui affirmera les deux propositions dira la vérité ? Si ce dernier est dans la vérité, que peut-on bien signifier en disant que telle est
la nature des choses ? S'il n'est pas dans la vérité, 5
mais qu'il se trouve plus dans la vérité que celui qui

---

[1] C'est-à-dire l'unité de toutes
choses.
[2] Celui qui nie le principe de contradiction ne dit ni « oui », ni
« non », mais, à la fois, « oui et
non » ; puis, se reprenant, il dit « ni
oui, ni non ». Cf. *Théét.*, 183 a et b.
[3] C'est, en effet, un reproche que

l'adversaire ne manquerait pas de
faire à cet argument. Comme l'explique SAINT THOMAS (*Comm.*, p. 215,
n. 651), *qui ponit contradictionem
simul esse veram non recipit hanc
definitionem falsi, scilicet quod fal-
sum est dicere quod non est esse, vel
quod est non esse.*

pense que telle chose est ainsi ou n'est pas ainsi, les
êtres auront déjà une nature déterminée, et ce jugement du moins sera vrai, et ne sera pas en même
temps aussi non-vrai[1]. Mais si tous sont également
dans l'erreur et dans la vérité, il ne peut s'agir, pour un
être se trouvant dans cet état, ni de parler, ni de dire
quelque chose d'intelligible, car, en même temps,
10 il dit une chose et ne la dit pas. S'il ne forme aucun
jugement, ou plutôt si indifféremment il pense et ne
pense pas, en quoi diffèrera-t-il des plantes ? Il en
résulte, de toute évidence, que personne ne se trouve
dans cet état, ni ceux qui professent cette théorie,
ni les autres. Pourquoi, en effet, notre philosophe
fait-il route pour Mégare au lieu de rester chez lui,
en pensant qu'il y va ? Pourquoi si, au point du
15 jour, il rencontre un puits ou un précipice, ne
s'y dirige-t-il pas, mais pourquoi le voyons-nous,
au contraire, se tenir sur ses gardes, comme s'il pensait qu'il n'est pas également mauvais et bon d'y
tomber ? Il est bien clair qu'il estime que telle chose
est meilleure, et telle autre, pire. S'il en est ainsi,
il doit juger aussi que tel objet est un homme, que
tel autre est un non-homme, que ceci est doux et
20 que cela est non-doux. En effet, il ne recherche pas
et n'appréhende pas tout d'une façon égale. (Quand
il croit qu'il est préférable de boire de l'eau et de

---

[1] Texte difficile, au sujet duquel
les mss présentent des variantes. Nous
avons adopté la leçon et l'interprétation de Ross, I, 271, lequel, l. 3,
supprime μή devant ἀληθεύει. — Ar.
paraît se demander dans ce passage
quelle raison on pourrait donner
d'un Univers d'où le principe de
contradiction serait banni.

voir un homme, il se met ensuite en quête de ces
objets.) Et pourtant il le faudrait, si l'homme et le
non-homme étaient identiquement la même chose.
Mais, comme nous l'avons dit, il n'est personne
qu'on ne voie éviter telles choses et non telles 25
autres. De sorte que tous les hommes, semble-t-il,
émettent des jugements absolus, sinon sur toutes
choses, du moins sur le meilleur et le pire. Et si l'on
objecte que de tels jugements ne relèvent pas de la
science, mais seulement de l'opinion, les hommes
devraient s'appliquer bien davantage encore à l'étude
de la vérité, de même qu'un malade s'occupera plus
de sa santé qu'un homme bien portant : car celui qui
n'a que des opinions, comparé à celui qui sait, ne se 30
trouve pas dans un bon état de santé par rapport à
la vérité.

<7>D'ailleurs, qu'on suppose tant qu'on voudra
que toutes choses puissent être ainsi et non ainsi, le
plus et le moins existeraient encore dans la nature des
êtres. Jamais on ne pourra prétendre que deux et trois
sont au même degré des nombres pairs, ni que celui
qui croit que quatre est cinq, commet la même
erreur que celui qui pense que quatre est mille. Si 35
donc l'erreur n'est pas égale, il est manifeste que le
premier pense une chose moins fausse, et qu'en conséquence il approche davantage de la vérité. Si donc
ce qui est plus une chose en est plus rapproché, il doit 1009 a
certes exister quelque chose de vrai dont ce qui est
plus vrai est plus proche. Et même si ce vrai n'existe
pas, du moins y a-t-il déjà quelque chose plus cer-

tain et plus véritable, et nous serions ainsi déjà déli-
vrés de cette doctrine intempérante qui condamne-
5 rait la pensée à ne jamais porter un jugement défini.

5.

< *Critique du relativisme de* PROTAGORAS. >

De la même opinion procède le système de PROTA-
GORAS, et les deux doctrines doivent être également
vraies ou également fausses. En effet, d'un côté, si
toutes les opinions et toutes les impressions sont
vraies, il est nécessaire que tout soit en même temps
vrai et faux ; un grand nombre d'hommes, en effet,
10 ont des conceptions contraires les unes aux autres, et
ils estiment que ceux qui ne partagent pas leurs opinions sont dans l'erreur ; de sorte que, nécessairement, la même chose doit, à la fois, être et n'être
pas. D'un autre côté, s'il en est ainsi, toutes les opinions doivent être vraies, car ceux qui sont dans
l'erreur et ceux qui sont dans la vérité ont des opinions opposées ; si donc les choses elles-mêmes sont
comme cette doctrine le soutient, tous seront dans
15 la vérité. Ainsi, que les deux systèmes partent de la
même façon de penser, c'est l'évidence [1].

---

[1] L'identité de la doctrine de PRO-
TAGORAS et de celle des négateurs du
principe de contradiction est établie
par les deux propositions suivantes :
a) La doctrine de PROTAGORAS implique la négation du principe de
contradiction (tout ce qui paraît vrai
à chacun est vrai ; or, sur toutes
choses, les opinions de l'un contredi-
sent celles de l'autre ; donc les contradictoires sont vraies) ;
b) Inversement (l. 12), la négation
du principe de contradiction implique
la doctrine de PROTAGORAS.

Mais on ne peut se comporter de la même manière, envers tous, dans la discussion. Les uns ont besoin de la persuasion, les autres de la contrainte logique. Pour ceux qui sont arrivés à cette conception à raison de difficultés réellement éprouvées par leur pensée [ἐκ τοῦ ἀπορῆσαι],leur ignorance est facile à guérir : ce n'est pas ici à des arguments, c'est à des convictions qu'il s'agit de répondre. — Quant à ceux qui argu- 20 mentent pour argumenter, le remède, c'est la réfutation [ἔλεγχος] de leur argumentation, telle qu'elle s'exprime dans le discours et dans les mots.

Ceux qui ont éprouvé des difficultés réelles ont été conduits à cette opinion par la considération des choses sensibles. D'abord ils ont cru que les contradictoires et les contraires existaient simultanément dans les êtres, en voyant une même chose engendrer les contraires. Si donc, pensent-ils, il n'est pas possible 25 que le Non-Etre devienne, il faut que dans l'objet préexistent à la fois les contraires également : « tout est mêlé dans tout », suivant l'expression d'ANAXAGORE, et aussi de DÉMOCRITE, car, selon ce dernier, le vide et le plein se trouvent, l'un et l'autre, indifféremment, dans n'importe quelle partie des êtres ; seulement, pour lui, le plein, c'est l'Etre, et le vide, le Non-Etre. — Aux philosophes dont l'opinion repose sur ces fon- 30 dements, nous dirons donc que, d'une certaine manière, leur raisonnement est correct, mais que, d'une autre manière, ils sont dans l'erreur. L'Etre, en effet, se dit de deux façons ; par conséquent, en un sens, il est possible que quelque chose procède du Non-Etre,

tandis que, dans un autre sens, ce n'est pas possible;
il se peut que la même chose soit, en même temps,
Etre et Non-Etre, mais non sous le même point de vue
de l'Etre. En puissance, en effet, il est possible que
35 la même chose soit en même temps les contraires,
mais, en entéléchie, ce n'est pas possible. Nous deman-
derons aussi à ces philosophes d'admettre encore
parmi les êtres l'existence d'une autre substance, qui
ne soit, en aucune façon, sujette ni au mouvement,
ni à la corruption, ni à la génération.

1009 b   Et semblablement, c'est la considération du monde
sensible qui a conduit certains à croire à la vérité des
apparences. Décider de la vérité n'appartient, en effet,
pensent-ils, ni au grand nombre, ni au petit nombre,
la même chose paraissant, à ceux qui la goûtent,
douce aux uns, amère aux autres, de sorte que si tout
le monde était malade, ou si tout le monde avait
5 perdu l'esprit, à l'exception de deux ou trois personnes seulement qui eussent conservé la santé ou la
raison, ce seraient ces dernières qui seraient crues
malades et folles, et non pas les autres. — Ils ajoutent
que beaucoup d'animaux reçoivent, pour les mêmes
choses, des impressions contraires aux nôtres, et que,
même pour chaque individu, ses propres impressions
sensibles ne semblent pas toujours les mêmes. Lesquelles d'entre elles sont vraies, lesquelles sont
10 fausses, on ne le voit pas bien. Telles choses ne sont
en rien plus vraies que telles autres, mais les unes
et les autres le sont pareillement. C'est pourquoi DÉMOCRITE dit que, de toute façon, il n'y a rien

de vrai, ou que la vérité, du moins, ne nous est pas
accessible. — Et, en général, c'est parce que ces philosophes identifient la pensée avec la sensation, et la
sensation avec une simple altération physique
[ἀλλοίωσις][1], que ce qui apparaît au sens est nécessairement, selon eux, la vérité. C'est, en effet, pour ces 15
raisons qu'EMPÉDOCLE, que DÉMOCRITE, et pour ainsi
dire tous les autres philosophes sont tombés dans
de telles opinions. Pour EMPÉDOCLE, changer notre
état physique [ἕξις], c'est changer notre pensée.
« D'après ce qui se présente aux sens, l'intelligence
croît en effet chez les hommes[2] », et, dans un autre
passage, il dit que : « Autant les hommes changent
eux-mêmes, autant leur pensée revêt de formes per- 20
pétuellement différentes[3]. » — PARMÉNIDE s'exprime
de la même manière : « Car, de même que, en tout
temps, le mélange forme les membres souples, ainsi
se présente la pensée chez les hommes ; car c'est
une même chose que l'intelligence et que la nature
du corps des hommes, en tout homme et pour
tous les hommes ; ce qui prédomine dans le corps
fait la pensée[4]. » On rapporte aussi cette sentence 25
d'ANAXAGORE à certains de ses amis, que les êtres
sont tels qu'on les conçoit. On dit aussi qu'HOMÈRE
paraît avoir partagé cette opinion, parce qu'il

---

[1] Cf. de An., III, 3, 427 a, 21 et ss.
[2] Fragment 106 Diels.
[3] Fragment 108 Diels.
[4] Fragment 16. Au lieu de ἕκαστος,
nous lisons, l. 22, ὡς γὰρ ἑκάστοτ᾽,
texte plus pur que celui d'AR. qui,

selon son habitude, cite de mémoire.
— Peut-être, l. 23, devrait-on lire,
avec THÉOPHRASTE, πολυπλάγκτων (membres errants) au lieu de πολυκάμπτων
(membres souples). Cf. THÉOPHR., de
Sens., 3 (Dox., 499).

a représenté Hector [1], délirant par l'effet de ses bles-
30 sures, étendu, « la raison égarée », ce qui suppose
que les déments ont encore des pensées, quoique ce
ne soient plus les mêmes. Evidemment, s'il y a
ainsi deux formes de la connaissance, les êtres réels
aussi seront à la fois « ainsi et non ainsi ». C'est là où
les conséquences d'une pareille doctrine sont le plus
difficile à admettre. Si, en effet, ceux qui ont le plus
nettement aperçu toute la vérité possible pour nous
35 (et ces hommes sont ceux qui la cherchent et l'ai-
ment avec le plus d'ardeur), si ces hommes manifestent de telles opinions et professent de telles doctrines
sur la vérité, comment aborder sans découragement
les problèmes philosophiques ? Poursuivre des
oiseaux au vol, telle serait alors la recherche de la
vérité.

1010 a   La raison de cette opinion chez ces philosophes,
c'est que, considérant la vérité des êtres, ils ont cru
que les êtres étaient seulement les choses sensibles.
Or, il y a dans les choses sensibles beaucoup d'indé-
termination et de cette sorte d'être que nous avons
reconnu plus haut. C'est pourquoi ces philosophes
parlent selon une certaine apparence de vérité, mais
5 ils ne parlent pas selon la vérité même, et cette appré-
ciation est plus modérée que celle qu'EPICHARME por-
tait sur XÉNOPHANE [2]. De plus, comme ils voyaient que

---

[1] *Iliade*, XXIII, 698, mais ce texte
ne s'applique pas à Hector.
[2] EPICHARME, disciple d'HÉRACLITE,
peut avoir dit de XÉNOPHANE que ses
vues étaient vraies, mais paradoxales,
ou quelque chose d'analogue. *Idcirco*

*licet vera non dicant, tamen non ea
opprobria in eos sint conjicienda
quibus Epicharmus Xenophanem in-
secutus est, nam speciem certe veri-
tatis eos assecutos esse confitendum*,
interprète BONITZ, *Métaph.*, 203.

toute cette nature sensible était en mouvement, et
qu'on ne peut juger de la vérité de ce qui change, ils
pensèrent qu'on ne pouvait énoncer aucune vérité, du
moins sur ce qui change partout et en tout sens. De
cette manière de voir sortit la doctrine la plus radi- 10
cale de toutes, qui est celle des philosophes se disant
disciples d'Héraclite, et telle que l'a soutenue Cratyle ; ce dernier en venait finalement à penser qu'il
ne faut rien dire, et il se contentait de remuer le doigt;
il reprochait à Héraclite d'avoir dit qu'on ne descend
pas deux fois dans le même fleuve[1], car il estimait,
lui, qu'on ne peut même pas le faire une fois. — Nous 15
répondrons à cet argument, que l'objet qui change,
quand il change, donne à ces philosophes quelque
raison de ne pas croire à son existence. Encore cela
est-il douteux, car ce qui cesse d'être conserve encore
quelque chose de ce qui a cessé d'être, et, de ce qui
devient, déjà quelque chose doit être. En général, un
être qui périt renferme encore de l'être[2], et, s'il de- 20
vient, il est nécessaire que ce d'où il vient, et ce par
quoi il est engendré, existe, et aussi que ce processus
n'aille pas à l'infini. — Mais, abandonnant ces considérations, insistons sur ce point que ce n'est pas
la même chose de changer en quantité et de changer
en qualité. Que, selon la quantité, les êtres ne persis-
tent pas, soit, mais c'est par la forme que nous con- 25
naissons toutes choses. — Nous pouvons encore

1 Fragment 91, Diels.
2 Cf. Bonitz. Métaphys., 204 : Si
quid interit, oportebit esse etiamtum
id quod interit (ὑπάρξει τι ὄν, a 20),
alioquin interiisset jam, non interiret.

adresser une autre critique à ceux qui professent ce
système : c'est d'étendre à l'Univers entier des observations qui ne portent que sur les objets sensibles, et
même sur un petit nombre d'entre eux. En effet, la
région du sensible qui nous environne est la seule qui
soit sujette à la corruption et à la génération, mais
30 ce n'est pas même, pour ainsi dire, une partie du
tout, de sorte qu'il eût été plus juste d'absoudre le
monde sensible en faveur du monde céleste, que de
condamner le monde céleste à cause du monde sensible. — On voit, enfin, que nous pouvons reprendre, à
l'égard de ces philosophes, la réponse que nous
avons faite précédemment[1] ; nous devons leur démontrer qu'il existe une réalité immobile, et les en
35 convaincre. Après tout, énoncer l'existence simultanée de l'Etre et du Non-Etre, c'est énoncer par voie
de conséquence que toutes choses sont en repos plutôt qu'en mouvement : il n'y a rien, en effet, en
quoi elles puissent se transformer, puisque tous les
attributs appartiennent à tous les sujets.

1010 b   Au sujet de la vérité, nous devons soutenir que
tout ce qui apparaît n'est pas vrai[2]. D'abord, même
si la sensation ne nous trompe pas, du moins sur son
objet propre, cependant l'apparence n'est pas la
même chose que la sensation. Ensuite, on peut légi-
timement s'étonner des difficultés soulevées par nos
5 adversaires : les grandeurs et les couleurs sont-elles
réellement telles qu'elles apparaissent de loin, ou telles

---

[1] 1009 a, 36.
[2] AR. va réfuter spécialement PRO-   TAGORAS, et sa réfutation va continuer
dans le chapitre suivant.

qu'elles apparaissent de près ? Sont-elles réellement
telles qu'elles apparaissent aux malades ou aux
hommes bien portants? La pesanteur est-elle ce qui
paraît pesant aux faibles, ou bien aux forts? La vérité
est-elle ce qu'on voit en dormant, ou dans l'état de
veille ? Sur tous ces points, il ne règne évidemment
aucune incertitude. Il n'est personne, du moins, qui 10
rêvant une nuit qu'il est à Athènes, alors qu'il est en
Libye, se mette en marche vers l'Odéon. De plus, en
ce qui concerne le futur, selon la remarque de PLA-
TON [1], l'opinion de l'ignorant n'a certainement pas
une autorité égale à celle du médecin, quand il s'agit
de savoir, par exemple, si le malade recouvrera ou
non la santé. Enfin, parmi les sensations elles-mêmes,
le témoignage d'un sens n'offre pas la même autorité, 15
quand il s'agit de l'objet d'un autre sens que lorsqu'il s'agit d'un objet propre, ou même quand il
s'agit de l'objet d'un sens voisin que lorsqu'il s'agit
de l'objet du sens lui-même [2] : c'est la vue qui juge
de la couleur, et non le goût ; c'est le goût qui juge
de la saveur, et non la vue. Jamais aucun de ces
sens, dans le même temps, appliqué au même objet,
ne nous dit que cet objet est simultanément « ainsi
et non ainsi ». Bien plus, un sens ne peut même
pas, en des temps différents, être en désaccord avec 20

---

[1] *Théét.*, 178 b-179 a.
[2] Passage difficile, où AR. établit
la distinction, devenue classique, entre les perceptions naturelles et les
perceptions acquises (κατὰ συμβεβηκός)
Cf. *de An.*, II, 6, 418 b, 20, Ross, I,
277. — ARISTOTE veut dire que l'autorité d'un sens est plus grande quand

il s'applique à son objet propre (la
couleur pour la vue) que quand il
s'applique à l'objet d'un autre sens,
cet autre sens fût-il voisin. Les erreurs des sens ne sont ainsi que des
erreurs d'interprétation et de jugement.

lui-même, du moins au sujet de la qualité, mais seulement au sujet de ce à quoi la qualité appartient. Je prends un exemple : le même vin, soit parce qu'il aura changé lui-même, soit parce que notre corps aura changé, pourra paraître doux à tel moment, et, à tel autre moment, non-doux. Mais ce n'est, du moins, pas le doux, tel qu'il est quand il existe, qui jamais encore a changé ; on a toujours la vérité à
25 son sujet, et ce qui sera doux devra nécessairement posséder tel caractère. Et pourtant, c'est cette nécessité que renversent tous les systèmes en question ; de même qu'ils nient toute substance, ils nient aussi qu'il y ait rien de nécessaire, puisque le nécessaire ne saurait être à la fois d'une manière et d'une autre, de telle sorte que, si quelque chose est nécessaire, elle ne sera pas à la fois « ainsi et non-
30 ainsi ». — En général, si vraiment le sensible [αἰσθητόν] existait seul, rien n'existerait sans l'existence des êtres animés, car alors il n'y aurait pas de sensation [αἴσθησις]. Et sans doute est-il vrai de dire qu'il n'y aurait ni sensibles, ni sensations [1] (car ce sont des modifications du sujet sentant) ; mais que les substrats [ὑποκείμενα], qui sont la cause de la sensation, n'existassent pas indépendamment de la sen-
35 sation, c'est ce qui est inadmissible. En effet, la sensation n'est certainement pas sensation d'elle-même, mais il y a quelque chose d'autre en dehors

---

[1] Passage douteux. Nous avons pris le texte de la Vulgate (E), et non celui de CHRIST. Cf. la note *ad loc.* de l'édition CHRIST, et Ross, I, 278.

de la sensation, et dont l'existence est nécessairement antérieure à la sensation, car le moteur est, de sa nature, antérieur au mû. En admettant même que 1011 a l'existence du sensible et celle du sentant soient corrélatives, cette antériorité n'en existe pas moins [1].

6.

< Suite de la réfutation de PROTAGORAS. >

Il y a des philosophes qui soulèvent la difficulté suivante, tant parmi ceux qui sont convaincus de la vérité de ces doctrines que parmi ceux qui ne les soutiennent que par plaisir de dialecticien : ils demandent qui décidera de la santé, et, d'une manière 5 générale, qui décidera à bon droit sur toute question.

---

[1] Ar. résume, dans ce passage, sa célèbre théorie de la connaissance, plus amplement exposée *de An.*, III, 2, 425 *b*, 26 et ss. La sensation est définie l'acte commun du sensible et du sentant, l'un n'allant pas sans l'autre. Sur ce point, cf. *de An.*, l. c. : « L'acte du sensible et celui du sens sont un seul et même acte (ἡ δὲ τοῦ αἰσθητοῦ ἐνέργεια καὶ τῆς αἰσθήσεως ἡ αὐτὴ μέν ἐστι. καὶ μία), mais leur concept n'est pas le même. J'entends, par exemple, < par acte du sensible et de la sensibilité, > le son en acte et l'ouïe en acte. » (Trad. RODIER, *Traité de l'Ame*, I, 153). Cette identité de l'acte du sensible et du sentant n'entraîne d'ailleurs pas la relativité du sujet et de l'objet, au sens où l'entendent les relativistes modernes. RoDIER (II, pp. 370 et 373) a bien mis ce point en lumière. Le sensible, c'est l'αἰσθητόν en tant que tel, c'est-

à-dire en tant que provoquant dans l'αἰσθητικόν une certaine activité qui n'a son acte que dans le sujet sentant. Mais le sensible n'en possède pas moins (et Aristote le remarque expressément dans notre passage) un ὑποκείμενον objectif, indépendant de la sensation, mais qui n'est αἰσθητόν qu'en puissance ; ce sensible en puissance, antérieur à la sensation, « est le moteur immobile de la sensibilité comme l'intelligence est le moteur immobile de l'intellect ». (RODIER, II, 370). L. 30, αἰσθητόν signifie donc « sensible *en acte* » ; l. 33, les ὑποκείμενα sont les « sensibles *en puissance* », et, dans le traité des *Catég.* (7 *b*, 36), le terme αἰσθητόν présente aussi cette dernière signification. — Pour l'explication des derniers mots du chapitre, cf. la notion d'antériorité selon la connaissance, exposée *infra*, Δ, 11, 1018 *b* 30.

Poser de pareils problèmes revient à se demander si,
en ce moment, nous dormons, ou si nous sommes
éveillés. Toutes les difficultés de cette sorte présentent la même signification. Ces philosophes demandent une raison pour tout ; car ils cherchent un prin-
10 cipe et veulent y arriver par voie de démonstration ;
mais qu'ils ne soient pas convaincus, leurs actes le
prouvent clairement. Nous avons déjà signalé l'erreur
où ils tombent : ils cherchent la raison de ce dont il
n'y a pas de raison, car le principe de la démonstration n'est pas une démonstration.

Il serait aisé d'en convaincre ceux qui sont de
bonne foi, car ce n'est pas difficile à comprendre.
15 Mais ceux qui ne veulent se rendre qu'à la contrainte
d'une réfutation exigent l'impossible ; ils demandent
qu'on leur accorde le privilège de se contredire eux-
mêmes, demande qui se contredit elle-même immédiatement[1]. Cependant, si tout n'est pas relatif, mais
s'il y a des êtres existant en soi et par soi, tout ce
qui apparaît ne pourra pas être vrai, car ce qui apparaît apparaît à quelqu'un, de sorte que dire que tout
20 ce qui apparaît est vrai, c'est rendre tout relatif.
C'est pourquoi ceux qui exigent une démonstration
logique rigoureuse et qui, en même temps, désirent
soumettre leurs opinions à la discussion, doivent se
garder de dire que ce qui apparaît est ; ils doivent
dire que ce qui apparaît est pour celui à qui il appa-

---

[1] Passage difficile, dont on a proposé plusieurs interprétations. Nous
adoptons la traduction de Ross, I,
280. Mais, on pourrait comprendre,
avec ALEXANDRE, « ils demandent qu'on
les mette en contradiction et com-
mencent par se contredire eux-mêmes ». Cf. aussi BONITZ, Métaph., 208.

raît [ᾧ], quand il apparaît [ὅτε], dans le sens [ᾗ] et
aux conditions [ὥς] auxquelles il apparaît [1]. S'ils désirent se soumettre à la discussion, mais s'ils ne s'y
soumettent que sans consentir à ces restrictions, ils
tomberont vite dans leurs propres contradictions. En 25
effet, il est possible que la même chose apparaisse du
miel à la vue et non au goût, et que, puisque nous
avons deux yeux, les choses ne paraissent pas les
mêmes à chacun d'eux, si leur vision est dissemblable. — Car à ceux qui, pour les motifs précédemment indiqués, prétendent que ce qui apparaît est 30
vrai, et que, par suite, tout est également faux et vrai,
car les mêmes choses n'apparaissent pas, soit les
mêmes à tout le monde, soit toujours les mêmes au
même individu, mais elles apparaissent souvent
comme contraires dans le même temps (le toucher
indique deux objets quand nous croisons les doigts, et
la vue un seul), < à ceux-là nous pouvons répondre
que les choses apparaissent bien avec des attributs
contradictoires >, mais non, du moins, pour le même
sens, ni sous le même rapport, ni aux mêmes condi- 35
tions, ni dans le même temps, toutes déterminations 1011 b
nécessaires à la vérité de ma sensation [2]. Mais, sans
doute, pour cette raison, ceux qui discutent ainsi, non

---

[1] Pour le sens précis des adverbes
ᾗ et ὥς, cf. BONITZ, *Metaphys.* 209 :
*Probabile videtur abverbio ᾗ sensuum
diversitatem significari, et adverbio ὥς
alias res quae in rebus percipiendis
discriminis quidpiam afferunt, veluti
intervallum loci ac similia.*
[2] Pour la traduction de cette longue

phrase, depuis l. 28, nous adoptons
le texte et l'interprétation de Ross, I,
281-282, mais nous avons placé entre
crochets une incidente explicative qui
ne figure pas dans le texte. En outre,
nous lisons, l. 35, avec ALEX., 322,
2-3 Hd : τῇ αὐτῇ αἰσθήσει καὶ κατὰ τὸ
αὐτὸ καὶ ὡσαύτως...

pas en vue de la difficulté à résoudre, mais par jeu
dialectique, seront-ils dans la nécessité de répondre
que la sensation n'est pas vraie, mais qu'elle est vraie
seulement pour tel individu ; et, comme il a été dit
plus haut, ils devront rendre toutes choses relatives,
5 tant à l'opinion qu'à la sensation, de sorte que rien
n'a été et que rien ne sera, si quelqu'un n'y a pensé
auparavant. Mais s'il est vrai que quelque chose a
été ou sera par soi-même, il est clair que toutes
choses ne seront plus relatives à l'opinion. — En
outre, si une chose est une, elle est une relativement
à une seule chose, ou à un nombre défini de choses,
et si la même chose est à la fois moitié et égale, ce
n'est pas cependant au double que l'égal est relatif [1].
Si donc, par rapport au sujet pensant [τὸ δοξάζον],
10 l'homme est identique à l'objet de pensée [τὸ δοξα-
ζόμενον], l'homme ne pourra être le sujet pensant
mais seulement l'objet de pensée ; et si chaque être
n'est que relativement au sujet pensant, le sujet pensant sera relatif à un nombre infini de choses spécifiquement différentes [2].

Nous en avons dit assez pour établir que la plus
ferme de toutes les croyances, c'est que les propositions opposées ne peuvent être vraies en même

---

[1] Le double est relatif au double,
l'égal, à l'égal.
[2] Pour l'explication de ce passage,
cf. RAVAISSON, *Essai sur la Métaph.
d'Ar.*, I, 145 ; Ross, I, 282. — Ce qui
est relatif est relatif à une chose déterminée. Mais si tout existe relativement
à ce qui pense, l'homme est ce qui est
pensé, et ce qui pense n'est pas

l'homme ; mais la pensée étant pure
relation, l'homme ne peut non plus
être le sujet pensant, ce qui est absurde. D'autre part, le sujet pensant
étant, en fait, relatif à une infinité
d'objets pensés, il se dissoudra en une
poussière d'objets, et sa définition
sera impossible, ce qui est également
absurde.

temps, et aussi pour montrer les conséquences et les 15
raisons de l'opinion contraire. Maintenant, puisqu'il est impossible que les propositions contradictoires soient vraies, en même temps, du même
sujet, il est évident qu'il n'est pas possible non plus
que les contraires coexistent dans le même sujet. En
effet, des deux contraires, l'un est privation non
moins que contraire, savoir la privation de l'essence.
Or la privation est la négation de quelque chose dans
un genre déterminé. Si donc il est impossible que
l'affirmation et la négation soient vraies en même 20
temps, il est impossible aussi que les contraires coexistent dans un sujet, à moins qu'ils ne soient
affirmés, l'un et l'autre, d'une certaine manière, ou
encore que l'un ne soit affirmé d'une certaine manière, l'autre étant affirmé absolument.

7.

< Preuves du principe du tiers exclu. >

<1> Mais il n'est pas possible, non plus, qu'il y
ait un intermédiaire entre des énoncés contradictoires, mais il faut nécessairement ou affirmer, ou
nier un prédicat quelconque d'un sujet. Cela est évident, d'abord, si on définit la nature du vrai et du 25
faux. Dire de l'Etre qu'il n'est pas, ou du Non-Etre
qu'il est, c'est le faux ; dire de l'Etre qu'il est, et du
Non-Etre qu'il n'est pas, c'est le vrai [1] ; de sorte que

---

[1] Cf. la définition scolastique de la   — Cf. aussi PLATON, *Cratyle*, 385 *b* et
vérité : *adaequatio rei et intellectus.*   *Soph.*, 240 *d*-241 *a* et 263 *b*.

celui qui dit d'un être qu'il est ou qu'il n'est pas, dira
ce qui est vrai ou ce qui est faux ; mais < dire qu'il y
a un intermédiaire entre des contradictoires>, ce
n'est dire ni de l'Etre, ni du Non-Etre, qu'il est ou
qu'il n'est pas [1]. — <2> Ensuite, ou bien l'intermé-
30 diaire entre les contradictoires existera réellement,
comme le gris entre le noir et le blanc, ou bien il
sera comme ce qui n'étant ni homme ni cheval est
intermédiaire entre l'homme et le cheval [2]. Dans ce
dernier cas, il ne pourrait y avoir changement (car
lorsqu'il y a changement, c'est, par exemple, du non-
bien au bien, ou du bien au non-bien [3]). Mais, en
réalité, le changement nous apparaît comme un fait
constant, car il n'y a de changement que vers les
35 opposés et vers les intermédiaires [4]. Mais si l'on suppose un intermédiaire réel, il pourrait y avoir ainsi
1012 a une génération de ce qui n'est pas non-blanc au blanc,
ce qui, en fait, ne se voit jamais. — <3> En outre,
tout ce qui est objet de pensée discursive et d'intuition

---

[1] Il s'ensuit donc qu'un jugement n'est ni vrai, ni faux, ce qui est absurde. Donc, il n'y a pas d'intermédiaire. — Nous avons, pour ce passage, suivi la leçon de CHRIST et de Ross (I, 284) et non celle d'ALEXANDRE et de BONITZ, moins satisfaisante. Nous avons dû faire figurer, entre crochets, une phrase explicative qui ne se trouve pas dans le texte.

[2] Un intermédiaire (μεταξύ) entre des contradictoires est inconcevable. S'agit-il d'un intermédiaire *neutre*, comme ce qui n'est ni homme, ni cheval est intermédiaire entre l'homme et le cheval ? Il ne pourrait changer vers l'homme ou le cheval, ce qui est contredit par ce que nous savons des intermédiaires. S'agit-il

d'un intermédiaire *réel*, comme le gris est intermédiaire entre le blanc et le noir ? Sans doute il y a passage du gris au blanc, mais en tant que le gris au blanc est non-blanc ; mais si on considère le gris comme n'étant pas non-blanc (et on le doit, car c'est ainsi seulement qu'il est intermédiaire) il est évident qu'il n'y a pas changement de ce qui n'est pas non-blanc au blanc. (Ross, I, 285). Un intermédiaire n'existe donc d'aucune façon.

[3] Alors que le μεταξύ neutre n'est ni bien, ni non-bien.

[4] Tout changement se fait de contraire à contraire, ou d'intermédiaire à contraire, ou de contraire à intermédiaire.

[τὸ διανοητὸν καὶ νοητόν], la pensée ou bien l'affirme, ou bien le nie (conséquence évidente de la définition du jugement vrai ou faux [1]), toutes les fois qu'elle dit le vrai ou le faux. Quand la pensée lie le sujet et le prédicat de telle façon, soit par affirmation, soit par négation, elle dit ce qui est vrai, et quand elle lie le sujet et le prédicat de telle autre façon, elle dit ce qui est faux [2]. —<4> De plus, il devrait y avoir un intermédiaire entre toutes les contradictoires, sinon 5 on parle pour le plaisir de parler. Il en résultera qu'on pourra, d'une part, dire ce qui n'est ni vrai, ni non-vrai, et que, d'autre part, il y aura quelque intermédiaire entre l'Etre et le Non-Etre, de sorte que, entre la génération et la corruption, il existera une espèce de changement intermédiaire [3]. — <5> En outre, dans tous les genres où la négation d'un terme implique l'affirmation de son contraire, même dans ces genres, il y aura un intermédiaire : par exemple, 10 dans les nombres, il y aura un nombre qui ne sera ni impair, ni non-impair, ce qui est impossible, comme le montre la définition des contraires. — <6> Ajoutons qu'on ira à l'infini : les réalités seront non seulement au nombre de trois [4] au lieu de deux, mais un plus grand nombre encore. En effet, on pourra, à son tour, nier cet intermédiaire par rapport

---

[1] Avec Ross, I, 285, nous considérons cette phrase comme une parenthèse.
[2] C'est-à-dire que, de toute façon, la pensée affirme ou nie, pas de milieu. Cette attitude de la pensée démontre la loi du tiers exclu.

[3] Ce qui est absurde.
[4] ἡμιόλια. L'ἡμιόλιον est le *sesquialtère* (une fois et demie). Nous traduisons comme Bonitz : *hoc tertium accedit genus* (*Métaph.*, 214).

à son affirmation et à sa négation, et le terme ainsi
produit sera un être défini, car son essence est quel-
15 que chose d'autre [1]. —<7> D'ailleurs lorsque quelqu'un, à qui l'on demande si un objet est blanc,
répond que non, il ne nie rien d'autre chose, sinon
que l'objet est blanc, et la négation n'indique ainsi
qu'un Non-Etre.

Des philosophes ont été conduits à l'opinion que
nous combattons comme à tant d'autres paradoxes :
en effet, quand on ne peut réfuter des arguments
éristiques, on se rend à l'argument, et on accorde la
20 vérité de la conclusion. Tel est donc le motif pour lequel les uns ont adopté cette doctrine ; pour d'autres,
c'est parce qu'ils cherchent la raison de tout. Le
point de départ de la discussion, avec tous ces adversaires, ce doit être la définition, et la définition repose
sur la nécessité pour eux de donner une signification
à chaque terme : la notion, en effet, exprimée par un
nom, est la définition même de la chose. Il semble
bien, du reste, que la pensée d'HÉRACLITE, disant
25 que tout est et n'est pas, fait que tout est vrai, et que
celle d'ANAXAGORE, disant qu'il y a un intermédiaire
entre les contradictoires, fait que tout est faux : puisqu'il y a mélange, le mélange n'est ni bien, ni non-
bien, et on ne peut donc rien dire de vrai.

---

[1] Si, entre A et non-A, il existe un
intermédiaire B, qui n'est ni A, ni
non-A, entre B et A, il y aura un
autre intermédiaire C qui ne sera ni
B ni A, et, entre B et non-A, un intermédiaire D, qui ne sera ni B, ni
non-A ; et ainsi de suite. — Cette
interprétation de BONITZ (*Métaph.*,
214) est combattue avec raison par
ROSS, I, 286, qui remarque que A et

B, B et non-A ne sont pas des contradictoires. Il est, en conséquence
préférable d'adopter l'interprétation
d'ALEXANDRE, 333, 7-17 Hd, et de comprendre : si entre A et non-A, il existe
un intermédiaire B, qui n'est ni A, ni
non-A, entre B et non-B, il y aura un
autre intermédiaire C, qui ne sera ni
B, ni non-B, et ainsi de suite.

8.

< Examen de l'opinion que tout est vrai
ou que tout est faux. >

Ceci établi, on voit clairement que ne peuvent
être vraies, ni isolément, ni globalement, les asser- 30
tions de ceux qui soutiennent ou que rien n'est vrai
(car rien n'empêche, dit-on, qu'il en soit de toute proposition comme de celle de la commensurabilité de la
diagonale), ou que tout est vrai. Ces raisonnements,
en effet, ni diffèrent guère de ceux d'HÉRACLITE, car
dire, avec lui, que « tout est vrai et tout est faux », c'est
énoncer aussi chacune de ces deux propositions sépa- 35
rément, de sorte que si la doctrine d'HÉRACLITE est 1012 b
impossible à admettre, ces doctrines doivent l'être
aussi [1]. — Ensuite, manifestement, il y a des propositions contradictoires qui ne peuvent pas être vraies
en même temps, et, d'un autre côté, il y en a qui ne
peuvent toutes être fausses, bien que ce dernier cas
paraisse plus concevable, d'après ce que nous avons
dit [2]. A tous les philosophes qui soutiennent de telles 5

---

[1] Nous devons à M. A. DIÈS la traduction de ce passage controversé.
L. 29 et ss., M. DIÈS, s'appuyant sur
ALEX. 337, 20 Hd, lit φανερὸν ὅτι καὶ
[τὰ] μοναχῶς λεγόμενα καὶ κατὰ πάντων,
et traduit : « il est clair que, soit
sensu diviso (unilatéralement, μοναχῶς),
soit *sensu composito* (*totaliter*, κατὰ
πάντων), il est impossible qu'il en
soit (ὑπάρχειν) comme certains disent,

les uns, etc... » D'autre part, 1012 b
1, ἐκεῖνα signifie la thèse globale,
celle d'HÉRACLITE, et, l. 2, ταῦτα signifie chacune des thèses unilatérales.
[2] Il faut entendre : d'après ce que
nous avons dit des doctrines d'HÉRA-
CLITE et d'ANAXAGORE (lesquelles tendent évidemment plutôt à faire admettre que tout est faux plutôt que
tout est vrai).

opinions, il faut demander, ainsi que nous l'avons
indiqué plus haut, non pas si quelque chose est
ou n'est pas, mais si quelque chose a un sens, de
façon à discuter en partant d'une définition, en déterminant, par exemple, ce que signifie le faux ou le
vrai. Si ce qu'il est vrai d'affirmer n'est rien autre
chose que ce qu'il est faux de nier, il est impossible
10 que tout soit faux, car il est nécessaire qu'un seul
membre de la contradiction soit vrai. Ensuite, s'il faut
nécessairement affirmer ou nier toute chose, il est
impossible que les deux propositions soient fausses,
car c'est seulement un seul membre de la contradiction qui est faux. — Toutes ces assertions encourent
donc aussi ce reproche si souvent adressé : elles se
15 détruisent elles-mêmes. En effet, celui qui dit que
tout est vrai, affirme, entre autres, la vérité de la proposition contraire à la sienne, de sorte que la sienne
n'est pas vraie (car celui qui avance la proposition
contraire prétend qu'elle n'est pas vraie), tandis que
celui qui dit que tout est faux affirme aussi la fausseté
de ce qu'il dit lui-même. Et s'ils prétendent, le premier, que seule la proposition contraire à la sienne
n'est pas vraie, et le dernier, que la sienne seule
20 n'est pas fausse, ils n'en sont pas moins entraînés à
poser une infinité d'exceptions, tant pour les propositions vraies que pour les propositions fausses. En
effet, celui qui dit que la proposition vraie est vraie
dit lui-même vrai ; or cela nous mène à l'infini[1].

---

[1] En effet, telle proposition est
vraie, il est vrai que telle proposition
est vraie, il est vrai qu'il est vrai que
telle proposition est vraie, et ainsi de
suite. — Cf. *Théét.*, 171 *a, b.*

Il est évident encore que ni ceux qui prétendent que tout est en repos, ni ceux qui prétendent que tout est en mouvement, ne disent vrai[1]. Si, en effet, tout est en repos, les mêmes choses seront éternellement vraies, et les mêmes choses éternellement fausses ; or, il apparaît que les choses, à cet égard, 25 changent, car celui-là même qui soutient que tout est en repos n'a pas toujours été, et un moment viendra où il ne sera plus. Si, au contraire, tout est en mouvement, rien ne sera vrai ; tout sera donc faux. Mais il a été démontré que c'était impossible. De plus, il est nécessaire que ce qui change soit lui-même un être, car le changement se fait à partir de quelque chose, vers quelque chose. Mais il n'est pas vrai, non plus, que tout soit, tantôt en repos, tantôt en mouvement, et que rien ne soit éternel, car il 30 y a un moteur éternel des choses mues, et le premier Moteur est lui-même immobile.

––––––

[1] Ar. applique maintenant à la Physique ce qu'il vient de démontrer dialectiquement.

LIVRE Δ (V)

———

Le livre Δ est une sorte de lexique philosophique. Il figure dans le catalogue de Diogène Laërce (V, 27) sous le titre περὶ τῶν ποσαχῶς λεγομένων, « des acceptions multiples ». Il compromet le plan de la *Métaphysique*, mais il est incontestablement d'Aristote, qui s'y réfère dans les livres E, Z, Θ et I, ainsi que dans la *Physique* et dans le *De Generatione et Corruptione*. Le livre Δ apparaît comme constituant une préface à la *Métaphysique*, bien que des notions comme le κολοβόν et le ψεῦδος y soient étrangères, et c'est avec raison, semble-t-il, que Ravaisson le place au début de son analyse [1].

1.

< *Principe* — ἀρχή. >

« Principe » se dit d'abord du point de départ du mouvement de la chose ; tel est, par exemple, le principe de la ligne et de la route, auquel répond un autre 35 principe à l'extrémité opposée. — Le principe est

———

[1] Dans tous les chapitres du livre Δ, nous avons, pour éclairer le sens, séparé par des tirets les différentes acceptions des termes étudiés par Aristote. Pour certains chapitres, particulièrement difficiles, nous avo aussi donné des indications somm res sur le plan, qui ne se dégage toujours suffisamment.

1013 a aussi le meilleur point de départ pour chaque chose;
par exemple, même dans la science, il ne faut pas
parfois commencer par le commencement et par la
notion première de l'objet, mais par ce qui peut le
mieux en faciliter l'étude. — Le principe est encore
l'élément premier et immanent de la génération,
telles la carène d'un vaisseau et les fondations d'une
5 maison, tandis que, chez les animaux, suivant les
uns [1], c'est le cœur, suivant d'autres [2], la tête, suivant
d'autres, enfin, une autre partie quelconque qui joue
ce rôle. — Principe se dit aussi de la cause primitive
et non-immanente de la génération, du point de départ naturel du mouvement ou du changement : par
exemple, l'enfant provient du père et de la mère, et le
10 combat, de l'insulte. — On appelle encore principe,
l'être dont la volonté réfléchie [προαίρεσις] [3] meut ce
qui se meut et fait changer ce qui change : par
exemple, les magistrats dans les cités, les oligarchies,
les monarchies et les tyrannies sont appelés « principes », ainsi que les arts et surtout les arts archi-
tectoniques. — Enfin le point de départ de la connaissance d'une chose est aussi nommé le principe
15 de cette chose : les prémisses [ὑποθέσεις] [4] sont les
principes des démonstrations. — Les causes se
prennent sous autant d'acceptions que les principes,

---

[1] EMPÉDOCLE, DÉMOCRITE et ARISTOTE
lui-même (de Part. anim., II, 2,
647 a, 31).
[2] ALCMÉON, PLATON (Tim. 44 d).
[3] La προαίρεσις est proprement le
choix rationnel et délibéré, elle est
voisine de la βούλησις, désir rationnel

ou volonté, mais avec cette différence
que la προαίρεσις ne porte que sur des
objets possibles et relevant de notre
activité. Cf. Eth. Nic., III, 4.
[4] ὑπόθεσις a ici le sens de πρότασις
Cf. BONITZ, Ind. arist., 756 b, 59 —
797 a, 15.

car toutes les causes sont des principes. Le caractère commun de tous les principes, c'est donc d'être
la source, d'où l'être, ou la génération, ou la
connaissance, dérive. Mais, parmi ces principes, les
uns sont immanents [ἐνυπάρχουσαί], les autres, extérieurs [ἐκτός]. C'est pourquoi la nature [1] d'un être est 20
un principe, et aussi l'élément, la pensée, le choix,
la substance et enfin la cause finale, car pour beaucoup de chose le principe de la connaissance et du
mouvement, c'est le Bien et le Beau.

2.

< Cause — αἴτιον [2]. >

On appelle cause, en un premier sens, la matière
immanente dont une chose est faite : l'airain est la
cause de la statue, l'argent celle de la coupe, et aussi 25
les genres de l'airain et de l'argent [3]. — Dans un
autre sens, la cause, c'est la forme et le paradigme,
c'est-à-dire la définition de la quiddité ; et ses genres :
par exemple, pour l'octave, c'est le rapport de deux
à un, et, d'une manière générale, le nombre ; la
cause est aussi les parties de la définition [4]. — La
cause est encore le principe premier du changement 30
ou du repos : l'auteur d'une décision est cause de l'ac-

---

[1] C'est-à-dire la *matière* de la chose.
[2] Ce chapitre reproduit, presque
mot pour mot, *Phys.*, II, 3, 194 *b* 23-
195 *b*, 21. Cf. HAMELIN, *Physique*, II,
pp. 83 et ss.

[3] Cause matérielle.
[4] Cause formelle.

tion, et le père est la cause de l'enfant, et, en général, l'agent est cause de ce qui est fait, et ce qui fait changer est cause de ce qui subit le changement [1]. — La cause est aussi la fin, c'est-à-dire la cause finale. Par exemple, la santé est la cause de la promenade. Pourquoi, en effet, se promène-t-on ? Nous répon-dons : pour se bien porter, et, en parlant ainsi, nous 35 pensons avoir rendu compte de la cause. Il en est de même de tout ce qui, mû par autre chose que soi, est intermédiaire entre le moteur et la fin ; c'est ainsi que 1013 b l'amaigrissement, la purgation, les remèdes, les ins-truments sont causes de la santé, car tous ces moyens sont employés en vue de la fin ; ces causes ne diffè-rent entre elles qu'en ce qu'elles sont, les unes, des instruments, les autres, des actions [2].

Telles sont, sans doute, les diverses acceptions du mot « cause ». Il résulte de cette variété de sens des 5 causes qu'il y a, pour un même objet, plusieurs causes, et cela, non par accident : par exemple, la sta-tue a pour causes l'art du statuaire et l'airain, non pas sous un autre rapport, mais en tant qu'elle est une statue. Mais ces causes ne sont pas de même nature : l'une est cause matérielle, l'autre est cause motrice. — Les causes peuvent être aussi réciproques : la fatigue est cause de la bonne santé, et celle-ci 10 l'est de la fatigue, mais non de la même manière : l'une est la fin, et l'autre, le principe du mouvement. Enfin la même cause peut quelquefois produire les

---

[1] Cause efficiente ou motrice.   [2] Cause finale.

contraires. Ce qui est, en effet, par sa présence, cause
de telle chose, est dit parfois, par son absence,
cause du contraire ; par exemple, l'absence du pilote
est cause du naufrage du vaisseau, parce que la présence du pilote eût été une cause de salut ; les deux
causes, la présence et la privation, sont alors, l'une 15
et l'autre, causes de mouvement.

Toutes les causes que nous venons d'énumérer se
rangent manifestement sous quatre classes. Les
lettres, pour les syllabes, la matière, pour les objets
artificiels, le Feu, la Terre et tous les principes analogues, pour les corps, les parties pour le tout, les
prémisses pour la conclusion, sont des causes en 20
tant qu'ils sont ce d'où proviennent les choses ; et,
de ces causes, les unes sont causes comme sujet,
telles les parties [1], les autres, comme quiddité, tels le
tout, la composition [σύνθεσις] et la forme [2]. Pour la
semence, le médecin, l'auteur d'une décision et, en
général, l'agent, toutes ces causes sont comme des
principes de changement ou d'arrêt [3]. Les autres 25
causes sont comme la fin et le bien de toutes choses.
La cause finale est, en effet, le bien par excellence et
le but des autres êtres. Peu importe, au reste, qu'on
dise que cette fin est le Bien en soi ou le bien apparent [4].

Telles sont donc les causes, et tel est le nombre de
leurs espèces. Les causes se présentent sous une mul-

---

[1] Cause matérielle.
[2] Cause formelle.
[3] Cause efficiente.
[4] Cause finale.

30 titude de modes, mais on peut réduire ces modes à
un petit nombre. Les causes peuvent être distinguées
selon diverses relations : par exemple, parmi les
causes d'une même espèce, l'une est antérieure, et
l'autre, postérieure ; c'est ainsi que le médecin est
antérieur à la santé, l'artiste à son œuvre, le double
et le nombre, à l'octave, et le général¹, toujours
antérieur aux choses individuelles qu'il inclut. —
35 Il y a aussi des causes par accident, et leurs genres :
par exemple, Polyclète est, d'une façon, la cause de
la statue, et, d'une autre façon, c'est le statuaire, car
ce n'est que par accident que le statuaire est Poly-
1014 a clète. Puis il y a les classes qui contiennent
l'accident : ainsi l'homme ou, plus généralement,
l'animal, est la cause de la statue, parce que Polyclète est un homme, et l'homme, un animal. Parmi
ces causes accidentelles, les unes sont plus éloignées,
et les autres, plus rapprochées ; comme si l'on disait,
5 par exemple, que la cause de la statue, c'est le blanc
et le musicien, et non plus Polyclète ou l'homme. —
Toutes ces causes, causes proprement dites et causes
par accident, s'entendent encore ou bien comme en
puissance, ou bien comme en acte ; par exemple,
l'architecte-constructeur de maisons et l'architecte-
10 construisant une maison. Même remarque à répéter,
pour les choses dont les causes sont causes : par
exemple, une chose peut être appelée la cause de cette

---

¹ Tant le genre par rapport à ses espèces que l'universel par rapport aux
individus.

statue ou de la statue ou, en général, de l'image, de
cet airain ou de l'airain, et, en général, de la matière.
De même pour les accidents. — Enfin causes par
accident et causes proprement dites peuvent se trouver réunies dans la même notion ; quand on dit, par
exemple, non plus Polyclète, d'une part, et statuaire,
de l'autre, mais le statuaire Polyclète.   15

Mais cependant, tous les modes des causes sont, en
somme, au nombre de six, chacune comportant deux
sens : elles sont causes, en effet, comme particulier
ou comme genre, comme par soi ou comme par accident, ou comme genre de l'accident, ou comme combiné ou comme simple[1], et toutes peuvent être con-
sidérées en acte ou en puissance. Mais il y a cette dif- 20
férence entre elles que les causes en acte et particulières sont, ou ne sont pas, en même temps que les
choses dont elles sont causes. Par exemple, ce médecin est guérissant, et ce malade, guéri, cet architecte,
construisant, et cette maison, construite. Pour les
causes en puissance, il n'en est pas toujours ainsi :
la maison et l'architecte ne périssent pas en même
temps.   25

---

[1] Les six espèces de causes sont
donc : la cause individuelle (le sculp-
teur, pour la statue), le genre de la
cause individuelle (l'artiste), la cause
accidentelle (Polyclète), le genre de
la cause accidentelle (homme), la
combinaison de la cause individuelle
et de la cause accidentelle (le sculp-
teur Polyclète), la combinaison du
genre de la cause individuelle et du
genre de la cause accidentelle (l'homme artiste).

3.

< *Elément* — στοιχεῖον. >

« Elément » se dit du premier composant immanent [1] d'un être, et indivisible en parties spécifiquement différentes ; par exemple, les éléments du mot
sont les parties dont est composé le mot, et dans lesquelles on le divise ultimement, parties qu'on ne peut
plus diviser en d'autres éléments d'une espèce diffé-
30 rente de la leur ; mais si on les divisait, leurs parties
seraient de même espèce, comme une particule d'eau
est de l'eau, tandis qu'une partie de la syllabe n'est
pas une syllabe. De même ceux qui traitent des éléments des corps appellent ainsi les ultimes parties
en lesquelles se divisent les corps, parties qu'on ne
peut plus diviser en d'autres corps d'espèce différente. Que les choses de cette nature soient une ou
35 plusieurs, ils les appellent éléments. — Il en est à peu
près de même pour ce qu'on nomme éléments des
propositions mathématiques [2], et, en général, pour
les éléments des démonstrations. En effet, les premières démonstrations et qui se trouvent à la base de
1014 b plusieurs démonstrations, sont appelées éléments des
démonstrations : de cette nature sont les syllogismes
premiers [συλλογισμοὶ οἱ πρῶτοι] [3], composés de trois
termes dont l'un sert de moyen.

---

[1] L'immanence est le caractère dis-
tinctif de στοιχεῖον par opposition à
ἀρχή et à αἴτιον.

[2] Cf. note sur B, 3, 998 a, 25.
[3] ARISTOTE entend, par cette expression, les simples syllogismes, par

De là, métaphoriquement, on entend encore par
élément ce qui, étant un et petit, sert à un grand
nombre de choses. C'est pourquoi le petit, le simple, 5
l'indivisible, est appelé élément. Il en résulte que les
concepts les plus universels sont des éléments, car
chacun d'eux, étant un et simple, est présent dans
une multiplicité d'êtres, soit dans tous, soit dans la
plupart. C'est pourquoi aussi l'Un et le Point sont
considérés, par certains philosophes, comme des
principes. Les genres ainsi désignés sont universels et
indivisibles (car ils sont indéfinissables) [1] ; aussi cer- 10
tains philosophes prétendent-ils que les genres sont des
éléments, et plus que la différence, parce que le
genre est universel. Là où il y a différence, en effet,
le genre est impliqué, mais là où il y a genre, il n'y
a pas toujours différence. — Du reste, le caractère
commun à tous les sens du terme élément, c'est que
l'élément de chaque être est son principe constitutif
et immanent. 15

4.

< Nature — φύσις[2]. >

« Nature » se dit, dans un premier sens, de la génération de ce qui croît, comme si on allongeait, en

---

opposition aux sorites, et non pas,
comme le veut ALEXANDRE, les syllogismes de la première figure (Ross,
I, 295).
[1] Les *summa genera* sont inanaly-

sables en genre et différence, et, par
suite, indéfinissables.
[2] Sur la φύσις dans ARISTOTE, cf.
Phys., II, 1, RIVAUD, *le Problème du
Devenir*, p. 261, MANSION, *Introd. à
la Phys. arist.*, pp. 20 et ss., etc.

la prononçant, la voyelle υ de φύσις[1] ; — dans un autre sens, c'est l'élément premier immanent d'où procède ce qui croît[2] ; — c'est aussi le principe du premier mouvement immanent dans chacun des êtres naturels, en vertu de sa propre essence. On appelle
20 croissance naturelle d'un être, l'accroissement qu'il reçoit d'un autre être soit par contact, soit par union naturelle, ou, comme les embryons, par adhérence. L'union naturelle [σύμφυσις] diffère du contact [ἀφή] ; dans ce dernier cas, en effet, il n'y a rien d'autre d'exigé que le contact lui-même, tandis que pour l'union naturelle, il existe quelque chose qui est identiquement un dans les deux êtres, qui produit, au lieu
25 d'un simple contact, une véritable fusion et unifie les êtres selon le continu et la quantité, mais non selon la qualité[3]. — On appelle aussi nature l'élément primitif dont est fait ou provient un objet artificiel [μὴ φύσει][4], c'est-à-dire la substance informe, et incapable de subir un changement par sa propre puissance. Ainsi l'airain est dit la nature de la statue et des objets d'airain, et le bois, celle des
30 objets de bois. De même pour les autres êtres : chacun d'eux est, en effet, constitué par ces éléments, la matière première persistant. C'est en ce sens que nature s'entend aussi des éléments des choses natu-

---

[1] C'est le sens étymologique: φύεσθαι avec un υ long signifie *croître*. Sur la légitimité de cette étymologie, cf. Ross, I, 296.
[2] Probablement la semence.
[3] Sur ces notions (ἀφή, σύμφυσις, συνέχεια) cf. *infra* K, 1069 *a*, 5-12, ALEX., 358, 31 Hd.
[4] Nous lisons, avec CHRIST, μὴ φύσει et non φύσει comme plusieurs manuscrits et Ross.

relles, soit qu'on admette pour éléments le Feu, la
Terre, l'Air, ou l'Eau, ou quelque autre principe
analogue, ou plusieurs de ces éléments, ou enfin
tous ces éléments à la fois. — Dans un autre sens, 35
nature se dit de la substance formelle des choses naturelles : telle est l'acception que lui donnent ceux qui
disent que la nature est la composition primitive, ou,
comme EMPÉDOCLE, qu' « aucun être n'a une nature, 1015 *a*
mais il y a seulement mélange et séparation[διάλλαξις])
du mélange ; et la nature n'est qu'un nom donné par
les hommes » [1]. C'est pour cela que, de tout ce qui
naturellement est ou devient, quoiqu'il possède déjà
en soi le principe naturel du devenir ou de l'être,
nous disons qu'il n'a pas encore sa nature, s'il n'a
pas de forme et de configuration. Un objet naturel 5
vient donc de l'union de la matière et de la forme :
c'est ce qui se passe pour les animaux et leurs parties.
Et non seulement la matière première est une nature
(elle est première de deux manières : ou première,
relativement à l'objet même, ou généralement première [2] : ainsi, pour les objets d'airain, l'airain est
premier relativement à ces objets, mais, absolument,
c'est sans doute l'eau, s'il est vrai que tous les corps 10
fusibles sont de l'eau), mais encore est une nature

---

[1] Fgmt 8, cité d'ailleurs par ARIS-
TOTE d'une manière incomplète. Dans
ce passage, ARISTOTE interprète φύσις
dans le sens de nature, mais, pour la
plupart des commentateurs anciens et
modernes, φύσις équivaut à γένεσις
(Cf. TANNERY, *Pour l'Hist. de la sc.
hell.*, 2e éd., p. 339). — Quant à
διάλλαξις, l. 2, terme qui signifie *échan-*

ge, il est ici synonyme de διάκρισις.
(Cf. Ps.-AR., *de M. X. G.*, 975 *b*, 15.)
[2] Il faut entendre ici par « matière première », non pas la *materia
prima*, au sens absolu, puissance sans
détermination, mais matière première
relative, par rapport à la matière
prochaine de la chose, dite aussi première.

la forme ou essence, car elle est la fin du devenir. —
Par métaphore enfin, toute essence prend généralement le nom de nature, parce que la nature d'une
chose est, elle aussi, une sorte d'essence.

De tout ce que nous venons de dire, il résulte que
la nature, dans son sens primitif et fondamental, c'est
l'essence des êtres qui ont, en eux-mêmes et en tant
15 que tels, le principe de leur mouvement[1]. La matière,
en effet, ne prend le nom de nature que parce qu'elle
est suceptible de recevoir en elle ce principe ; et le
devenir et la croissance, que parce que ce sont des
mouvements procédant de ce principe. La nature, en
ce sens, est le principe du mouvement des êtres naturels, immanent en quelque sorte, soit en puissance,
soit en entéléchie.

5.

< Nécessaire — ἀναγκαῖον. >

20   « Nécessaire » se dit de ce sans quoi, pris comme
condition [συναίτιον][2], il n'est pas possible de vivre :
par exemple, la respiration et la nourriture sont nécessaires à l'animal, car il ne peut exister sans elles.
Ce sont encore les conditions sans lesquelles le bien

---

[1] Cf. la définition de la nature donnée dans la *Physique*, II, 1, 192 *b*, 20 :
« La nature est un principe et une
» cause de mouvement et de repos
» pour la chose en laquelle elle ré-
» side immédiatement, par soi et non
» par accident. »

[2] συναίτιον signifie une cause adju-
vante, une chose qui, tout en étant
nécessaire à la réalisation de l'effet,
n'est pas une cause proprement dite.

ne peut ni être, ni devenir, ou sans lesquelles le mal
ne peut être évité ou écarté ; ainsi, boire le remède
est nécessaire pour n'être pas malade, et faire voile 25
vers Egine, pour recevoir de l'argent. — Le nécessaire est aussi la contrainte et la force, c'est-à-dire
ce qui, malgré l'impulsion et le choix délibéré,
empêche et arrête ; car la contrainte se nomme nécessité, et c'est pourquoi elle est une chose qui afflige ;
comme le dit Evenus [1] « toute chose nécessaire est par
nature ennuyeuse ». La force est aussi une nécessité ; 30
selon la parole de Sophocle [2], « c'est la force qui
m'oblige à accomplir cet acte ». La nécessité présente
l'idée de quelque chose d'inflexible ; et c'est à juste
titre, car elle est le contraire du mouvement résultant
du choix et du raisonnement. — De plus, quand
une chose ne saurait être autrement qu'elle n'est,
nous disons : il est nécessaire qu'il en soit ainsi. Et
de cette nécessité dérive, en quelque sorte, toute autre 35
nécessité. On dit, en effet, qu'il y a nécessité, faite ou
subie, dans le sens de contrainte, quand il n'est pas 1015 b
possible de satisfaire sa tendance par suite de la violence ; la nécessité est donc ce en vertu de quoi il est
impossible qu'une chose soit autrement. De même
en ce qui regarde les conditions de la vie et du bien.
Quand il y a, en effet, impossibilité, soit pour le bien,
soit pour la vie et l'être, d'exister sans certaines con- 5
ditions, ces conditions sont alors nécessaires, et cette

---

[1] Fgmt 8, Hiller. — Evenus de
Paros était un sophiste et un poète
élégiaque du temps de Socrate.

[2] *Electre*, 256.

espèce de cause est une sorte de nécessité. — En outre,
la démonstration fait partie des choses nécessaires,
parce qu'il est impossible que la conclusion soit autre
qu'elle n'est, s'il s'agit d'une démonstration proprement dite [1]. Les raisons de cette nécessité, ce sont les
prémisses [τὰ πρῶτα], c'est-à-dire que les propositions
d'où procède le syllogisme ne peuvent être autres
qu'elles ne sont.

Parmi les choses nécessaires, les unes ont en dehors
10 d'elles la cause de leur nécessité, les autres l'ont en
elles-mêmes, et sont elles-mêmes source de nécessité
dans d'autres choses ; de sorte que le nécessaire au
sens premier et fondamental [κυρίως] [2], c'est le simple,
car le simple ne peut être selon plusieurs modes ;
c'est donc qu'il n'est pas non plus dans tel état et
aussi dans tel autre, sinon il aurait dès lors plusieurs
états. Si donc il y a des êtres éternels et immobiles,
15 rien ne saurait violenter ou contrarier leur nature.

6.

< Un — ἕν. >

« Un » signifie soit l'un par accident [κατὰ
συμβεβηκός], soit l'un par essence [καθ᾽ αὐτό].

Par accident : par exemple « Coriscus » et « le musicien » et « Coriscus musicien » sont une seule

---

[1] Et non s'il s'agit d'une démonstration *ad hominem*, purement dialectique.
[2] κυρίως *ipsam propriam ac prima-*
riam alicujus vocabuli notionem...
significat, dit Bonitz, *Ind. arist.*,
416 *a*, 56.

chose, car il y a identité entre les expressions « Coriscus et le musicien » et « Coriscus musicien ». « Le musicien » et « le juste », d'une part, et « musicien Coriscus » et « juste Coriscus », d'autre part, sont aussi une chose une. Tout cela est dit un par accident, 20 car, d'une part, « le juste » et « le musicien » sont les accidents d'un seule substance, et, d'autre part, « le musicien » et « Coriscus » sont réciproquement accidents l'un de l'autre. De même, d'une certaine manière, « le musicien Coriscus » est un avec « Coriscus », car l'une des deux parties de cette expression est l'accident de l'autre partie, c'est-à-dire « musicien » 25 est un accident de « Coriscus » ; et « le musicien Coriscus » est un avec « le juste Coriscus », parce que la première partie de chacune de ces deux expressions [1] est un accident d'un seul et même sujet. — De même lorsque l'accident est affirmé du genre ou de quelque notion prise universellement. Admettons, par exemple, qu' « homme » et « homme musicien » soient identiques ; ce sera, ou bien parce que l'homme est 30 une substance une qui a pour accident le musicien, ou bien parce que « homme » et « musicien » sont les accidents d'un seul individu, tel que Coriscus, ces deux accidents cependant n'étant pas accidents de la même manière : l'un est vraisemblablement comme le genre, et il existe dans la substance ; l'autre est comme un simple état ou affection de la substance.

---

[1] C'est-à-dire *musicien* et *juste*.

35 — Tout ce qu'on dit un par accident est donc dit en
ce sens [1].

Passons à ce qu'on appelle un par essence. Il y
a d'abord ce qui est dit un par continuité, tel le fais-
1016 a ceau, à raison du lien, ou les morceaux de bois, à
raison de la colle. La ligne, même la ligne brisée,
pourvu qu'elle soit continue, est dite une, et aussi
chaque partie du corps, comme la jambe et le bras.
De ces choses mêmes, ce qui a une continuité naturelle est plus un que ce qui n'a qu'une continuité
5 artificielle. Le continu est défini « ce dont le mouvement est un essentiellement et ne peut être autre » ;
or le mouvement est un quand il est indivisible, et il
est indivisible selon le temps [2]. Les choses continues
par essence sont celles qui ont une unité plus intime
que l'unité résultant du contact : si, en effet, l'on met
en contact des morceaux de bois, on ne peut pas dire
qu'il y ait là une seule pièce de bois, ou un corps, ou
un continu de quelque autre sorte. Les choses absolument continues sont alors dites une, même si elles
10 présentent une flexion, mais celles qui n'ont pas de
flexion le sont davantage ; par exemple, le tibia ou

---

[1] Les différents sens de « un par
accident » sont donc au nombre de
5 :
  a) Substance et accident (l. 17 et
22), comme « Coriscus » et « musicien ». C'est le sens fondamental ;
  b) Accident et accident (l. 19 et
21), comme « musicien » et « juste » ;
  c) Substance et accident + même
substance et autre accident (l. 20 et
26), comme « musicien Coriscus » et
« juste Coriscus » ·

  d) Substance et accident + substance (l. 23-26), comme « musicien Coriscus » et « Coriscus » ;
  e) Genre + accident et genre (l.
29), comme « homme » et « homme
musicien ».
  Nous empruntons ce tableau à Ross,
I, p. 301.
[2] Autrement dit, toutes les parties
se meuvent en même temps.

la cuisse sont plus unes que la jambe, la jambe pouvant n'avoir pas un mouvement un, et la ligne droite
est plus une que la ligne brisée. Nous disons de la
ligne qui a flexion et angle, qu'elle est et une et
non-une, parce qu'il est possible que son mouvement
soit ou non-simultané, ou simultané ; au contraire,
dans la ligne droite, le mouvement est toujours si- 15
multané : aucun segment déterminé ayant une étendue[1] n'est en repos tandis qu'un autre est en mouvement, comme il arrive pour la ligne brisée. —
Un par essence se prend encore dans un autre sens :
c'est quand le sujet ne diffère pas spécifiquement ;
et il ne diffère pas spécifiquement dans le cas d'êtres
dont l'espèce est indivisible à la perception. Le sujet
est alors ou bien le sujet prochain, ou bien le sujet
ultime, l'état final. On dit, par exemple, d'une part, 20
que le vin est un et que l'eau est une, en tant qu'indivisibles selon l'espèce ; on dit, d'autre part, que
tous les liquides sont un, comme l'huile, le vin, les
corps fusibles, parce que leur sujet ultime, à tous, est
identique, tous étant Eau ou Air. — Un par essence
est encore dit des êtres dont le genre est un, quoique
divisé en différences spécifiques opposées : tous ces 25
êtres sont dits un, parce que le genre, sujet des différences est un ; cheval, par exemple, homme et chien
forment une unité, car ils sont tous des animaux,

---

[1] Ce qui exclut le cas de la rota-
tion d'une droite autour d'un point
de cette droite, car le point est iné-
tendu. — Sur la signification précise
des mots χάμψις et χεχαμμένη dans ce
passage, cf. BONITZ, *Métaph.*, p. 235.

c'est à peu près comme dans le cas précédent où il y
a unité de matière. Ces êtres, tantôt sont dits un
de la façon que nous venons d'expliquer, tantôt
c'est par rapport à un genre plus élevé qu'ils sont
dits être une même chose : c'est dans le cas où ils
sont les dernières espèces de leur genre, [genre
30 plus élevé signifiant genre au-dessus des genres
prochains][1]. Par exemple, le triangle isocèle et le
triangle équilatéral sont une seule et même figure,
parce que tous deux sont des triangles, mais non un
seul et même triangle. — Un par essence se dit
encore des choses dont la définition, celle qui exprime
la quiddité d'une chose, est indivisible d'une autre définition manifestant la quiddité d'une autre chose, bien
que chaque définition en elle-même soit divisible en
35 genre et différence. C'est ainsi qu'il y a unité de ce
qui augmente et de ce qui décroît, parce que la définition en est une, de même que, pour les surfaces, la
définition de leur forme est une. En un mot, dans
1016 b tous les cas où la pensée, celle qui a pour objet la
quiddité, est indivisible et ne peut séparer ni dans
le temps, ni dans le lieu, ni dans la définition, les
êtres qu'elle saisit, tous ces êtres sont un par excellence, et, parmi eux, spécialement, ceux qui sont des

---

[1] Texte difficile. Nous adoptons la
leçon de CHRIST et de BONITZ : Nous
supprimons, l. 29, le relatif ὅ, et
nous mettons entre crochets, comme
une interpolation vraisemblable, les
mots τὸ ἀνωτέρω τούτων, l. 30. Ross
(I, 303) suit un texte différent, qui
fournit d'ailleurs un sens identique.
— AR. veut dire : les êtres tombant

sous un même genre sont un ; mais
si ce genre prochain rentre lui-même
dans un genre plus élevé, ses espèces
(dernières ou non) seront une par
rapport à ce genre plus élevé et non
par rapport à leur genre prochain.
L'exemple qui suit éclaire la pensée
d'ARISTOTE.

substances [1]. En général, en effet, tous les êtres qui ne sont pas divisibles, en tant qu'ils ne sont pas divisibles, par cela même sont dits un. Si, par exemple, c'est en tant qu'hommes que deux choses ne sont pas 5 divisibles, nous avons une seule espèce d'homme ; si c'est en tant qu'animal, une seule espèce d'animal ; si c'est en tant que grandeur, une seule espèce de grandeur. La plupart des êtres sont donc appelés un, parce qu'ils font, ont, souffrent quelque autre chose qui est une, ou sont relatifs à cette chose une, tandis que les êtres auxquels l'unité est attribuée primitivement sont ceux dont la substance est une, et une soit par continuité, soit par l'espèce, soit par la définition [2], car ce que nous comptons comme multiples, ce 10 sont ou bien les êtres non continus, ou les êtres qui ne sont pas un spécifiquement, ou ceux dont la définition n'est pas une. De plus, en un sens, nous disons qu'une chose quelconque est une, si elle est quantité et continuité, mais, en un autre sens, nous ne le pouvons pas ; il faut encore qu'elle soit un tout, c'est-à-dire qu'elle soit une par sa forme. Par exemple, nous ne parlerions pas d'unité en voyant, rangées en désordre, l'une près de l'autre, les parties de 15 la chaussure ; c'est seulement s'il y a, non pas simple continuité, mais arrangement tel que ce soit une chaussure ayant déjà une forme une et déterminée. C'est pour la même raison que la ligne circulaire est

---

[1] La substance venant en tête des catégories.   [2] Comme il a été dit plus haut.

la ligne la plus une de toutes, car elle forme un tout
et elle est achevée.

La quiddité de l'Un [1], c'est d'être un principe pour
le nombre, car la mesure première est principe,
puisque ce par quoi primitivement nous connaissons
chaque genre est la mesure première de ce genre. Le
20 principe du connaissable dans chaque genre est donc
l'Un. Mais l'Un n'est pas le même dans tous les
genres : ici c'est le demi-ton [δίεσις] [2], là, c'est la
voyelle ou la consonne ; autre est l'Un pour la pesanteur, autre est l'Un pour le mouvement. Mais, dans
tous les cas, l'Un est indivisible, soit selon la quantité, soit selon l'espèce. Ce qui est indivisible selon
la quantité, et en tant que quantité, et qui est indivi-
25 sible absolument et sans position [ἄθετον] s'appelle
unité ; ce qui est indivisible absolument mais a position est le point ; ce qui n'est divisible que selon une
seule dimension est la ligne ; ce qui est divisible selon
deux dimensions est la surface ; ce qui est absolument
divisible en quantité et selon trois dimensions est le
corps. Inversement, ce qui est divisible selon deux
dimensions est une surface, ce qui est divisible selon
une seule dimension est une ligne, ce qui n'est divisible d'aucune manière selon la quantité, est un
30 point ou une unité ; sans position, c'est l'unité, ayant
position, c'est le point. — En outre, ce qui est un

---

[1] Ar. va maintenant définir l'Un,
après avoir énuméré ses différentes
espèces.
[2] Sur la signification précise du
terme δίεσις, qui veut dire, non pas
quart de ton, mais demi-ton, cf.
Robin, la Th. Platon., p. 404, note
327[3]. La δίεσις est le plus petit inter-
valle musical.

l'est, ou selon le nombre, ou selon l'espèce, ou selon le genre, ou par analogie. Selon le nombre, ce sont les êtres dont la matière est une; selon l'espèce, ce sont les êtres dont la définition est une ; selon le genre, ce sont les êtres dont on affirme les mêmes prédicats [1] ; enfin par analogie [κατ' ἀναλογίαν], toutes les choses qui sont l'une à l'autre comme une troisième chose est à une quatrième [2]. Les derniers modes de l'Un se ren- 35 contrent toujours dans les précédents. Par exemple, ce qui est un selon le nombre est aussi un selon l'espèce, mais ce qui est un selon l'espèce ne l'est pas toujours selon le nombre ; tout ce qui est un selon l'espèce l'est aussi selon le genre, mais ce qui est un 1017 a selon le genre ne l'est pas toujours selon l'espèce, il l'est seulement par analogie ; enfin, ce qui est un par analogie ne l'est pas toujours selon le genre.

Il est évident aussi que le Multiple [τὰ πολλά] doit être dit en opposition avec l'Un. En effet, il y a mul- tiplicité, ou par discontinuité, ou par division de la matière selon l'espèce, qu'il s'agisse de la matière 5 prochaine ou de la matière ultime, ou bien par la plu- ralité des définitions exprimant la quiddité.

---

[1] τὸ αὐτὸ σχῆμα τῆς κατηγορίας. — Texte difficile, qui signifierait littéra- lement que le genre est coextensif à la catégorie, ce qui est évidemment con- traire à la pensée d'Aristote. Nous avons adopté l'interprétation de Bo- nitz, *Métaph.*, 238-239.

[2] L'analogie est une égalité de rap-

ports entre des êtres appartenant à des catégories différentes. Par exem- ple, ce que la vue est au corps, l'in- tellect l'est à l'âme ; ce que l'occasion est au temps, le séjour salutaire l'est au lieu. Cf. *Eth. Nicom.*, I, 4, 1096 *b*, 25.

7.

< Etre — ὄν. >

L'Etre se dit de l'être par accident [κατὰ συμβεβηκός] ou de l'être par essence [καθ᾽ αὑτό] [1].

Il est par accident quand, par exemple, nous disons que le juste est musicien, ou que l'homme est musicien ou que le musicien est homme ; de même,
10 quand nous disons que le musicien bâtit, c'est parce que l'architecte est musicien par accident, ou le musicien, architecte par accident ; dire, en effet, « ceci est cela », signifie que ceci est l'accident de cela. De même dans les cas que nous avons mentionnés ; si nous disons, par exemple, que l'homme est musicien et que le musicien est un homme, ou que
15 le blanc est musicien ou que le musicien est blanc, les deux dernières expressions signifient que l'un et l'autre attributs sont accidents du même être, la première expression signifie que l'attribut est accident de l'être, tandis que « le musicien est un homme » signifie que musicien est un accident de l'homme. De même on dit que le non-blanc est, parce que ce dont il est l'accident est. Quand donc un être est dit être par accident un autre, c'est ou bien parce que
20 l'un et l'autre appartiennent au même sujet, lequel est, ou bien parce que le prédicat est un accident du

---

[1] En réalité, Ar. étudie, dans ce chapitre, quatre espèces d'êtres : l'être par accident, l'être par essence, l'être comme vrai (a 31), et l'être comme puissance et acte (a 35).

sujet, lequel est, ou bien enfin parce que le sujet, auquel appartient comme un accident ce dont il est lui-même prédicat, lui-même est[1].

L'Etre par essence reçoit autant d'acceptions qu'il y a de sortes de catégories, car les significations de l'être sont aussi nombreuses que ces catégories. Or, des prédicats, les uns indiquent la substance, d'au- 25 tres, la qualité, d'autres, la quantité, d'autres, la relation, d'autres, l'action ou la passion, d'autres, le lieu, et d'autres, le temps[2]. L'Etre se prend donc dans le même sens que chacun de ces modes. Il n'y a, en effet, aucune différence entre « l'homme est bien portant » et « l'homme se porte bien », ni entre « l'homme est se promenant » ou « coupant » et « l'homme se promène » ou « coupe ». Il en est de même pour les autres cas.   30

« Etre » et « est » signifie encore qu'une proposition est vraie, « n'être pas » qu'elle n'est pas vraie, mais fausse, aussi bien pour l'affirmation que pour la négation[3]. Par exemple « Socrate est musicien » signifie que cela est vrai, et « Socrate est non-blanc » signifie que cela aussi est vrai. Mais « la diagonale du carré n'est pas commensurable avec le côté » signifie qu'il est faux de le dire.   35

Enfin « Etre » et « l'Etre » peuvent signifier aussi, tantôt l'Etre en puissance, tantôt l'Etre en entéléchie 1017 b

---

[1] C'est-à-dire quand le sujet est un accident du prédicat et que le prédicat existe ; « le musicien est un homme », suppose l'existence de l'homme.
[2] La liste des catégories est ici in-

complète. Cf. *Cat.*, 1 b, 25-27 et *Top.*, I, 9, 103 b 20-23.
[3] Sur l'Etre comme vrai, cf. *infra*, E, 4.

des choses dont nous avons parlé : nous appelons, en
effet, « voyant » aussi bien ce qui voit en puissance
que ce qui voit en entéléchie, « savoir » aussi bien la
puissance d'actualiser son savoir que le savoir actua-
5 lisé, et « être en repos » ce qui est déjà en état de
repos comme ce qui peut être en repos. Il en est de
même pour les substances[1]. Nous disons, en effet, que
l'Hermès est dans la pierre, et la demi-ligne dans la
ligne, et nous appelons froment ce qui n'est pas
encore mûr. Mais quand l'Etre est-il en puissance et
quand ne l'est-il pas encore ? C'est ce que nous déter-
minerons ailleurs[2].

8.

< Substance — οὐσία. >

10   « Substance » se dit des corps simples [ἀπλᾶ
σώματα], tels que la Terre, le Feu, l'Eau et toutes
choses analogues[3] ; en général, des corps et de leurs
composés, tant les animaux que les astres [δαιμόνια] ;
et, enfin, des parties de ces corps. Toutes ces choses
sont appelées substances parce qu'elles ne sont pas
prédicats d'un sujet, mais que les autres choses sont
prédicats d'elles. — Dans un autre sens, la substance
15 est la cause immanente de l'existence des êtres d'une

---

[1] Et non pas seulement pour les
attributs (voyant, etc...) dont on
vient de parler.
[2] θ, 9.
[3] Cette expression désigne les différentes espèces du Feu, de l'Eau, de
l'Air et de la Terre (de Coelo, I, 2,
268 b, 27). Elle se retrouve Z, 2,
1028 b, 11 et H, 1, 1042 a, 8, avec la
même signification.

nature telle qu'ils ne sont pas affirmés d'un sujet, par exemple l'âme pour l'animal. — Ce sont aussi les parties immanentes de tels êtres, parties qui les limitent et déterminent leur individualité, et dont la destruction serait la destruction du tout ; telle est, au dire de certains philosophes[1], la surface, pour le corps, et la ligne, pour la surface. Plus généralement, 20 le nombre est considéré, par ces philosophes, comme une substance de cette nature, car, une fois anéanti, il n'y aurait plus rien, et c'est lui qui limiterait toutes choses. — Enfin, la quiddité, exprimée dans la définition, est dite aussi la substance de chaque chose.

Il en résulte que la substance est prise en deux acceptions ; c'est le sujet dernier, celui qui n'est plus affirmé d'aucun autre, et c'est encore ce qui, étant l'individu pris dans son essence, est aussi séparable[2] : de cette nature est la forme ou configuration 25 de chaque être.

9.

< Même, Autre, Différent, Semblable — ταὐτό, ἕτερον, διάφορον, ὅμοιον. >

Le « Même », « Identique », se dit d'abord du même par accident : par exemple, le blanc et le musicien sont identiques, parce qu'ils sont les accidents du

---

même sujet, et aussi l'homme et le musicien, car
l'un est l'accident de l'autre ; et le musicien est un
30 homme, parce que musicien est accident de l'homme.
L'expression complexe est identique à chacun des
deux termes simples, et chacun d'eux, à celle-là, car
et l'homme et le musicien sont identiques à
« homme musicien », et inversement. Le caractère
accidentel de ces identités est la raison pour laquelle
elles ne sont pas affirmées universellement ; en effet,
il n'est pas vrai de dire que tout homme est le même
35 que le musicien, car l'universel est un attribut essen-
1018 a tiel, tandis que l'accident n'est pas essentiel, mais il
est attribué aux individus d'une manière absolue. En
effet, « Socrate » et « musicien » paraissent bien être
identiques ; mais Socrate, n'étant pas l'unité d'une
multiplicité, on ne dit pas « tout Socrate » comme
on dit « tout homme » [1]. — Outre le même dit par
5 accident, il y a le même par soi, en autant de sens
qu'il y en a pour l'Un par soi. Le même par soi se
dit, en effet, des êtres dont la matière est une, soit par
l'espèce, soit par le nombre, aussi bien que des êtres
dont l'essence est une. Il est donc clair que l'identité
est une unité d'être, unité d'une multiplicité d'êtres,
ou unité d'un seul traité comme multiple, quand
on dit, par exemple, qu'une chose est identique à

---

[1] Cf. Bonitz, *Métaph.*, 245 : *Si acci-*
dentalis identitatis praedicatio adhi-
betur in notione universali, restrictio
quaedam addenda est, veluti ἄνθρωπος
τις καὶ τὸ μουσικὸν ταὐτόν ἐστι, *sin ad-*
hibetur in una quadam re, simplici-
ter (ἁπλῶς) *sine tali pronunciatur*
limitatione, Σωκράτης καὶ τὸ μουσικὸν
ταὐτόν ἐστιν.

elle-même : la même chose est alors traitée comme deux.

« Autre » se dit des êtres qui ont pluralité d'espèce, 10 ou de matière, ou de définition de leur substance, et, d'une manière générale, l'autre présente des significations opposées à celles du même.

« Différent » se dit des choses qui, tout en étant autres, ont quelque identité, non pas [1] selon le nombre, mais selon l'espèce, le genre, ou par analogie. Ce terme se dit encore de ce qui est autre par le genre, ou bien des contraires, ou enfin de ce qui a, dans son essence même, son altérité [2].

« Semblable » se dit des choses possédant, sous tous 15 les rapports, les mêmes attributs ; de celles qui ont plus de ressemblances que de différences, et de celles dont la qualité est une. Enfin, ce qui partage, avec une autre chose, le plus grand nombre d'attributs ou les plus importants (chacun d'eux étant un des deux contraires) [3], selon lesquels les choses peuvent être altérées, est semblable à cette autre chose. — Quant au dissemblable, il se prend dans tous les sens opposés au semblable.

---

[1] L. 12, μὴ μόνον = μόνον μή. Cf. ALEX., 378, 30 Hd, BONITZ, Métaph., p. 245.

[2] La différence est une altérité, non pas seulement inhérente à la matière, mais aussi à l'essence. — On pourrait encore comprendre, avec ALEXANDRE,

379, 18 Hd, qu'il s'agit de choses qui tout en n'étant pas contraires, possèdent quelque contrariété : la terre en tant que sèche est contraire à l'eau en tant qu'humide. Cf. Ross, I, 313.

[3] Le chaud et le froid, l'humide et le sec, etc...

10.

< *Opposés, Contraires, Altérité spécifique* —
ἀντικείμενα, ἐναντία, ἕτερα τῷ εἴδει. >

20   « Opposé » se dit de la contradiction, des contraires,
des relatifs ; de la privation et de la possession ; des
extrêmes, *terminus a quo* et *terminus ad quem* des
générations et des corruptions ; et, dans tous les cas
où deux attributs ne peuvent coexister dans le sujet qui
les reçoit, ces attributs sont dits être opposés, soit en
eux-mêmes, soit par leurs éléments. En effet, le gris
et le blanc n'appartiennent pas en même temps au
même sujet ; de là vient que leurs éléments[1] sont
25   opposés.

On nomme contraires ceux des attributs différents
par le genre qui ne peuvent coexister dans un même
sujet, ceux qui diffèrent le plus dans le même genre,
ceux qui diffèrent le plus dans le même sujet qui les
reçoit, ce qui diffère le plus dans ce qui tombe sous
30   la même puissance[2], enfin ce dont la différence est
maxima, soit absolument, soit en genre, soit en
espèce[3]. Les autres choses qui sont contraires sont
ainsi appelées, les unes, parce qu'elles possèdent les
espèces de contraires dont nous venons de parler,
d'autres, parce qu'elles reçoivent des contraires de
cette nature, d'autres, parce qu'elles sont produc-

---

[1] Le blanc et le noir.
[2] C'est-à-dire les objets d'une même science.

[3] Cf. *Cat.*, 6, 6 *a*, 17, 11, 14 *a*, 19 et *infra*, I, 4, 1055 *a*, 6.

trices ou susceptibles de ces contraires, ou qu'elles les produisent ou les subissent actuellement, ou qu'elles sont des pertes ou des acquisitions, des possessions ou des privations de ces contraires. Puisque l'Un et l'Etre sont pris en plusieurs acceptions, il 35 s'ensuit nécessairement que leurs dérivés sont dans le même cas ; telles sont le même, l'autre et le contraire, qui doivent varier selon chaque catégorie.

« Autre selon l'espèce » s'applique aux êtres qui, étant du même genre, ne sont pas subordonnés l'un 1018 b à l'autre, à ceux qui, étant dans le même genre, présentent une différence [1], et à ceux qui ont une contrariété dans leur essence. Il y a aussi altérité selon l'espèce dans les contraires entre eux, soit dans tous les contraires, soit dans ceux qu'on appelle contraires au sens premier du terme [2] ; sont aussi autres selon l'espèce les êtres dont les définitions diffèrent dans la dernière espèce du genre : par exemple, l'homme et 5 le cheval sont indivisibles selon le genre, mais leurs définitions sont différentes. Sont enfin autres par l'espèce, les attributs de la même substance qui ont une différence [3]. — Le même selon l'espèce se dit dans tous les cas opposés.

---

[1] Même s'ils sont subordonnés.
[2] Les contraires visés plus haut a 25-31.
[3] Aucune explication acceptable n'a été donnée de ce passage. Pour ALEXANDRE, il s'agit soit des individus d'une même espèce, soit plutôt des corps qui sont différents sans être contraires (la Terre et l'Eau, par exemple). Ross (I, 316 et note de sa traduction, ad loc.) y voit une référence aux attributs présents dans la même substance, en des temps différents.

11.

< *Antérieur et Postérieur* — πρότερον, ὕστερον [1]. >

« Antérieur » et « postérieur » se disent de certaines
choses (étant posée l'existence d'un objet premier et
10 d'un principe dans chaque genre), à raison de la plus
grande proximité d'un principe, déterminé, soit absolument et par nature, soit par relation à quelque
chose, ou selon le lieu, ou par certaines personnes.
— Par exemple, ce qui est antérieur selon le lieu,
c'est ce qui est plus rapproché, ou d'un lieu déterminé par la nature, comme le milieu ou l'extrémité,
ou d'un objet pris au hasard, et ce qui est plus éloigné est postérieur. — Ce qui est antérieur selon le
15 temps, c'est ce qui est plus éloigné de l'instant actuel
(par exemple, pour le passé, la guerre de Troie est
antérieure aux guerres Médiques, parce qu'elle est
plus éloignée de l'instant présent) ; c'est aussi ce qui
est plus rapproché de l'instant présent, par exemple,
pour l'avenir, les Jeux Néméens sont antérieurs aux
Jeux Pythiques parce qu'ils sont plus près de l'instant actuel, l'instant servant de principe et de point
de départ. — Ce qui est antérieur selon le mou-
20 vement, c'est ce qui est plus rapproché du principe

---

[1] L'antérieur et le postérieur sont
de 4 espèces :
a) L'antérieur défini comme ce qui
est plus rapproché selon le lieu, le
temps, etc... (1018 *b*, 9-29) ;
b) L'antérieur selon la connaissance (ordre logique, ordre sensible)
(30-36) ;
c) L'antérieur en ce qui concerne
les attributs (37-1019 *a*, 1) ;
d) L'antérieur selon la nature et la
substance (1019 *a*, 2), qui est l'antérieur au sens fondamental.

moteur, par exemple l'enfant est antérieur à l'homme fait ; le premier moteur est aussi un principe déterminé absolument. — Ce qui est antérieur selon la puissance, c'est ce qui l'emporte en puissance, ce qui peut davantage. De ce genre est tout être à la volonté duquel obéit nécessairement un autre être, lequel est le postérieur, de telle façon que celui-ci ne puisse se mettre en mouvement, si l'autre ne le meut pas, et qu'il se meuve, si l'autre le meut. La volonté 25 est ici un principe. — Antérieur selon l'ordre se dit des choses placées à certains intervalles par rapport à un objet déterminé, suivant une règle définie : c'est ainsi que le danseur qui suit le coryphée est antérieur au danseur du troisième rang, et que l'avant-dernière corde de la lyre est antérieure à la plus haute ; dans le premier cas, c'est le coryphée qui est principe, dans le second cas, c'est la corde médiane.

Voilà donc une manière d'entendre l'antérieur et le postérieur. Il y en a une autre : c'est l'antérieur 30 selon la connaissance, et cet antérieur est considéré comme étant aussi un antérieur absolu. Mais l'antérieur selon l'ordre logique [κατὰ τὸν λόγον] n'est pas le même que l'antérieur selon l'ordre sensible [κατὰ τὴν αἴσθησιν]. Dans l'ordre logique, c'est l'universel qui est antérieur ; dans l'ordre sensible, c'est l'individuel. De plus, dans l'ordre logique, l'accident est antérieur au tout ; par exemple, le musicien est antérieur à 35 l'homme musicien, car la notion ne peut exister comme un tout sans la partie. Et pourtant musicien ne peut pas exister sans un être qui soit musicien.

Antérieur se dit aussi des attributs des choses
antérieures : par exemple, le droit est antérieur au
1019 a poli, car l'un est un attribut de la ligne comme telle,
et l'autre, un attribut de la surface [1].

Tels sont les différents cas de l'antérieur et du postérieur. Il y a aussi l'antérieur et le postérieur selon
la nature et l'essence ; sont, en ce sens, antérieures
les choses qui peuvent exister indépendamment
d'autres choses, tandis que les autres choses ne peuvent exister sans elles, selon la distinction usitée par
PLATON. Considérons les diverses acceptions de l'Etre :
5 d'abord, ce qui est antérieur, c'est le sujet, aussi
est-ce la substance qui est antérieure ; ensuite, suivant que l'antérieur se dit selon la puissance ou l'entéléchie, il y aura l'antérieur par rapport à la puissance et l'antérieur par rapport à l'entéléchie : par
exemple, en puissance, la demi-ligne est antérieure
à la ligne entière, la partie, au tout, et la matière à la
substance, mais, selon l'entéléchie, ces choses sont
10 postérieures, car c'est seulement après la destruction
du tout, qu'elles seront en entéléchie. — D'une certaine manière, tout ce qui est dit antérieur et postérieur dépend de ce dernier sens [2]. En effet, certaines
choses peuvent, dans l'ordre de la génération, exister
indépendamment des autres choses, par exemple le
tout sans les parties : et d'autres choses le peuvent

---

[1] Or la ligne est antérieure à la surface.

[2] C'est-à-dire l'antérieur et le posté-rieur selon la nature et l'essence (1019 a, 3), ce qui est le sens fonda-mental (les l. 5-11 sont une sorte de parenthèse).

aussi, dans l'ordre de la corruption, par exemple la
partie sans le tout [1]. Et il en est de même pour tous les
autres sens d'antérieur.

12.

< *Puissance, capable — Impuissance, incapable —*
δύναμις, δυνατόν — ἀδυναμία, ἀδύνατον[2]. >

On appelle « puissance » le principe du mouvement 15
ou du changement, qui est dans un autre être ou
dans le même être en tant qu'autre [ἐν ἑτέρῳ ἢ ᾗ ἕτερον].
Par exemple, l'art de bâtir est une puissance qui ne
réside pas dans la chose construite ; au contraire,
l'art de guérir, qui est une puissance, peut se trouver
dans l'homme guéri, mais non en tant que guéri.
Puissance signifie donc le principe, en général, du
mouvement ou du changement dans un autre être,
ou dans le même être en tant qu'autre. — C'est aussi
la faculté d'être changé ou mû par un autre être, ou
par soi-même en tant qu'autre. En vertu de ce prin- 20
cipe, en effet, c'est le pouvoir, pour un patient, de
subir une modification : ainsi, tantôt nous disons que
le patient a le pouvoir de recevoir une modification
quelconque, tantôt qu'il ne peut pas éprouver toute
espèce de modification, mais seulement dans le sens

---

[1] En effet, pour l'antériorité du
tout aux parties, dans la génération,
*quando jam totum generatum est,
partes non sunt in actu, sed in po-
tentia.* De même, en ce qui concerne
l'antériorité des parties au tout dans
la corruption, *quando est jam totum
corruptnm et dissolutum in partes.*
(Saint Thomas, *Comm.*, p. 302, n.
953.)

[2] Cf. θ.

du meilleur. — Puissance se dit encore de la faculté
de mener quelque chose à bonne fin ou de l'accomplir librement ; car parfois nous disons de ceux qui
seulement marchent ou parlent, mais qui ne le font
25 pas bien ou ne le font pas librement, qu'ils n'ont pas
la puissance de parler et de marcher. — Il en est de
même au sens passif. — De plus, tous les états suivant
lesquels les choses sont absolument impassibles, ou
inchangeables, ou ne peuvent que malaisément changer dans le sens du pire, sont appelés des puissances ;
les choses sont, en effet, brisées, broyées, courbées,
en un mot détruites, non pas en vertu d'un pouvoir,
30 mais faute d'un pouvoir et par un manque de quelque chose, et les choses sont impassibles à l'égard de
modifications de cette nature, si elles ne peuvent en
être affectées qu'avec peine et légèrement, à raison de
leur puissance, de leur pouvoir, de leur état particulier.

Telles étant les diverses acceptions de puissance,
puissant, capable se dira de même, dans un premier
sens, de ce qui a le principe du mouvement ou du
changement en général (car ce qui peut produire le
repos [τὸ στατικόν]est aussi quelque chose de puissant),
35 soit dans un autre être, soit dans le même être en tant
qu'autre : dans un second sens, puissant se dit de ce
1019 b sur quoi quelque autre être a une puissance de ce
genre ; dans un autre sens encore, puissant signifie
la faculté de changement en une chose quelconque,
soit dans le sens du meilleur, soit dans le sens du
pire (car ce qui périt a aussi, semble-t-il, la puis-

sance de périr ; il n'aurait pas été détruit s'il n'avait
pas eu la puissance de l'être, mais il faut bien que
réside présentement en lui une certaine disposition,
une cause, un principe, pour une telle modification. 5
On semble donc puissant, tantôt par le fait de posséder quelque chose, tantôt par le fait d'être privé de
quelque chose. Mais si la privation est elle-même une
sorte de possession, on sera, dans tous les cas, puissant en vertu d'une possession ; de sorte que la puissance consiste dans la possession d'un certain état,
d'un certain principe, comme aussi dans la possession de la privation de cet état, s'il est possible de
posséder une privation. Si la privation n'est pas une 10
sorte de possession, puissant est alors employé en
deux sens distincts[1]) ; dans un autre sens, un être est
puissant en ce que la puissance, ou le principe de sa
destruction ne se rencontre ni dans un autre être,
ni en lui-même en tant qu'autre. — Enfin tous ces
êtres sont capables, soit simplement, parce qu'une
chose peut arriver ou ne pas arriver, soit parce qu'elle
peut arriver ou ne pas arriver bien. C'est une puissance de cette sorte qui se manifeste dans les êtres
inanimés, tels que les instruments ; on dit, par
exemple, d'une lyre, qu'elle est en puissance de rendre des tons, et d'une autre lyre qu'elle n'a pas cette
puissance, si elle n'est pas harmonieuse.   15

---

[1] Texte altéré. Pour toute cette parenthèse, nous avons suivi la leçon
de Ross (I, p. 321), établie d'après
ALEXANDRE (392, 10 Hd) et qui donne
un sens satisfaisant. — Le texte de
Ross ne diffère d'ailleurs que légèrement de celui de CHRIST : l. 8, Ross
supprime ὁμωνύμως δὲ λεγόμενον τὸ ὄν,
et, l. 10, il ajoute, après στέρησιν, εἰ
δὲ μή, ὁμωνύμως.

L'impuissance est la privation de la puissance, le défaut d'un principe comme celui qui a été défini, soit absolument, soit pour un être qui devrait naturellement le posséder, ou encore dans le temps où il devrait naturellement le posséder déjà. Nous ne dirions pas, en effet, dans un même sens, que l'enfant, l'homme fait et l'eunuque sont impuissants à engendrer. — De plus, à chaque sorte de puissance
20 correspond une impuissance opposée, tant à la puissance simplement motrice qu'à celle qui produit le Bien. Impuissant, incapable [ἀδύνατον] se dit d'abord de l'impuissance de ce genre, mais, en un autre sens, c'est le possible et l'impossible. L'impossible est ce dont le contraire est nécessairement vrai ; par exemple, il est impossible que le rapport de la diagonale au côté du carré soit commensurable, car une
25 telle proposition est fausse, et son contraire est non seulement vrai, mais encore nécessaire : la diagonale est incommensurable. Donc la commensurabilité non seulement est fausse, mais elle est nécessairement fausse. Le contraire de l'impossible, le possible, est ce dont le contraire n'est pas nécessairement faux ; par exemple, il est possible que l'homme soit assis, car il
30 n'est pas nécessairement faux qu'il ne soit pas assis. Le possible, en un sens, comme il a été dit, signifie donc ce qui n'est pas nécessairement faux ; en un autre sens, c'est ce qui est vrai ; ou, enfin, ce qui peut [ἐνδεχόμενον][1] être vrai. — C'est par métaphore qu'en

---

[1] Sur une prétendue différence entre ἐνδεχόμενον (le contingent) et δυνατόν (le possible), cf. HAMELIN, le Syst. d'Ar., p. 193, note.

Géométrie, on parle de « puissance ». — Ces sens de
capable, ou possible, ne se rapportent pas à la puissance, mais les sens qui se rapportent à la puissance 35
se rapportent tous à la première espèce de puissance,
savoir le principe du changement dans un autre être, 1020 a
ou dans le même être en tant qu'autre. Les autres
choses, en effet, sont dites puissantes, les unes, parce
qu'un autre être a sur elles une puissance de ce genre,
d'autres, au contraire, parce qu'elles ne subissent
point ce pouvoir, d'autres enfin parce qu'elles le subissent en un sens déterminé. — De même pour les
choses dites impuissantes. — La définition fondamentale de la première espèce de puissance est donc 5
bien : un principe du changement dans un autre
être ou dans le même être en tant qu'autre.

13.

< Quantité — ποσόν. >

« Quantité » se dit de ce qui est divisible en deux ou
plusieurs éléments intégrants, dont chacun est, par
nature, une chose une et déterminée. Une multiplicité
[πλῆθος] est une quantité, si elle est nombrable, une
grandeur [μέγεθος], si elle est mesurable. On appelle
multiplicité ce qui est, en puissance, divisible en par- 10
ties non continues, et grandeur, ce qui est divisible
en parties continues. La grandeur continue dans une
seule dimension est la longueur, dans deux dimension, la largeur, et dans trois dimensions, la profon-

deur. Une multiplicité finie c'est un nombre, une longueur finie, c'est une ligne, une largeur finie, une surface, et une profondeur finie, un corps.

En outre, on distingue la quantité par soi et la
15 quantité par accident : par exemple, la ligne est une quantité par soi, le musicien, une quantité par accident[1]. — Parmi les êtres qui sont des quantités par soi, les uns le sont comme des substances, par exemple la ligne est une quantité (car quelque quantité entre dans la définition exprimant l'essence de la ligne); d'autres le sont comme des déterminations
20 et des états de cette espèce de substance, par exemple le beaucoup et le peu, le long et le court, le large et l'étroit, le haut et le bas, le lourd et le léger, et autres modes de ce genre. Le grand et le petit, le plus et le moins, considérés tant en eux-mêmes que dans leurs relations mutuelles, sont aussi des modes essentiels
25 de la quantité ; mais, par métaphore, on applique aussi ces noms à d'autres objets non quantitatifs. — La quantité par accident s'entend, tantôt dans le sens où nous avons dit que le musicien et le blanc sont des quantités, c'est-à-dire parce que ce à quoi ils appartiennent est une quantité, tantôt dans le sens où le mouvement et le temps sont des quantités : on dit, en effet, que le mouvement et le temps sont des quantités, et des quantités continues, à raison
30 de la divisibilité des êtres dont ils sont les attributs ; j'entends la divisibilité, non pas de l'être en mou-

---

[1] Cf. infra, 26.

vement [τὸ κινούμενον], mais de l'espace que son mouvement a parcouru [ὃ ἐκινήθη][1] ; c'est, en effet, parce
que l'espace est quantité que le mouvement est aussi
quantité, et c'est parce que le mouvement est quantité que le temps est quantité.

14.

< Qualité — ποιόν. >

La qualité se dit, en un premier sens, de la différence de l'essence [διαφορὰ τῆς οὐσίας][2] ; par exemple,
l'homme est un animal qui a la qualité d'être bipède,
le cheval a la qualité d'être quadrupède, le cercle est
une figure qui a pour qualité d'être sans angle, ce 35
qui montre que la différence selon l'essence est bien
une qualité. Tel est le premier sens de qualité : la 1020 b
différence de l'essence. — En un autre sens, la qualité se dit des choses mathématiques immobiles[3],
c'est le sens dans lequel les nombres ont une certaine
qualité : par exemple les nombres composés[σύνθετοι],
non pas ceux qui n'ont qu'une seule dimension,
mais ceux dont la surface et le solide sont des copies 5
(c'est-à-dire les nombres qui sont les produits de
deux facteurs [ποσάκις ποσοί] ou ceux qui sont les produits de trois facteurs [ποσάκις ποσάκις ποσοί])[4]; et, en

---

1 ὃ ἐκινήθη = ὃ διῆλθε τὸ κινούμενον.
2 ἡ διαφορὰ τῆς οὐσίας, sive ἡ διαφορὰ
ἡ κατὰ τὴν οὐσίαν, i. e. ea differentia
specifica, per quam si determinaveris
genus proximum, notio substantialis

rei (ἡ οὐσία, sive τὸ τί ἦν εἶναι) defi-
nita est (BONITZ, Métaph., 258)
3 La partic. καί, l. 3, est explétive
4 Cf. BONITZ, Métaphys., 258 : Quum
in duos vel impares vel pares dirimun-
tur factores (6 = 2 × 3, 9 = 3 × 3),

général, ce qui, dans l'essence du nombre, est en
dehors de la quantité, est qualité, car l'essence de
chaque nombre est ce qu'il est une fois [ἅπαξ] : six,
par exemple, n'est pas deux fois ou trois fois un
nombre, mais une fois, car six est une fois six. —
La qualité se dit encore des propriétés des substances
en mouvement, comme la chaleur et la froidure, la
10 blancheur et la noirceur, la pesanteur et la légèreté,
et autres propriétés de ce genre, en vertu desquelles,
quand elles changent, les corps sont dits subir une
altération. — Enfin, la qualité s'applique à la vertu
et au vice, et, en général, au mal et au bien.

On pourrait donc, sans doute, ramener les différents sens de la qualité à deux principaux, dont l'un
est le sens le plus propre. La qualité première, en
15 effet, est la différence de l'essence, et la qualité dans
les nombres en est une variété, car c'est une différence d'essences, mais d'essences non mobiles, ou
non prises en tant que mobiles. Dans le second sens,
figurent les déterminations des êtres mobiles en tant
que mobiles, et les différences des mouvements. La
vertu et le vice font, en quelque manière, partie de
ces modes, car ils manifestent des différences de
20 mouvement ou d'activité d'après lesquelles les êtres
en mouvement accomplissent, ou éprouvent, le bien
ou le mal, car ce qui peut être mû, ou agir, de telle
manière est bon, et ce qui peut être mû ou agir

---

rectangulorum vel quadratorum ad-
sumunt qualitatem ; similiter ubi e
tribus factoribus putari possunt orti
esse, parallelepipedorum et cuborum
referunt speciem.

d'une autre manière, d'une manière contraire, est
mauvais. C'est surtout dans les être animés que le
bien et le mal signifient la qualité, et, parmi ces
êtres, principalement dans ceux qui sont doués du
libre choix.   25

15.

< Le Relatif — πρός τι. >

« Relatif » se dit, d'une part, comme du double à
la moitié, du triple au tiers, et, en général, de ce
qui est plusieurs fois une autre chose à ce qui est
contenu plusieurs fois dans une autre chose, et aussi
de l'excès [ὑπερέχον] au défaut [ὑπερεχόμενον] ; —
d'autre part, comme de ce qui peut échauffer à ce
qui peut être échauffé, de ce qui peut couper à ce
qui peut être coupé, et, d'une manière générale, de   30
l'actif au passif. — Le relatif est aussi le rapport du
mesuré à la mesure, du connaissable à la science, du
sensible à la sensation[1].

Les relations de la première espèce sont des relations numériques, indéterminées [ἁπλῶς], ou déterminées soit par rapport aux nombres eux-mêmes,
soit par rapport à l'unité. Par exemple, le double
[διπλάσιον] est dans une relation numérique déterminée avec l'unité, tandis que le multiple [πολλαπλάσιον]

---

[1] Plan nettement indiqué. Les différentes espèces de relatifs seront étu-
diées respectivement 1020 b 32, 1021 a
14 et 1021 a 28.

est dans une relation numérique avec l'unité, mais
35 non déterminée : ce peut être telle ou telle relation.
1021 a — La relation du sesquialtère au sous-sesquialtère
[ἡμιόλιον¹, ὑφημιόλιον] est une relation déterminée par
rapport à un nombre, la relation de superpartiel à
sous-superpartiel [ἐπιμόριον, ὑπεπιμόριον]² est indéterminée, comme la relation du multiple avec l'unité.
— La relation de l'excès au défaut est une relation
numérique totalement indéterminée, car tout nombre
entier est commensurable, mais pour les grandeurs
5 incommensurables, aucun nombre ne peut les expri-
mer³ ; l'excès par rapport au défaut, c'est, en effet,
autant que le défaut, plus quelque chose : ce quelque
chose est indéterminé, car il peut indifféremment se
trouver, ou égal, ou inégal au défaut. — Toutes ces
relations sont donc des relations numériques et des
déterminations du nombre, comme aussi, mais d'une
autre manière, l'égal, le semblable et le même. En
10 effet, il y a l'Un sous chacun de ces modes : le même,
c'est ce dont la substance est une ; le semblable, ce
dont la qualité est une ; l'égal, ce dont la quantité

---

¹ *Sesquialterum* = $1\,^1/_2$. — C'est la
relation de la moitié en sus à l'entier
plus sa moitié.
² L'ἐπιμόριον (*superpartiens, super-
particulare*) est un nombre contenant
l'unité, plus une fraction ayant 1 pour
numérateur. L'ὑπεπιμόριον (*suppar-
tiens, subparticulare*) est un nombre
diminué d'une certaine quantité. C'est
la relation d'une partie en plus de
l'unité à une partie en moins
$$\left(\frac{n+1}{n} \text{ et } \frac{n}{n+1}, \ \frac{4}{3} \text{ et } \frac{2}{3}\right).$$
Cf. Bonitz, *Métaphys.*, 260.

³ Ce membre de phrase est très difficile. Le texte présente de nombreuses
variantes. Nous avons adopté la correction d'Apelt qui permet de donner
un sens satisfaisant. Nous lisons donc:
ὁ γὰρ ἀριθμὸς σύμμετρος , κατὰ μὴ
συμμέτρων δὲ ἀριθμὸς οὐ λέγεται. Pour
le sens, cf Ross, I, 329. Cf. aussi
Robin, *la Th. Platon.*, p. 658, note
261 ⁴⁰.

est une. Or l'Un est le principe et la mesure du
nombre. On peut donc dire que toutes ces relations
sont des relations numériques, mais non dans le
même sens.

La relation de l'actif au passif est relation de la
puissance active, ou passive, et des actes de ces puis- 15
sances ; par exemple, il y a relation de ce qui peut
échauffer à ce qui peut être échauffé, parce qu'il y
a puissance en ce qui peut échauffer ; il y a également relation de ce qui échauffe à ce qui est échauffé,
de ce qui coupe à ce qui est coupé, mais relation
d'êtres en acte. Pour les relations numériques, au
contraire, il n'y a pas d'actes, à moins qu'on n'en-
tende par là les propriétés dont nous avons parlé
ailleurs[1]; mais il n'y a pas d'actes dans le sens de 20
mouvement. — Quant aux relations selon la puissance, il y en a qui impliquent en outre la notion
de certaines périodes de temps : par exemple, la
relation de ce qui a fait à ce qui a été fait, de ce qui
fera à ce qui sera fait ; c'est ainsi que le père est dit
père de son fils, car l'un a fait et l'autre a subi
l'action d'une certaine manière. — Il y a enfin la
relation selon la privation de puissance, comme 25
l'impossible et autres notions de même nature, l'invisible, par exemple.

Toute chose dite relative numériquement, ou selon

---

[1] Peut-être le περὶ ἰδεῶν. Sur le sens
de ce passage, cf. Ross, I, 329. Les
relations numériques, latentes dans la
matière (le marbre, par exemple), passent à l'acte d'une certaine manière,
quand la matière elle-même s'actua-
lise (quand le marbre devient Hermès).

la puissance, est donc relative en ce sens que son
essence même peut seulement être définie par rapport à une autre chose, et non parce que quelque
autre chose est relative à elle ; — par contre, le mesurable, le connaissable, le pensable sont dits rela-
30 tifs, au contraire, en ce qu'autre chose est relative
à eux[1]. Le pensable signifie, en effet, qu'il y a pensée de lui possible, mais la pensée n'est pas relative
à ce dont elle est pensée, car ce serait répéter deux
fois la même chose. De même la vue est vue de quelque objet, non de ce dont elle est la vue (bien qu'en
1021 b un sens il soit vrai de parler ainsi), mais elle est
relative à la couleur ou à quelque autre chose de ce
genre ; autrement, on répéterait deux fois la même
chose, savoir que la vue est la vue de ce dont elle
est la vue[2].

Les choses appelées relatives par elles-mêmes le
sont, tantôt comme celles dont nous venons de parler, tantôt parce que leurs genres sont relatifs de
5 cette manière ; par exemple, la médecine rentre
dans les relatifs, parce que son genre, la science, se
range, semble-t-il, dans les relatifs. Sont encore rela-

---

[1] Autrement dit, la mesure, la
science, la pensée sont relatives à
l'objet. Sur le réalisme d'AR. dans ce
passage, cf. SAINT THOMAS, *Comm.*, p.
320, n. 1026, notamment : *Scibile
enim dicitur aliquid, propter hoc,
quod habetur scientia de ipso.*
[2] AR. veut dire qu'à la différence
des relatifs de nombre ou de puissance, l'être du mesurable, du pensable et du connaissable n'est pas
tout entier dans sa relation. L'essence du double est d'être le double
de la moitié, mais l'essence du pensable possède une nature propre, in-
dépendante de sa relation avec la
pensée. Prétendre le contraire et dire
« la pensée est la pensée de ce dont
elle est pensée » (comme on dirait
« le double est le double de sa moitié »), ce serait commettre une tautologie et anéantir l'objet réel. Il faut
donc dire : « la pensée est pensée de
tel objet ». Mais l'objet n'est pas
relatif à la pensée.

tives par elles-mêmes les notions en vertu desquelles
les êtres qui les possèdent sont dits relatifs : par
exemple, l'égalité à raison de l'égal, et la similitude
à raison du semblable. — Il y a enfin le relatif par
accident : ainsi l'homme est relatif parce qu'il lui
arrive accidentellement d'être double de quelque
chose, et que le double est un relatif; le blanc peut 10
être aussi relatif, si le même être est, par accident,
double et blanc.

16.

< *Parfait* — τέλειον. >

« Achevé », « parfait », se dit d'abord de ce en dehors de quoi il n'est pas possible de saisir aucune
partie de la chose, pas même une seule. Par exemple,
le temps de chaque chose est achevé, lorsqu'en
dehors de ce temps, il n'est pas possible d'appréhender quelque temps qui soit une partie propre de ce
temps. — Parfait, se dit ensuite de ce qui, sous le
rapport de l'excellence et du bien, n'est pas surpassé 15
dans le genre envisagé : ainsi on dit « un médecin
parfait » et « un joueur de flûte parfait », quand il
ne leur manque aucune des qualités propres à leur
art. Par métaphore, cette qualification s'applique
même à ce qui est mauvais : nous disons « un parfait sycophante », « un parfait voleur »; nous leur don-
nons d'ailleurs aussi la qualité de bons : par exemple,
nous disons « un bon voleur », « un bon sycophante ». 20

L'excellence d'un être est aussi un achèvement : chaque être, en effet, est parfait, toute essence est parfaite, quand, envisagée dans la forme de son excellence propre, il ne lui manque aucune des parties qui constituent naturellement sa grandeur. — Les choses qui ont atteint leur fin[1], leur fin louable, sont aussi appelées parfaites, car avoir atteint sa fin

25 c'est être parfait [τέλος, τέλειον]. Et, comme la perfection est un point extrême, on applique métaphoriquement ce terme aux choses mauvaises, et l'on dit « cela est parfaitement perdu, parfaitement détruit », lorsqu'il ne manque rien à la destruction et au mal, et qu'ils sont arrivés au dernier degré. C'est pourquoi aussi, la mort est appelée, par métaphore, du nom de « fin », parce que l'une et l'autre sont des termes extrêmes. Mais la cause finale et dernière est

30 aussi une fin. — Ce qui est dit parfait par soi est donc appelé ainsi en tous ces sens : tantôt, au point de vue du bien, c'est ce à quoi il ne manque rien, ce qui ne peut être surpassé, et ne présente, en dehors de soi, aucune partie ; tantôt, d'une manière générale, c'est ce qui ne peut être surpassé dans chaque genre et n'a aucune partie en dehors de soi. Les

1022 a autres choses enfin sont parfaites en vertu des espèces précédentes, ou parce qu'elles produisent la perfection, ou qu'elles la possèdent, ou qu'elles sont en harmonie avec elle, ou que, d'une manière quel-

---

[1] Conformément aux suggestions de Ross, I, 332, nous modifions légèrement le texte (σπουδαῖον ‹δ›) pour rendre la pensée d'Ar. intelligible. Cf. dans le même sens, ALEX., 411, 21 Hd.

conque, elles soutiennent un rapport avec le parfait proprement dit.

17.

< Limite — πέρας. >

« Limite » se dit de l'extrémité de chaque chose, c'est-à-dire du premier point au delà duquel il n'est plus possible de rien appréhender de la chose, et du premier point en deçà duquel est son tout. — C'est aussi la forme, qu'elle soit de la grandeur, ou de ce qui a grandeur, — et la fin de chaque chose, c'est-à-dire le *terminus ad quem* du mouvement et de l'action, et non le *terminus a quo*; quelquefois cependant on donne également ce nom au *terminus a quo* et au *terminus ad quem*, c'est-à-dire à la cause finale. La limite est aussi la substance formelle de chaque être et sa quiddité, car c'est la limite de la connaissance et, comme limite de la connaissance, c'est aussi la limite de la chose. — Il en résulte évidemment que 10 limite a autant d'acceptions que principe, et même davantage : le principe est une limite, mais la limite n'est pas toujours un principe.

18.

< Le en quoi, le par quoi, le pourquoi — τὸ καθό. >

Le « en quoi », le « par quoi », le « pourquoi » reçoit plusieurs acceptions. — Dans un premier

15 sens, c'est la forme et la substance de chaque chose :
par exemple, ce par quoi l'homme bon est bon,
c'est le Bien-en-soi ¹. — Dans un autre sens, c'est le
sujet premier et naturel d'un attribut, telle la surface pour la couleur. « En quoi », dans son acception première, c'est donc la forme, et, dans un sens
dérivé, c'est comme la matière de chaque chose, son
sujet prochain. — En général, ce terme reçoit toutes
les acceptions du mot « cause ». On dit, en effet, in-
20 différemment : pourquoi est-il venu? ou bien : dans
quel but est-il venu? pourquoi a-t-on fait un paralogisme ou un syllogisme? ou : quelle est la cause du
syllogisme ou du paralogisme? — « Pourquoi » se
dit encore de la position [θέσις]: pourquoi on est de-
bout, ou pourquoi on marche, car, dans tous ces cas,
on signifie la position et le lieu.

Il en résulte que le « par soi » [καθ᾿ αὑτό] se prend
25 aussi nécessairement en plusieurs sens. D'une part,
« par soi » signifie la quiddité de chaque être ; par
exemple Callias par soi, c'est Callias et la quiddité
de Callias. — En outre, il exprime tout ce qui se
trouve dans l'essence ; par exemple Callias est, par
soi, « animal », car, dans la définition de Callias,
entre « animal » : Callias est quelque animal. —
« Par soi » se dit aussi de l'attribut que le sujet reçoit
30 en lui directement, ou dans l'une de ses parties :
ainsi la surface est blanche par soi ², et l'homme est
vivant par soi, car l'âme, dans laquelle la vie réside

---

¹ Influence de PLATON.   ² Cf. *infra*, Z, 4, 1029 *b*, 17.

immédiatement, est une partie de l'homme. — Ce terme se dit encore de ce qui n'a pas de cause autre que soi : l'homme, en effet, a plusieurs causes formelles, l'animal et le bipède; cependant l'homme est homme par soi. — Il se dit enfin de tout attribut qui appartient à un seul sujet en tant que seul : c'est 35 pourquoi ce qui est séparé est par soi [1].

19.

< Disposition — διάθεσις. >

« Disposition » s'entend de l'ordre de ce qui a des 1022 b parties, selon le lieu, la puissance ou la forme. Il faut bien, en effet, qu'il y ait là une certaine position, comme l'indique le mot même de « disposition ».

20.

< État, manière d'être — ἕξις. >

État, en un sens, est comme l'acte de celui qui a et de ce qu'il a, quelque chose comme une action 5 ou un mouvement ; car, entre l'artiste et son œuvre s'insère la création [2]. Ainsi, entre l'homme qui porte

---

[1] Texte altéré, qui présente de nombreuses variantes. Nous suivons l'interprétation de SAINT THOMAS, Comm., p. 328, nº 1057. Cf. aussi Ross, I, 334, dont l'explication paraît forcée. De toute façon, la pensée d'AR. demeure obscure.

[2] Sur ce passage, cf. SAINT THOMAS, Comm., p. 330, nº 1062. Habitus... est aliquid medium inter habentem et habitum. Habere enim, licet non sit actio, significat tamen per modum actionis... Habitus esse medius et quasi actio quaedam intelligitur ;

un vêtement et le vêtement porté, il y a un intermédiaire, le port du vêtement. Il est clair que, selon
cette première signification, l'état ne peut lui-même
avoir un état, car on irait à l'infini, s'il était possible que l'état fût l'état d'un état. — En un autre
10 sens, état se dit d'une disposition [1], situation bonne
ou mauvaise d'un être, ou par soi, ou par rapport
à un autre ; par exemple, la santé est un état, car
c'est une disposition de cette sorte. — Enfin, état
s'applique à une partie d'une telle disposition ; c'est
pourquoi l'excellence des parties d'une chose est un
état de la chose entière.

21.

< Affection — πάθος. >

15 Affection se dit d'abord de la qualité suivant laquelle un être peut être altéré, par exemple le blanc et
le noir, le doux et l'amer, la pesanteur et la légèreté,
et autres qualités du même genre. — En un autre
sens, c'est l'acte de ces qualités, et les altérations déjà
accomplies. — On entend aussi par là, particulièrement, les altérations et les mouvements nuisibles et
20 surtout les dommages fâcheux. — Enfin on appelle
affections de grandes et cruelles infortunes.

---

sicut calefactio intelligitur esse media inter calefactum et calefaciens.

[1] Mais l'ἕξις est permanente, tandis que la διάθεσις ne l'est pas.

22.

< *Privation* — στέρησις. >

Privation se dit, en un sens, quand un être n'a pas un des attributs qu'il est naturel de posséder, même sans que le sujet lui-même soit fait pour le posséder ; par exemple, on dit qu'une plante est privée d'yeux. — En un autre sens, il y a privation pour un être, lorsque cette qualité devant naturellement se trouver en lui, ou dans son genre, il ne la possède cepen- 25 dant pas : ainsi, c'est tout autrement que l'homme aveugle et la taupe sont privés de la vue : pour la taupe, la privation est contraire au genre animal, pour l'homme, elle est contraire à sa propre nature normale. — Il y a encore privation quand un être, devant naturellement, et dans le temps même, posséder une qualité, ne l'a pas ; la cécité, en effet, est une privation, mais on ne dit pas qu'un être est aveugle à tout âge, mais seulement si, à l'âge où il devrait avoir naturellement la vue, il ne la possède pas. De même encore, un homme est appelé aveugle s'il n'a pas la vue, dans le milieu requis, 30 par rapport à l'organe intéressé, eu égard à l'objet, et dans les circonstances où il devrait naturellement l'avoir [1]. — La suppression violente de quelque chose s'appelle encore privation.

En vérité, toutes les négations affectées par l'α

---

[1] C'est la véritable privation.

privatif expriment autant d'espèces de privations. Un
être, en effet, est dit inégal, quand il ne possède
point l'égalité qui lui est naturelle ; invisible, quand
35 il est absolument sans couleur ou faiblement coloré;
apode, quand il n'a pas de pieds du tout ou qu'ils
sont insuffisants. Il y a aussi privation d'une chose,
quand elle se trouve en petite quantité : ainsi un
1023 a fruit sans noyau, pour un fruit qui n'a qu'un noyau
insuffisant[1] ; ou encore quand une chose se fait difficilement ou mal : insécable, par exemple, signifie
non seulement ce qui ne peut être coupé, mais aussi
ce qui se coupe difficilement ou mal. Enfin, la privation est le manque absolu : on n'appelle pas
aveugle celui qui n'y voit que d'un œil, mais celui
5 qui ne voit ni d'un œil, ni de l'autre. Ainsi, tout
être n'est pas bon ou méchant, juste ou injuste, mais
il y a aussi un état intermédiaire.

23.

< *Avoir* — ἔχειν. >

« Avoir » se prend en plusieurs sens[2]. En un premier sens, c'est conduire une chose suivant sa propre
nature, ou suivant sa propre tendance. On dit, par
10 exemple, que la fièvre « a » l'homme, les tyrans, leurs

---

[1] Cf. *de An.*, II, 10, 422 a 27.
[2] Le verbe ἔχειν ayant, en grec,
une foule de significations, nous
avons dû employer des synonymes

qui n'ont aucune relation avec lui.
Nous espérons toutefois que le sens
général ne s'en trouve pas altéré.

cités, et les gens habillés, leur vêtement. — En un autre sens, ce en quoi une chose réside comme dans un réceptacle est dite avoir la chose : l'airain « a » la forme de la statue, le corps « a » la maladie. C'est encore comme le contenant par rapport au contenu, car on peut dire qu'une chose est renfermée par ce en quoi elle est comme dans un contenu : c'est ainsi 15 que nous disons que le vase « contient » le liquide, la ville, les hommes, et le vaisseau, les matelots. De même le tout « renferme » les parties. — Ce qui empêche un être de se mouvoir ou d'agir selon sa tendance est dit aussi « retenir » cet être : ainsi, les colonnes « soutiennent » les masses qui les surmontent, et les poètes [1] font Atlas soutenir le Ciel, sans quoi il 20 tomberait sur la Terre, suivant le système aussi de quelques physiologues [2]. C'est encore dans le même sens que l'on applique ce terme à ce qui réunit les objets, sinon ils se sépareraient, chacun suivant sa force propre. — Enfin « être dans quelque chose » a des significations semblables et correspondantes à « avoir ». 25

24.

< Provenir de — ἐκ τινος εἶναι. >

« Provenir de », « venir de », se dit d'abord de ce dont une chose est faite, comme d'une matière ; ce

---

[1] Hésiode, Théog., 517.   [2] Empédocle, selon Alexandre.

premier sens peut être envisagé lui-même de deux
façons : selon le genre premier, ou selon l'espèce dernière ; par exemple, pour le premier cas, comme
tous les fusibles proviennent de l'eau, et pour le second, comme la statue provient de l'airain. — En
un autre sens, « provenir de » se dit comme du pre-
30 mier principe moteur : ainsi, d'où vient le combat ?
de l'insulte, parce que l'insulte a été l'origine du
combat. — C'est encore provenir du composé de la
matière et de la forme : par exemple, les parties proviennent du tout, le vers, de l'*Iliade*, et les pierres,
de la maison ; en effet, la forme est la fin, et seulement ce qui atteint une fin est parfait. — En un
autre sens, « provenir de » se dit comme la forme
35 provient de sa partie : ainsi l'homme vient du bipède,
et la syllabe en général, de la lettre en général, mais
non de la même manière que la statue vient de l'ai-
1023 *b* rain, car la substance composée vient de la matière
sensible, mais la forme vient de la matière de la
forme [1]. — Il y a donc des choses qui sont dites « provenir de » en ces différents sens ; il y en a d'autres
qui sont dites « provenir de », si l'un de ces sens est
applicable à une partie de la chose dont elles procèdent : c'est ainsi que l'enfant provient du père et
de la mère, et les plantes, de la terre, parce qu'ils
5 viennent d'une certaine partie de ces êtres [2]. — En

---

[1] La *matière de la forme* signifie
les éléments entrant dans la définition de la forme. Cf. SAINT THOMAS,
Comm., p. 337, n. 1088 et 1089.

[2] A savoir, pour le père, la semence, et pour la mère, les mens-
trues.

un autre sens, cette expression marque la succession
dans le temps : ainsi, la nuit vient du jour, et la
tempête, du calme, parce que l'un vient après l'autre.
Dans ces cas, tantôt il y a changement réciproque,
comme dans nos derniers exemples, tantôt il y a
seulement succession invariable dans le temps ; par
exemple, on est parti « de » l'équinoxe pour naviguer,
c'est-à-dire on est parti après l'équinoxe ; les Thar-   10
gélies viennent « des » Dionysiaques, c'est-à-dire
après les Dionysiaques.

25.

< Partie — μέρος. >

« Partie » se dit, dans un premier sens, de ce en
quoi une quantité peut, d'une certaine manière, être
divisée. Toujours, en effet, ce qui est retranché d'une
quantité en tant que quantité est appelé partie de
cette quantité ; ainsi deux peut être pris comme une
partie de trois. En un sens différent, partie signifie   15
seulement celles de ces parties qui mesurent le tout ;
aussi deux, à un point de vue, sera-t-il partie de
trois, mais non à un autre point de vue. — En outre,
ce en quoi la forme peut se diviser, abstraction faite
de la quantité, est appelé partie de cette forme ; c'est
pourquoi on dit que les espèces sont les parties du
genre. — Partie se dit aussi de ce en quoi se divise
un tout, ou de ce qui constitue le tout, le tout signifiant la forme ou ce qui a la forme ; de la sphère   20

d'airain, par exemple, ou du cube d'airain, l'airain
est une partie, car il est la matière dans laquelle la
forme est engagée ; l'angle[1] est aussi une partie. —
Enfin les éléments de la définition qui exprime chaque être sont aussi des parties du tout : c'est pourquoi
le genre peut être considéré aussi comme une partie
de l'espèce, quoique, en un autre sens, ce soit l'es-
25 pèce qui est une partie du genre.

26.

< Tout — ὅλον. >

Un tout s'entend de ce à quoi ne manque aucune
des parties qui sont dites constituer naturellement
un tout. — C'est aussi ce qui contient les composants
[τὰ περιεχόμενα]de telle sorte qu'ils forment une unité.
Cette unité est de deux sortes : ou bien en tant que les
composants sont chacun une unité [ὡς ἕκαστον ἕν], ou
bien en tant que de leur ensemble résulte l'unité
[ὡς ἐκ τούτων τὸ ἕν]. Dans le premier cas, l'universel
et ce qui est dit d'une façon générale, à titre de tout,
30 est universel en tant qu'il embrasse une multiplicité d'êtres, par le fait qu'il est prédicat des composants et qu'ils sont, eux, tous et chacun, l'unité ;
par exemple, homme, cheval, dieu sont un, parce
qu'ils sont tous des êtres vivants[2]. Dans le second

---

[1] C'est-à-dire l'angle qui définit la
forme du cube.
[2] An. oppose ainsi l'unité de l'universel, ou unité du genre qui embrasse les espèces, et l'unité du continu.

Cf. Alex., 425, 5 Hd, saint Thomas,
Comm., p. 339, n° 1100 ; Bonitz,
Ind. arist., 356 b, 4, et Métaphys.,
273.

cas, le continu, le limité est un tout, quand une
unité résulte de plusieurs parties intégrantes, surtout
quand ces parties sont seulement en puissance, et,
à défaut, même quand elles sont en entéléchie. De
ces dernières sortes de touts, les êtres naturels sont 35
plus véritablement tout que les objets artificiels,
comme nous l'avons déjà dit à propos de l'Un, la
totalité étant une espèce d'unité.

En outre, des quantités ayant un commencement, 1024 a
un milieu et une fin, celles dans lesquelles la position
des parties est indifférente sont appelées un total
[πᾶν] et les autres, un tout [ὅλον] ; celles qui peuvent réunir les deux caractères sont à la fois tout et
total : telles sont celles dont la nature reste la même
après le déplacement des parties, mais dont la figure
varie, par exemple, la cire, un vêtement ; elles sont 5
alors dites, à la fois, tout et total, car elles ont les
deux caractères. L'eau, tous les liquides et le nombre
sont appelés « total », le mot « tout » ne s'applique
ni au nombre, ni à l'eau, si ce n'est par métaphore.
Pour les choses auxquelles, en tant qu'une, nous
appliquons le terme « total », si on les considère
comme divisées, c'est alors le terme « tous » [πάντα]
qui s'applique : « ce nombre total », « toutes ces 10
unités ».

27.

< *Tronqué* — κολοβόν. >

« Tronqué », « mutilé », se dit des quantités, mais
non pas de n'importe lesquelles ; il faut non seulement qu'elles soient divisibles, mais encore qu'elles
forment un tout. Le nombre deux, en effet, n'est
pas tronqué si l'on retranche une des deux unités
(car la partie enlevée par mutilation n'est jamais
égale au reste) ; il en est de même, en général, de
tous les nombres, car, après la mutilation, il faut
15 aussi que l'essence subsiste : une coupe tronquée est
encore une coupe, tandis que le nombre n'est plus
le même. En outre, même si la chose est formée de
parties dissemblables, il n'y aura pas toujours mutilation, car, en un sens, un nombre a aussi des parties dissemblables, par exemple, la dyade et la triade.
Mais, en général, il n'y a pas de mutilation pour les
choses dans lesquelles la position des parties est
indifférente, comme l'eau ou le feu ; il faut qu'elles
20 soient d'une nature telle que la position des parties
tienne à l'essence. — Il faut aussi la continuité ; il
y a, en effet, dans une harmonie, des tons différents
disposés dans un ordre déterminé, et pourtant une
harmonie ne peut devenir tronquée. — En outre, les
choses qui sont des touts ne sont pas mutilées par la
privation d'une partie quelconque, car il ne faut
ôter ni les parties constitutives de l'essence, ni une
partie quelconque, abstraction faite de la place qu'elle

occupe : par exemple, une coupe percée n'est pas
tronquée, elle l'est si l'anse ou le bord a été retran- 25
ché. Un homme n'est pas mutilé s'il a perdu de la
chair ou la rate, mais seulement s'il a perdu quelque extrémité, et cela, non pas même toute extrémité;
il faut que cette extrémité, une fois complètement
retranchée, ne puisse jamais se reproduire. Voilà
pourquoi les chauves ne sont pas des mutilés.

28.

< Genre — γένος. >

« Genre » ou « race » exprime d'abord la génération continue des êtres ayant la même forme. On dit,
par exemple, « tant que subsistera le genre humain », 30
c'est-à-dire : tant qu'il y aura génération ininter-
rompue des hommes. — C'est aussi ce dont les êtres
dérivent, le principe qui les fait passer à l'être : ainsi,
certains sont appelés Hellènes par la race, et d'autres,
Ioniens, parce qu'ils ont, les uns, Hellen, les autres,
Ion, comme premier générateur. Race se dit plutôt
du générateur que de la matière, quoique le nom 35
de la race puisse venir aussi de la femme ; ainsi, on
dit : la race de Pyrrha. — En un autre sens, la surface est le genre des figures planes, et le solide, 1024 b
des solides, car chaque figure est ou telle surface,
ou tel solide. Surface et solide sont le sujet des différences. — Dans les définitions, ce qui est comme
le premier élément constituant, lequel est affirmé de

5 l'essence, c'est le genre, dont les qualités sont dites
être les différences: — Telles sont les diverses acceptions du genre. Il s'applique donc tantôt à la génération continue d'une même forme, tantôt à la production par un premier moteur de même espèce que
les choses mues, tantôt il est comme la matière, car
ce qui a différence et qualité, c'est le sujet, que nous
appelons matière.

10   « Différentes par le genre » se dit des choses dont le
sujet prochain est différent, et qui sont irréductibles
les unes aux autres, ou ne peuvent rentrer dans une
même chose : par exemple, la forme et la matière
diffèrent par le genre. Il en est de même de tout ce
qui tombe sous des catégories différentes de l'Etre,
car certaines choses qui sont dites « être » signifient
soit une substance, soit une qualité, soit d'autres
catégories précédemment distinguées. Or ces modes
15 de l'Etre sont irréductibles les uns aux autres, et ne
peuvent non plus rentrer dans un seul[1].

29.

< Faux — ψεῦδος[2]. >

Le faux se dit, d'une première manière, de la fausseté de la chose [ὡς πρᾶγμα ψεῦδος], et alors est faux
soit ce qui, en fait, n'est pas uni, soit ce qu'il est

---

[1] C'est la théorie, éminemment
aristotélicienne, de l'irréductibilité et
de l'incommunicabilité des genres.
[2] Ar. examine successivement : le

faux dans l'*objet* (1024 b, 17-25), le
faux dans l'*esprit* (l. 26) et l'homme
faux (1025 a, 2). Cf. aussi *infra*,
E, 4.

impossible d'unir[1], si l'on dit, par exemple, que la diagonale est commensurable ou que tu es assis; 20 l'une de ces choses est toujours fausse, l'autre peut l'être parfois, car, dans les deux cas, elles ne sont pas. — Faux se dit encore des choses qui sont réellement, mais dont la nature est d'apparaître autrement qu'elles ne sont, ou ce qu'elles ne sont pas, par exemple, une peinture en perspective, des songes: c'est bien quelque réalité, mais ce ne sont pas les objets dont ils nous donnent l'image. Ainsi on dit que les choses sont fausses, ou bien parce que, en 25 elles-mêmes, elles n'existent pas, ou bien parce que l'apparence qui en résulte est celle d'une chose qui n'existe pas.

Une notion fausse [λόγος ψευδής] est celle qui, en tant que fausse, exprime ce qui n'est pas. C'est pourquoi toute notion est fausse quand elle porte sur un autre objet que celui pour lequel elle est vraie : par exemple, la notion du cercle est fausse pour le triangle. Il n'y a, en un sens, qu'une notion de chaque chose, c'est celle de sa quiddité, mais, en un autre sens, il y en a une multiplicité, car il y a la chose elle-même, et la chose avec un attribut, qui sont, en quelque façon, identiques, par exemple « Socrate » 30 et « Socrate musicien ». Mais la notion fausse n'est, au sens strict[2], notion de rien. — Ces considé-

---

1 τῷ μὴ συγκεῖσθαι, h. e. quod accidens non inhaeret substantiae... τῷ ἀδύνατον εἶναι συντεθῆναι, h. e. quod hoc accidens huic subjecto non potest omnino inhaerere. BONITZ, Métaph., 276.

2 ἁπλῶς, i . e . κυρίως, la notion en tant qu'étant la quiddité, la définition de la chose. Cf. ALEX., 434, 14 Hd.

rations montrent la naïveté de la doctrine d'ANTIS-
THÈNE, qui croyait que rien ne pouvait être attribué
à un être que sa notion propre : un seul prédicat
pour un seul sujet ; il en résultait qu'il n'y a pas de
contradiction [μὴ εἶναι ἀντιλέγειν], et, à peu de chose
près, que rien n'est faux. En réalité, il est possible
35 de définir chaque être, non seulement par sa propre notion, mais encore par la notion d'une autre
chose : assurément la définition peut alors être absolument fausse, mais elle peut aussi être vraie à un
point de vue : on peut dire, par exemple, que huit
1025 a est un nombre double, en se servant de la notion
de la dyade [1].

Telles sont les diverses significations du mot
« faux ». En voici une autre. Un homme est faux
quand il aime et recherche de telles notions, sans
aucune autre raison que leur fausseté même, ou
quand il les produit dans l'esprit d'autrui, comme
5 nous appelons fausses les choses qui produisent une
image fausse. Aussi est trompeur l'argument de l'*Hip-
pias* [2], pour montrer que le même être est à la fois véri-
dique et menteur : on y appelle faux, en effet, celui
qui peut tromper, c'est-à-dire celui qui sait et est

---

[1] Sur le problème de la prédica-
tion et sa solution par PLATON, puis
par ARISTOTE, cf. notre *Traité de Logique formelle*, pp. 101-103.
[2] *Hipp. min.*, 365-9. — AR. critique
deux assertions de PLATON : 1o PLATON
a tort d'appeler menteur celui qui
peut mentir, car le menteur est, non
pas ἐν τῇ δυνάμει, mais ἐν τῇ προαιρέσει ;

2o il a tort aussi de dire que le méchant volontaire est meilleur que le
méchant involontaire, car c'est con-
fondre ce qui est avec ce qui tend à
être : celui qui *imite* un boiteux volontairement est meilleur que celui
qui est boiteux, mais s'il est véritablement boiteux et qu'il boite à dessein, il est pire. — Cf. Ross, I, 348.

habile, et on y donne la préférence à celui qui est méchant volontairement. Cette dernière assertion repose
sur une fausse induction. Celui qui boite volontaire- 10
ment est, en effet, meilleur que celui qui boite malgré
lui, et, par boiter, PLATON entend « imiter un boiteux », car celui qui boiterait à dessein serait sans
doute pire. Il en est de cela comme de la méchan-
ceté du caractère.

30.

$< Accident - \sigma \nu \mu \beta \varepsilon \beta \eta \varkappa \acute{o} \varsigma^{1} \cdot >$

Accident se dit de ce qui appartient à un être et
peut en être affirmé avec vérité, mais n'est pourtant ni
nécessaire, ni constant[2] : par exemple, si, en creu- 15
sant une fosse pour planter un arbre, on trouve un
trésor. C'est par accident que celui qui creuse une
fosse trouve un trésor, car l'un n'est ni la suite nécessaire, ni la conséquence de l'autre, et il n'est pas
constant qu'en plantant un arbre on trouve un trésor.
— Supposons encore qu'un musicien soit blanc,
comme ce n'est ni nécessaire, ni constant, c'est ce 20
que nous appelons un accident. Puisque donc il y
a des attributs, et qu'ils appartiennent à des sujets,
et que certains d'entre eux appartiennent à leurs
sujets, seulement dans un lieu particulier et dans un
temps déterminé, un attribut qui appartient à un

---

1 Sur l'accident, cf. *infra*, E, 2.   2 Cf. E, 1, 1025 *b*, 28, note.

sujet, mais non parce que le sujet était précisément
ce sujet [1], ou le temps, ce temps, ou le lieu, ce lieu,
cet attribut sera un accident. C'est pourquoi aussi, il
n'y a pas de cause déterminée de l'accident, il n'y a
25 qu'une cause fortuite, autrement dite indéterminée.
C'est par accident qu'on aborde à Egine, quand on
n'est pas parti avec l'intention d'y aller, mais qu'on
y est venu poussé par la tempête ou pris par des pi-
rates. La chose accidentelle se produit ou existe, non
en tant qu'elle-même, mais en tant qu'autre chose [2] :
c'est la tempête qui est cause que vous ayez abordé
30 où vous ne vouliez pas, c'est-à-dire à Egine. — Accident s'entend encore d'une autre façon : c'est ce qui,
fondé en essence dans un objet, n'entre cependant
pas dans l'essence : par exemple, pour un triangle,
avoir ses trois angles égaux à deux angles droits.
L'accident de cette sorte peut être éternel, mais aucun
accident de l'autre sorte ne l'est. Nous en avons dit
la raison ailleurs [3]

---

[1] L'accident ne dépend pas de la nature même de la chose. Cf. BONITZ, Métaphys., 278.

[2] Cf. SAINT THOMAS, Com., p. 348, n. 1141 : Patet... quod iste navigans ad hunc locum perveniat non est « inquantum ipsum », idest inquantum erat navigans... sed « inquantum alterum », idest secundum aliquam aliam causam extraneam

[3] An. post., I, 75 a et 76 b.

LIVRE E (IV)

———

Dans ce livre, ARISTOTE, après avoir établi la prééminence de la Théologie sur les autres sciences théorétiques, traite de la nature et de l'origine de l'accident, ainsi que de l'Etre considéré en ses espèces fondamentales. Eliminant l'accident et l'Etre en tant que Vrai, il dégage la catégorie suprême de l'Essence.

1.   [1025 b titul.]

< *Division des sciences théorétiques et prééminence de la Théologie.* >

Les principes et les causes des êtres sont l'objet de notre investigation, mais il est évident qu'il s'agit des êtres en tant qu'êtres. Il y a, en effet, une cause de la santé et du bien-être ; les objets des mathématiques ont aussi des principes, des éléments et 5 des causes, et, d'une manière générale, toute science dianoétique [ἐπ. διανοητική], ou qui participe du raisonnement en quelque point [1], traite de causes et de

———

[1] Mais qui repose surtout sur l'expérience, et qui traite de causes moins rigoureuses que les sciences rationnelles.

principes plus ou moins rigoureux. Mais toutes ces
sciences, concentrant leurs efforts sur un objet déterminé, dans un genre déterminé, s'occupent de cet
objet, et non de l'Etre pris absolument, ni en tant
10 qu'être, et elles ne s'inquiètent en aucune façon de
l'essence. Mais, partant de l'essence, que les unes
font accessible aux sens [1] et que les autres admettent
comme une hypothèse [ὑπόθεσις] [2], elles démontrent
alors, avec plus ou moins de force, les attributs essentiels du genre qu'elles ont pour objet. D'où il est
clair que ce n'est pas à une démonstration de la sub-
15 stance ou de l'essence qu'aboutit une telle induction,
mais à un autre mode de connaissance. De même
ces sciences ne disent rien de l'existence ou de la
non-existence du genre dont elles traitent, car il
appartient à une même opération de l'esprit de faire
voir clairement l'essence et l'existence de la chose.

Puisque la Physique est, en fait, comme les autres
sciences, la science d'un genre d'être déterminé,
c'est-à-dire de cette sorte de substance qui possède en
20 elle le principe de son mouvement et de son repos,
elle n'est évidemment ni une science pratique
[ἐπ. πρακτική], ni une science poétique [ἐπ. ποιητική].
En effet, le principe de toute production [3] est dans
l'artiste : c'est ou l'esprit, ou l'art, ou une simple
puissance ; pour toute pratique, le principe est aussi

---

[1] La Médecine, par exemple, qui
analyse les corps en les quatre éléments.
[2] L'Arithmétique qui pose l'unité
comme une substance non-spatiale.

[3] L. 22 et 23, nous lisons, avec
Ross, I, 353, ποιητῶν et πρακτῶν, au
lieu de ποιητικῶν et πρακτικῶν. Le sens
est d'ailleurs, en fait, le même.

dans l'agent : c'est le choix délibéré, car l'objet de
l'action et du choix est le même. Si donc toute pensée est ou pratique, ou poétique, ou théorétique, la 25
Physique sera une science théorétique [ἐπ. θεωρητική],
théorétique toutefois de cette sorte d'être qui est susceptible de mouvement, et théorétique de la substance, et, le plus souvent, de la substance formelle,
mais non séparée de la matière[1]. Le mode d'être de la
quiddité et de sa définition ne doit pas échapper à
notre attention, étant donné que, sans cette connaissance, toute recherche est un effort inutile. Des 30
choses définies et des essences, les unes sont comme
le camus [σιμόν][2], les autres, comme le concave
[κοῖλον], et la différence consiste en ce que le camus
est engagé dans la matière, car le camus, c'est le nez
concave, tandis que la concavité [κοιλότης] est indé-
pendante de la matière sensible. Or, si tous les objets
naturels sont du même type que le camus, par
exemple le nez, l'œil, le visage, la chair, l'os, et, en 1026 a
général, l'animal, et aussi la feuille, la racine,
l'écorce, et, en général, la plante (car aucun de ces
objets ne peut être défini sans le mouvement, mais
ils ont toujours une matière[3]), on voit alors comment
il faut, dans les êtres physiques, rechercher et défi-

---

[1] Interprétation du Ps. ALEX. (444, 8 Hd). Cf. BONITZ, *Métaph.*, 282, et ROSS, I, 354. Les objections de Ross au sujet de l'expression οὐ χωριστὴν μόνον, l. 28, ne sont pas décisives. — AR. veut dire que la physique étudie la substance matérielle, mais c'est là son objet le moins ordinaire ; plus ordinairement elle étudie la substance formelle et la forme.

[2] Exemple ordinaire d'ARISTOTE. Cf. BONITZ, *Ind. arist.*, 680 a, 40 ; MANSION, *Intr. à la Phys. arist.*, p. 71.

[3] Matière a ici le sens de potentialité de changement.

5 nir l'essence ; c'est pourquoi aussi il appartient au physicien de spéculer sur cette sorte d'âme qui n'existe pas indépendamment de la matière [1].

Que la Physique soit donc une science théorétique, ce qui précède le fait voir. — La science mathématique est aussi théorétique, mais qu'elle soit la science d'êtres immobiles et séparés, c'est ce que nous ne voyons pas encore clairement ; que, du moins, certaines branches des mathématiques [2] étudient ces êtres en tant qu'immobiles et en tant que séparés, c'est ce qui est évident.

10 Mais s'il y a quelque chose d'éternel, d'immobile et de séparé, c'est évidemment à une science théorétique qu'en appartient la connaissance. Toutefois cette science n'est assurément ni la Physique (car la Physique a pour objet certains êtres en mouvement), ni la Mathématique, mais une science antérieure à l'une et à l'autre. La Physique, en effet, étudie des êtres séparés, mais non immobiles, et quelques branches des mathématiques étudient des êtres,

15 immobiles, il est vrai, mais probablement inséparables de la matière, et comme engagés en elle ; tandis que la Science première a pour objet des êtres à la fois séparés et immobiles [3]. — Maintenant, toutes les

---

[1] Cf. de An., I, 403 a, 28 et Ro-DIER, II, 35. L'âme est la forme du corps, à l'exception toutefois de la raison proprement dite. La raison ne rentre donc pas dans le domaine de la Physique, qui a seulement pour objet les formes engagées dans la matière, dont le type est le camus.
[2] Cf. Ross, I, 355. Les livres M et

N démontreront que les Choses mathématiques n'existent pas à l'état séparé et ne sont pas immobiles. Mais les mathématiques pures (« certaines branches des mathématiques ») les étudient en tant qu'immobiles et séparées.
[3] Cf. de An., I, 1, 403 b, 9-16

premières causes sont nécessairement éternelles, mais surtout les causes immobiles et séparées, car ce sont les causes des choses visibles parmi les choses divines [1]. Il y a donc trois sciences théorétiques : la Mathématique, la Physique et la Théologie [φιλοσοφία θεολογική]. Nous l'appelons Théologie : il n'est pas douteux, en effet, que si le divin est présent quelque part, il est 20 présent dans cette nature immobile et séparée. Et la science par excellence doit avoir pour objet le genre par excellence. Ainsi, les sciences théorétiques sont les plus hautes des sciences, et la Théologie est la plus haute des sciences théorétiques [2]. On pourrait, en effet, se demander si la Philosophie première est universelle, ou si elle traite d'un genre particulier et d'une seule réalité, distinction qu'on rencontre, au 25 surplus, dans les sciences mathématiques : la Géométrie et l'Astronomie ont pour objet un genre particulier de la quantité, tandis que la Mathématique générale étudie toutes les quantités en général. — Nous répondons que s'il n'y avait pas d'autre substance que celles qui sont constituées par la nature, la Physique serait la science première. Mais s'il existe une substance immobile, la science de cette substance doit être antérieure et doit être la Philosophie première ; 30 elle est aussi, de cette façon, universelle parce qu'elle est première [3]. Il lui appartiendra de considérer l'Etre

---

[1] C'est-à-dire les Corps célestes. Cf. Asclepius, 735 b, 36, Brandis.
[2] Cf. de Gen. et Corr., II, 11, 338 a, 14. La classification aristotélicienne des sciences repose sur la valeur ontologique de leur objet. Voir Chevalier, la Notion du nécessaire..., pp. 143 et ss.

[3] La Métaphysique étudie la première espèce de l'être et, comme cette sorte d'être est le fondement de tous les autres êtres, elle est donc universelle en même temps. Sur tout ce chapitre, on consultera Mansion, op. cit., pp. 1 et ss.

en tant qu'être, c'est-à-dire à la fois son essence et
les attributs qui lui appartiennent en tant qu'être.

2.

< *Il n'y a pas de science de l'accident.* >

L'Etre proprement dit se prend en plusieurs acceptions: nous avons vu qu'il y avait d'abord l'Etre par
accident [κατὰ συμβεβηκός], ensuite l'être comme vrai,
35 auquel le faux s'oppose comme non-être[1]; en
outre, il y a les catégories, par exemple la substance,
la qualité, la quantité, le lieu, le temps, et autres
1026 b modes de signification analogues de l'Etre. Et il y a,
en dehors de toutes ces sortes d'êtres, l'Etre en puissance et l'Etre en acte. Puisque nous parlons des
différentes acceptions de l'Etre, nous devons faire
remarquer d'abord que l'Etre par accident n'est
l'objet d'aucune spéculation. La preuve, c'est qu'au-
5 cune science, ni pratique, ni poétique, ni théorétique,
ne s'en occupe. Le constructeur d'une maison, en
effet, ne produit pas les accidents divers dont la construction de la maison est accompagnée, car ils sont
en nombre infini. Rien n'empêche que la maison construite ne paraisse, aux uns, agréable, à d'autres, in-
supportable, à d'autres encore, utile, et qu'elle ne
soit différente, pour le dire en un mot, de tous les

---

[1] Etudié ch. 4, *infra.*

autres êtres [1]; aucun de ces accidents n'est le produit
de l'art de bâtir. De la même manière, le géomètre 10
ne tient compte, ni des attributs accidentels des figures, ni de la différence qu'il peut y avoir entre le
triangle comme tel et le triangle dont la somme des
trois angles égale deux droits [2]. Et il est assez naturel
que cela se produise, car l'accident n'a, en quelque
sorte, qu'une existence nominale. PLATON [3], en un
sens, n'avait donc pas tort de ranger l'objet de la Sophistique dans le Non-Etre. Les arguments des 15
SOPHISTES, en effet, se rapportent, pour ainsi dire,
par dessus tout à l'accident. Telle est, par exemple, la
question de savoir s'il y a différence ou identité entre
« musicien » et « grammairien » ; s'il y a identité
entre « musicien Coriscus » et « Coriscus » ; si tout
ce qui est, mais n'est pas éternel, a été engendré,
de sorte que si, étant musicien, on est devenu grammairien, on devrait aussi, étant grammairien, être
devenu musicien [4], et autres subtilités analogues. 20

---

[1] Cette « différence avec les autres
êtres » est étrangère à l'essence même
de la maison, elle n'appartient pas à
la maison en tant que maison : c'est
donc un accident.

[2] Il ne s'agit pas, comme le croit à
tort ALEX., 448, 28 Hd, de la différence entre le triangle géométrique et le
triangle sensible. Il s'agit de deux
triangles géométriques, et la question
est de savoir si le triangle en tant que
tel, c'est-à-dire défini comme une figure à trois côtés, est identique ou non
au triangle considéré avec ses attributs, même essentiels. L'accident dont
ne s'occupe pas le géomètre n'est pas,
en effet, « la somme des trois angles
égale deux droits », car c'est là un
συμβεβηκός καθ' αὑτό, mais « être autre

que, ou le même que le triangle qui
a des angles égaux à deux droits ».
Cf. Ross, I, 358, auquel nous empruntons cette explication.

[3] Soph., 237 a, 254 a.

[4] Sur ces trois arguments, cf. Bo-
NITZ, Métaph., 287, et Ross, I, 359.

a) « Musicien » et « grammairien »
sont-ils identiques ou différents ? De
toute façon on tombe dans le piège :
si idem esse dicis, hominem ostendunt qui alteram tantum artem tenet;
sin negas idem esse, ostendunt ali-
quem, qui utraque est eruditus (Bo-
NITZ, l. c.) ;

b) Mêmes difficultés sophistiques
pour « musicien Coriscus » et « Coriscus ;

c) D'une proposition vraie (tout est,

L'accident apparaît ainsi quelque chose de voisin du
Non-Etre. Cela est encore manifeste en vertu d'arguments de fait tels que celui-ci : pour tous les êtres qui
existent d'une autre manière que l'accident, il y a
processus de génération et de corruption, mais il n'y
en a pas pour les êtres par accident [1]. — Toutefois,
nous devons, en outre, au sujet de l'accident, déter-
25 miner, dans la mesure du possible, quelle est sa
nature et sa cause : on verra peut-être en même temps
pourquoi il n'y a pas de science de l'accident.

Parmi les êtres, les uns restent toujours dans le
même état, et sont des êtres nécessaires, non pas de
cette nécessité caractérisée par la contrainte, mais de
celle que nous définissons par l'impossibilité d'être
autrement [2] ; les autres êtres, au contraire, ne sont ni
30 nécessairement, ni toujours, mais seulement le plus
souvent [ὡς ἐπὶ τὸ πολυ][3]. Nous avons bien là le principe et la cause de l'Etre par accident, car ce qui
n'est, ni toujours, ni le plus souvent, nous disons que
c'est un accident. Par exemple, si, dans la canicule,
la tempête et le froid sévissent, nous disons que c'est
accidentel, mais non s'il fait chaud et sec, car c'est

ou bien éternel, ou engendré), les
SOPHISTES tirent une conclusion absurde : on doit avoir été grammairien
avant d'être musicien, et musicien
avant d'être grammairien.
[1] L'accident survient et disparaît
sans gradation : ce qui n'était pas,
est, et ce qui est, n'est plus. Cf. infra,
E, 3, 1027 a, 29. Cf. PSEUDO-ALEXAN-
DRE, 453, 10 et ss. Hd.

[2] Cf. Δ, 5, 1016 a 20 et sq.
[3] La notion d'ὡς ἐπὶ τὸ πολυ est éminemment aristotélicienne. C'est ce qui
se reproduit avec une certaine fré-
quence ; substitut imparfait, pour le
Monde sublunaire, du nécessaire et
de l'immuable, il manifeste l'ordre de
la nature.

ce qui se produit toujours ou le plus souvent, ce qui 35
n'est pas le cas de la tempête et du froid. Que
l'homme soit blanc, c'est un accident (car il ne l'est
pas toujours, ni le plus souvent), mais qu'il soit
animal, ce n'est pas par accident. Que l'architecte
produise la santé, c'est aussi un accident, car il n'est 1027 a
pas dans la nature de l'architecte, mais dans celle du
médecin, de produire la santé, et c'est par accident
que l'architecte est médecin. Et le cuisinier, tout en
ne visant que le plaisir, peut préparer un mets utile
à la santé, mais ce résultat est étranger à l'art culi-
naire : aussi disons-nous qu'il était accidentel ; le
cuisinier peut, en un sens, l'atteindre, mais non
d'une manière absolue. Les autres êtres sont les effets 5
de leurs puissances productives[1] ; les accidents, au
contraire, ne relèvent d'aucun art, ni d'aucune puissance déterminée, car de ce qui est ou devient par
accident les causes aussi sont accidentelles. Ainsi,
étant donné que toutes les choses ne sont pas nécessaires et éternelles, ni dans leur être, ni dans leur
devenir, mais que la plupart des choses rentrent seulement dans ce qui arrive le plus souvent, il en résulte 10
nécessairement l'existence de l'être par accident. Par
exemple, ce n'est pas toujours, ni le plus souvent,
que le blanc est musicien, mais puisqu'il lui arrive
de l'être, il le sera par accident. Sinon, tout serait né-

---

[1] L. 5, nous supprimons ἐνίοτε, à
la suite de BONITZ et de ROSS. Ce mot,
qui ne figure ni dans ALEXANDRE, ni
dans ASCLEPIUS, est, en effet, difficilement explicable. Suivant ROSS (I,
360) ce serait une glose qui signifierait que les δυνάμεις ποιητικαί ne sont
pas les causes en général.

cessaire. Il en résulte que c'est la matière, laquelle
est susceptible d'être autre qu'elle n'est le plus souvent, qui sera la cause de l'accident. — Nous
15 devons partir [1] de la question suivante : n'y a-t-il
rien qui ne soit ni toujours, ni le plus souvent ? Cette
supposition est impossible ; il y a donc quelque
autre chose, c'est précisément ce qui arrive par hasard et par accident. Mais est-ce qu'il n'existe que
« le plus souvent » dans les êtres, et nullement le toujours, ou bien y a-t-il des êtres éternels ? Ce point
doit être examiné plus tard [2], mais on voit qu'il n'y
20 a pas de science de l'accident. Toute science a pour
objet, en effet, ce qui est toujours, ou ce qui est le
plus souvent. Comment, sans cela, apprendre soi-
même, ou enseigner autrui ? La chose doit être déterminée comme arrivant toujours, ou le plus souvent.
Ainsi, que l'hydromel soit bon pour la fièvre, c'est
ce qui arrive le plus souvent. Mais on ne pourra
déterminer les conditions de l'exception et dire quand
la chose n'arrive pas, par exemple, à la nouvelle
25 lune, car même ce qui arrive à la nouvelle lune
arrive alors soit toujours, soit le plus souvent ; mais
l'accident échappe à ces règles [3]. — Nous avons
donc établi la nature de l'accident, la cause qui le
produit, et aussi qu'il n'est pas objet de science.

---

[1] Pour prouver que l'accident existe.
[2] Δ, 6-8.
[3] Dans ce passage, Ar., qui, d'une manière générale, reconnaît l'existence objective de l'accident et d'une contingence réelle, semble admettre que l'accident obéit, lui aussi, à sa loi ; il ne serait ainsi qu'une simple apparence pour notre esprit, apparence que dissiperait la connaissance de la loi qui le régit. De toute manière d'ailleurs, il n'y aurait pas de science de l'accident, lequel cesserait d'être objectivement accident.

3.

＜ *Nature de l'accident.* ＞

Que certains principes et certaines causes soient générables et corruptibles sans qu'il y ait jamais, pour ces principes et ces causes, processus de génération et de corruption, c'est ce qui est évident [1]. S'il 30 n'en était pas ainsi, tout serait nécessaire, puisque ce qui est engendré et détruit par un processus de génération et de corruption, a nécessairement une cause non-accidentelle. En effet, telle chose sera-t-elle, ou non ? Elle sera, si telle chose a lieu ; sinon, non. Et cette seconde chose aura lieu si une autre a lieu. Il est évident qu'en poursuivant de la sorte, et en retranchant toujours du temps d'un temps limité, on arrivera à l'instant actuel. Ainsi donc, 1027 b cet homme mourra-t-il de maladie ou de mort vio-

---

[1] ARISTOTE a montré plus haut (1026 b, 22) que les accidents naissent et périssent instantanément, et ne sont pas le résultat d'un processus de génération ou de corruption. Il en est de même pour leurs causes. La salubrité de la maison par exemple (cause accidentelle), survient sans transition et rend immédiatement la maison saine (accident). L'accident survient donc sans génération, et il a une cause accidentelle, soustraite elle-même à la génération, et qui le produit non-nécessairement.

Le raisonnement d'AR. va ainsi être le suivant : si on suppose que tous les événements ont des causes non-accidentelles, il en résultera une inflexible nécessité dans l'enchaînement des effets et des causes. Mais si on peut établir que certains événements échappent à la nécessité, on démontrera par là même l'existence de causes accidentelles. L'exemple qui suit fait le départ entre ce qui est nécessaire et ce qui arrive par accident. A un déterminisme rigoureux, AR. oppose ainsi un déterminisme tempéré par l'accident, dont l'existence se présente comme un fait, et qui constitue une ἀρχή soustraite au lien causal (dans l'exemple d'AR., ce sera le fait de manger des mets épicés). Que le vivant meure, c'est là un événement nécessaire (b 8) ; mais sera-ce par maladie ou par mort violente, c'est là la part de l'indéterminé et du contingent.

Sur tout ce difficile chapitre, cf. Ross, I, p. 362.

lente? De mort violente, s'il sort ; il sortira, s'il
a soif ; il aura soif, si telle autre chose survient. On
arrivera de cette façon à un événement actuel, ou
à quelque événement déjà accompli. Par exemple,
il sortira, s'il a soif ; il aura soif, s'il mange des
5 mets épicés ; ce dernier fait est ou n'est pas. Donc
cet homme mourra nécessairement, ou, nécessairement, ne mourra pas. De même si l'on remonte
aux événements passés, le raisonnement sera identique; car cela, je veux dire la condition passée, se
trouve déjà dans quelque chose. Tout ce qui sera, sera
donc nécessairement. Par exemple, le vivant mourra
nécessairement, car il porte déjà en lui la condition
10 de sa mort, savoir la présence de contraires dans le
même corps. — Mais en réalité, sera-ce par maladie
ou de mort violente, on n'en sait rien encore, ce
sera seulement si tel autre événement se produit. Il
est donc clair que l'on remonte ainsi à un principe,
lequel ne se réduit plus à aucun autre. Tel sera le
principe de tout ce qui est dû au hasard ; ce principe
n'aura lui-même été produit par aucune autre cause.
Mais à quelle sorte de principe, à quelle sorte de
cause, se rapporte ainsi l'accident? Est-ce à la ma-
15 tière, ou à la cause finale, ou à la cause motrice ?
C'est le point capital à examiner.

4.

< *L'Etre au sens de vrai* [1]. >

Au sujet de l'Etre par accident, tenons-nous en donc à ce qui précède, car nous l'avons suffisamment défini. Quant à l'Etre comme vrai, et au Non-Etre comme faux, ils consistent dans l'union [σύνθεσις] et dans la séparation [διαίρεσις][2], et le vrai et le faux réunis se partagent entièrement les contradictoires. (En 20 effet, le vrai, c'est l'affirmation de la composition réelle du sujet et de l'attribut, et la négation de leur séparation réelle ; le faux est la contradiction de cette affirmation et de cette négation [3]. — Mais comment arrive-t-il que nous pensions l'union ou la séparation des choses ? C'est une autre question. Quand je parle d'union et de séparation, j'entends que je pense les choses de telle sorte qu'il n'y a pas simple consécution de pensées [τὸ ἐφεξῆς], mais que ces pensées deviennent une unité.) Le faux et le vrai, en effet, 25 ne sont pas dans les objets, comme si le bien était le vrai, et le mal, en lui-même, le faux, mais dans la pensée, et, en ce qui regarde les natures simples [τὰ ἁπλᾶ] et les essences, le vrai et le faux n'existent pas même dans la pensée. Cela étant posé, ce qu'il

---

[1] Cf. Θ, 10, *init.*, note.
[2] Cf. SAINT THOMAS, *Comm.*, p. 369, n⁰ 1223 : *Cum enim interrogamus si homo est animal, respondetur quod est ; per quod significatur propositionem praemissam esse veram... Cum enim respondetur, non est, significa-* *tur quod proposita oratio sit falsa.*
[3] SAINT THOMAS, *Comm.*, p. 369, n. 1225-1226 :
Homo est animal — est vrai.
Homo non est animal — est faux.
Homo est asinus — est faux.
Homo non est asinus — est vrai.

faut connaître de l'Etre et du Non-Etre envisagés ainsi
comme le vrai et le faux, devra être examiné ultérieu-
rement. Mais, puisque la liaison [συμπλοκή] et la
30 séparation sont dans la pensée et non dans les choses,
et que l'Etre, pris en ce sens, est différent de l'Etre des
choses au sens propre (car ce que la pensée réunit
ou sépare, pour un sujet donné, c'est ou une essence,
ou une certaine qualité, ou une certaine quantité, ou
tout autre mode), nous devons laisser de côté l'Etre
par accident et l'Etre en tant que vrai. En effet, la
cause de l'Etre par accident est indéterminée, et celle
de l'Etre en tant que vrai n'est qu'une affection de la
1028 a pensée [διανοίας τι πάθος] ; de plus, l'un et l'autre pré-
supposent l'autre genre de l'Etre[1] et ils ne manifestent, ni l'un ni l'autre, l'existence de quelque nature
objective d'être. Passons-les donc tous les deux sous
silence, et examinons les causes et les principes de
l'Etre lui-même en tant qu'être ; < il est clair aussi
qu'en déterminant les sens divers de chaque terme,
5 nous avons établi que l'être se prend en plusieurs
acceptions >[2].

---

[1] τὸ λοιπὸν γένος, c'est-à-dire l'être
proprement dit, au sens plein (κυρίως),
avec les catégories, mentionné dans
la parenthèse précédente (31-33).

[2] Douteux. Addition postérieure
vraisemblablement.

LIVRE Z (VII)

1.

<La substance est la première catégorie de l'Etre.>

L'Etre se prend en plusieurs acceptions, comme 10
nous l'avons indiqué précédemment dans le livre
des *Acceptions multiples*[1]. Il signifie, en effet, d'un
côté, l'essence et l'individu déterminé, d'un autre
côté, qu'une chose a telle qualité, ou telle quantité, ou
chacun des autres prédicats de cette sorte. Mais,
parmi ces sens si nombreux de l'Etre, on voit clairement que l'Etre au sens premier est l'essence, qui
indique précisément la substance. En effet, lorsque
nous disons de quelle qualité une chose est, nous di- 15
sons qu'elle est bonne ou mauvaise, mais non qu'elle
a trois coudées ou qu'elle est un homme : quand,
au contraire, nous voulons exprimer ce qu'elle est,
nous ne disons pas qu'elle est blanche ou chaude, ni
qu'elle a trois coudées, mais qu'elle est un homme
ou un dieu. Les autres choses ne sont appelées êtres

---

[1] Δ, 7.

que parce qu'elles sont ou des quantités de l'Etre proprement dit, ou des qualités, ou des affections de cet être, ou quelque autre détermination de ce genre.

20 On pourrait ainsi se demander si « se promener », « se bien porter », « être assis » sont des êtres ou ne sont pas des êtres ; et de même dans n'importe quel autre cas analogue ; car aucun de ces états n'a par lui-même naturellement une existence propre, ni ne peut être séparé de la substance, mais s'il y a là quelque être, c'est bien plutôt ce qui se promène qui

25 est un être, ce qui est assis, ce qui se porte bien. Et ces choses semblent plus des êtres parce qu'il y a, sous chacune d'elles, un sujet réel et déterminé : ce sujet c'est la substance et l'individu, qui est ce qui apparaît sous la catégorie en question, car le bon ou l'assis ne sont jamais dits sans un sujet. Il est donc évident que c'est par cette catégorie que chacune des

30 autres catégories existe. De sorte que l'Etre, au sens fondamental, non tel mode de l'être, mais l'être absolument parlant, doit être la substance.

Or nous savons que « premier » est pris en différentes acceptions. Toutefois la substance est absolument première, à la fois logiquement [λόγῳ], dans l'ordre de la connaissance [γνώσει] et selon le temps [χρόνῳ]. En effet[1], aucun des autres catégorèmes n'existe à l'état séparé, seule la substance le peut.

35 Elle est aussi première logiquement, car dans la défi-

---

[1] Selon le temps. La substance est antérieure chronologiquement aux propriétés qui peuvent l'affecter.

nition de chaque être est nécessairement incluse celle
de sa substance. Enfin, nous croyons connaître plus
parfaitement chaque chose quand nous connaissons
son essence, par exemple l'essence de l'homme ou
du feu, que lorsque nous connaissons sa qualité, sa
quantité ou son lieu, puisque chacun de ces modes 1028 b
eux-mêmes, nous ne les connaissons que lorsque
nous savons quelle est leur essence, essence de la
quantité ou de la qualité. — Et, en vérité, l'objet
éternel de toutes les recherches, présentes et passées,
la question toujours posée : qu'est-ce que l'Etre?
revient à ceci : qu'est-ce que la substance? C'est cette
substance, en effet, dont les philosophes affirment,
les uns, l'unité [1], d'autres, la pluralité [2], cette plura- 5
lité étant, pour les uns [3], limitée en nombre, et pour
d'autres [4], infinie. C'est pourquoi, pour nous aussi,
notre objet capital, premier, unique pour ainsi dire,
sera d'étudier ce qu'est l'Etre pris en ce sens.

2.

< *Les différentes doctrines sur la substance.* >

La substance semble bien appartenir le plus manifestement aux corps. Ainsi disons-nous que sont des
substances, non seulement les animaux, les plantes
et leurs parties, mais aussi les corps naturels, tels 10

---

[1] L'Ecole de Milet et l'Ecole d'Elée.
[2] Les PYTHAGORICIENS et EMPÉDOCLE.
[3] ANAXAGORE et les ATOMISTES.
[4] Les PYTHAGORICIENS.

que le Feu, l'Eau, la Terre, et chacun des autres éléments de ce genre[1], et encore toutes les choses qui
sont des parties de ces éléments, ou composées de ces
éléments, soit de parties, soit de la totalité des éléments, c'est-à-dire l'Univers physique et ses parties,
les astres, la Lune et le Soleil. Mais si ce sont là
les seules substances, ou s'il y en a d'autres en plus ;
ou si seulement quelques-unes de celles désignées
plus haut, ou quelques-unes de celles-là et d'autres
en plus, ou encore aucune d'elles mais seulement
certaines autres, sont des substances, c'est ce qu'il
15 faut examiner. — Certains philosophes[2] estiment
que les limites du corps, comme la surface, la
ligne, le point et l'unité sont des substances, et même
bien plus substances que le corps et le solide. — De
plus, les uns pensent qu'en dehors des être sensibles,
il n'y a rien qui soit substance ; les autres admettent
qu'il y a des substances éternelles, qui sont plus nombreuses et plus réelles. Ainsi, selon PLATON, les Idées
20 et les Choses mathématiques sont deux espèces de
substances, la troisième étant la substance des corps
sensibles. — SPEUSIPPE admet encore un plus grand
nombre de substances ; la première, c'est l'Un ; puis
il pose un principe pour chaque espèce de substance,
un pour les nombres, un autre pour les grandeurs, un
autre ensuite pour l'âme ; c'est de cette façon qu'il
multiplie les espèces des substances[3]. — Enfin, il y a

---

[1] Cf. Δ, 8, 1017 *b* 11, note.
[2] Les PYTHAGORICIENS.

[3] Pour les détails, cf. M et N.

des philosophes[1] pour qui les Idées et les nombres possèdent la même nature ; tout le reste en dérive, 25 lignes et surfaces, pour arriver enfin à la substance du Ciel et aux êtres sensibles.

Sur tous ces points, qui a raison et qui a tort? Quelles sont les substances? Est-ce qu'il existe ou non des substances en dehors des substances sensibles? Comment les substances sensibles elles-mêmes existent-elles? Est-ce qu'il y a une substance séparée, et, s'il en existe, pourquoi et comment? Ou bien n'y 30 a-t-il aucune substance distincte des substances sensibles? C'est ce qu'il faut examiner, après avoir exposé, schématiquement, d'abord la nature de la substance.

3.

< La substance envisagée comme substrat. >

La substance se prend, sinon en un grand nombre de sens, du moins en quatre sens principaux: on pense, en effet, que la substance de chaque être est soit la quiddité, soit l'universel, soit le genre, et, 35 en quatrième lieu, le sujet[2]. — Le sujet est ce dont tout le reste s'affirme, et qui n'est pas lui-même affirmé d'une autre chose. C'est pourquoi, c'est lui qu'il

---

[1] Ecole de XÉNOCRATE.
[2] Pour la quiddité, cf. ch. 4-6, 10-12 ; pour l'universel, ch. 13-14 ; pour le sujet, le présent chapitre. Quant au genre, il n'est pas étudié dans le livre Z.

1029 a convient d'examiner d'abord, car c'est principalement le sujet premier qui semble être la substance.
On dit, en un sens, que ce sujet premier c'est la matière, en un autre, qu'il consiste dans la forme [1], et,
en un troisième sens, qu'il est le composé de la
matière et de la forme. J'entends par matière, par
exemple l'airain, par forme, la configuration qu'elle
revêt [σχῆμα τῆς ἰδέας], et par le composé des deux,
5 la statue, le tout concret [σύνολον]. Il en résulte que
si la forme est antérieure à la matière, et si elle est
plus être qu'elle, elle sera aussi, pour la même raison, antérieure au composé de la matière et de la
forme.

Nous avons maintenant donné un exposé schéma-
tique de la nature de la substance, en montrant
qu'elle est ce qui n'est pas prédicat d'un sujet, mais
que c'est d'elle que tout le reste est prédicat. Mais
nous ne devons pas nous borner à ces remarques,
qui ne sont pas suffisantes. Notre exposé lui-même
10 est vague, et, de plus, la matière deviendrait alors
une substance ; si elle n'est pas substance, en effet,
on ne voit pas quelle autre chose le sera, car si l'on
supprime tous les attributs, il ne subsiste rien, évidemment, que le substrat. D'une part, en effet, les
qualités secondes [2] sont de pures déterminations, des
actions et des puissances des corps ; d'autre part, la

---

[1] La forme est envisagée comme sujet, en ce qu'elle est le substrat des propriétés et des accidents. Cf. Δ, 18, 1022 a, 32 où l'âme est dite l'ὑποκείμενον de la vie.

[2] Textuellement : les qualités autres que la longueur, la largeur et la profondeur.

longueur, la largeur et la profondeur sont elles-
mêmes des quantités et non des substances, car la
quantité n'est pas une substance, mais la substance 15
est plutôt le sujet premier, à qui appartiennent ces
attributs. Mais si nous supprimons la longueur,
la largeur et la profondeur, nous voyons qu'il ne
reste rien, sinon ce qui était déterminé par ces qualités : la matière apparaît donc nécessairement, à ce
point de vue, comme la seule substance. J'appelle
matière ce qui n'est par soi ni existence déterminée, 20
ni d'une certaine quantité, ni d'aucune autre des catégories qui déterminent l'être ; car il y a quelque chose
dont chacune de ces catégories est affirmée, et dont
l'être est différent de celui de chacune des catégories,
parce que toutes les catégories autres que la substance sont prédicats de la substance, et que la substance est elle-même prédicat de la matière. Le sujet
dernier [τὸ ἔσχατον] n'est donc, par soi, ni un être déterminé, ni d'un certaine quantité, ni d'aucune autre
catégorie ; il ne consistera même pas dans la simple 25
négation de ces catégories, car les négations, elles
aussi, ne lui appartiendront que par accident. — A
considérer la question sous cet aspect, il en résulte
donc logiquement que la matière est substance. Pourtant, c'est impossible, car la substance paraît bien
avoir pour caractère essentiel d'être séparable, et d'être
une chose individuelle. D'après cela, la forme et le
composé de la matière et de la forme sembleraient être
plutôt substance que la matière. Mais la substance 30
composée, c'est-à-dire celle qui provient de l'union de

la matière et de la forme, nous n'avons pas à en parler : elle est postérieure à la matière et à la forme, et sa-nature, d'ailleurs, est bien connue. La matière, elle aussi, est, dans une certaine mesure, accessible[1]. Reste donc à étudier la troisième sorte de substance[2], car c'est pour celle-ci que la difficulté est la plus grande.

On s'accorde à reconnaître pour des substances certaines substances sensibles, de sorte que c'est parmi elles que nos recherches doivent commencer. Il 1029 b 3 est bon, en effet, de s'avancer vers ce qui est plus connaissable. Tout le monde procède ainsi dans l'étude : c'est par ce qui est moins connaissable en soi qu'on arrive aux choses plus connaissables. Et, 5 de même que, dans la vie pratique, notre devoir est de partir de chaque bien particulier, pour faire que le bien général devienne le bien de chacun, ainsi doit-on partir de ce qu'on connaît mieux soi-même, pour rendre ce qui est connaissable en soi connaissable pour soi-même. Ces connaissances personnelles et premières sont souvent des connaissances faibles, et ne renferment que peu ou point de réalité. 10 Pourtant, c'est en partant de ces connaissances vagues, mais personnelles, qu'il faut s'efforcer d'arriver aux connaissances absolues, en passant, comme nous l'avons dit, par les premières[3].

---

[1] La matière, en effet, est connue d'une certaine façon, à savoir par analogie. Cf. *Phys.*, I, 7, 191 *a* 7.

[2] C'est-à-dire la forme.

[3] Cf., *Eth. Nic.*, V, 1, 1129 *b* 5, *Phys.*, I, 1, 184 *a* 16.

4.

< De quelles choses y a-t-il quiddité et définition ? >

Au début, nous avons distingué les différents carac- 1029 *b* 1
tères au moyen desquels nous déterminons la substance, et l'un d'eux nous a bien paru être la quid- 2
dité. C'est à elle qu'il faut maintenant s'attacher.

Faisons d'abord à ce sujet quelques remarques 13
dialectiques [λογικῶς][1], et disons que la quiddité de
chaque être, c'est ce que chaque être est dit être par
soi [καθ᾽ αὐτό]. Etre toi, ce n'est pas être musicien,
car ce n'est pas par toi que tu es musicien ; ta quid- 15

---

[1] **Ar.** oppose λογιχῶς à φυσιχῶς.
Raisonner λογιχῶς, c'est, à la façon
des Platoniciens, s'appuyer sur des
considérations purement dialectiques
et abstraites, les notions étant envi-
sagées, non dans leur contenu réel,
mais dans les généralités qu'elles
enveloppent. Au contraire, raisonner
φυσιχῶς, c'est raisonner conformément au réel, et suivant la méthode
qui convient à la philosophie de la
nature. Cf. Robin, *la Th. platon.*, *pas-
sim*, notamment p. 26, note 22 ; Mansion, *Intr. à la Phys. arist.*, p. 117.
— Toute cette argumentation dialectique (l. 13-1030 *a*, 27) est subtile.
En voici les principales articulations :
1. **Ar.** retranche d'abord de la
quiddité l'accident (l. 13-16) ;
2. Il retranche ensuite certains attributs *propres* (καθ᾽ αὐτό, *propter se*)
de l'Etre (l. 16-23). En effet à côté
des attributs qui font manifestement
partie de l'essence, telle que la ligne
pour le triangle, ou le pair pour le
nombre, il y en a d'autres, qui se
rapprochent de l'accident par leur
précarité, par exemple le blanc pour

la surface (car les notions de blanc
et de surface sont indépendantes), et
qui sont à exclure de la quiddité de
la chose ;
3. **Ar.** examine ensuite si les choses
composées d'une substance et d'un
attribut, appartenant, par exemple, à
la catégorie de la qualité (*homme
blanc*), ont une quiddité (l. 23-
1030 *a* 27). Il prévoit une objection :
blanc n'est-il pas un accident, et,
comme tel, n'est-il pas à exclure ?
Ar. répond qu'à moins d'ajouter
ou de retrancher improprement un
attribut dans l'essence, rien ne s'oppose à ce qu'un terme composé,
comme « homme blanc » soit, dans
une certaine mesure, une essence. Ce
ne sera pas une essence proprement
dite (1030 *a* 2), qui ne peut exprimer qu'une substance ; ce pourra
être une essence de second ordre, une
essence dérivée.
Cf. saint Thomas, *Comm.*, p. 392,
n. 1318 et ss. ; Hamelin, *le Syst.
d'Ar.*, pp. 121 et 122 ; Ross, *Introduction* à son édition de la *Métaph.*,
pp. XCIV et ss.

dité est ce que tu es par toi. — Mais la quiddité n'est pas cependant tout ce qui est dit par soi. Elle n'est pas, en effet, ce qui est par soi comme le blanc est à la surface, car la quiddité de la surface n'est pas la quiddité de blanc. La quiddité de la surface n'est pas non plus le composé des deux choses, « surface blanche ». Pourquoi ? Parce que « surface » est joint dans la définition. Aussi la véritable définition de 20 la quiddité de chaque être est-elle celle qui exprime sa nature, mais dans laquelle ne figure pas cet être lui-même. De sorte que si la quiddité de la surface blanche est identique à la quiddité de la surface polie, la quiddité du blanc et la quiddité du poli seront une seule et même quiddité [1]. — Puisqu'il y a aussi des composés [σύνθετα] de la substance avec les autres catégories (car il y a un sujet pour chaque catégorie, par exemple pour la qualité, la quantité, le temps, 25 le lieu, le mouvement), il faut donc examiner s'il existe une définition de la quiddité de chacun de ces composés, et si à ces composés appartient aussi une quiddité, si, par exemple, pour « homme blanc », il y a une quiddité d'homme blanc. Désignons « homme blanc » par le mot « vêtement ». Quelle est donc la quiddité de « vêtement » ? — On objectera que la quiddité de vêtement n'est pas non plus une de ces choses qui sont dites être par soi. Mais ce qui est non par soi

---

[1] Surface étant répétée, cette identification ne donne pas son essence, mais elle donne l'essence du blanc, qui est, non répété, mais remplacé par un équivalent (Ross, trad. *ad loc.*). Cf. aussi BONITZ, *Metaph.*, 305 : *Neque enim licet, si quam rem definire velis, ipsam rem definiendam adhibere ad definitionem.*

peut se dire de deux façons : c'est quand il y a, ou bien 30
addition [ἐκ προσθέσεως], ou bien omission [τὸ δ᾽ οὔ].
Dans le premier cas, l'attribut est non par soi par le
fait que le terme à définir est lui-même ajouté à
quelque autre chose ; par exemple, si, définissant la
quiddité du blanc, on donnait la définition d'homme
blanc. Dans le second cas, c'est par le fait qu'une
autre chose est ajoutée au terme à définir lui-même ;
par exemple, si, en admettant que vêtement signifie
homme blanc, on définissait le vêtement comme
étant le blanc ; l'homme blanc est blanc, il est vrai, 1030 a
mais sa quiddité n'est pas celle du blanc[1]. — Mais
l'essence de « vêtement » est-elle bien une quiddité
proprement dite, ou non[2] ? Non, car la quiddité d'un
être est son essence individuelle et déterminée [ὅπερ
τόδε τι] ; or, quand une chose est attribuée à une autre
chose à titre de prédicat, l'ensemble du sujet et de
l'attribut accidentel ne constitue pas une essence

---

[1] Toute l'argumentation, depuis *b*
29, est difficile. « Homme blanc »,
dira-t-on, n'est évidemment pas ὃ λέγεται καθ'αὑτό et ne pourrait avoir
ainsi une quiddité. AR. répond (ἢ
l. 30) en distinguant deux façons dont
quelque chose peut être dit « non par
soi », et ni l'une ni l'autre de ces
deux façons ne s'applique assurément
au cas présent. La première, c'est
quand, voulant définir l'accident, on
définit le composé concret, sujet de
cet accident, l'homme blanc au lieu
du blanc : on a improprement *ajouté*
quelque chose au terme à définir (l.
31, il faut comprendre τὸ μὲν γὰρ
λέγεται ⟨οὐ καθ'αὑτό⟩ τῷ αὑτὸ ὃ ὁρίζεται
ἀλλῳ προσκεῖσθαι , οἷον κτλ.). La seconde, c'est, au contraire, quand, vou-

lant définir un composé, on définit
seulement l'accident, le blanc, au lieu
de l'homme blanc : on a improprement *retranché* quelque chose du terme à définir (l. 33, on doit lire
comme s'il y avait τὸ δὲ ⟨λέγεται οὐ
καθ' αὑτό⟩ τῷ ἄλλο αὑτῷ ⟨προσκεῖσ-
θαι⟩, οἷον κτλ.). Cf., pour tout ce passage, BONITZ, *Metaph.*, 306 et 307.

[2] AR. vient d'établir que l'une ou
l'autre façon dont une chose peut
être dite *improprement* accident d'une
autre, ne peut être celle dont « blanc »
est dit de l'homme. Il revient alors
à la question déjà posée 1029 *b* 25 :
Y a-t-il quiddité d'homme blanc (ou
de vêtement, mot qui, arbitrairement,
signifie homme blanc) ?

5 individuelle déterminée : ainsi l'homme blanc n'est pas une essence individuelle déterminée, s'il est vrai que l'essence individuelle appartient seulement aux substances. Il en résulte qu'il y a seulement quiddité de ce dont la notion est une définition. N'est pas définition tout nom qui désigne la même chose que la notion, car alors toute notion serait une définition, puisqu'il y aurait un nom qui désignerait la même chose que n'importe quelle notion, de sorte que même l'*Iliade* serait une définition. En réalité, il n'y a 10 définition que s'il y a notion d'un objet premier ; par objet premier, on entend tout ce qui n'est pas constitué par l'attribution d'une chose à une autre chose[1]. Il n'y aura donc pas de quiddité pour les formes spécifiques qui ne sont pas immanentes à leur genre [τὰ μὴ γένους εἴδη][2] mais seulement pour les formes immanentes au genre, parce que, seules, ces dernières semblent bien ne pas être attribuées à quelque autre chose par participation [κατὰ μετοχήν], à titre de modification ou par accident. Mais, pour chacun des autres êtres, il pourra y avoir aussi une notion expri-15 mant ce que signifie son nom, s'il en a un, savoir que tel attribut appartient à tel sujet, ou encore une

---

[1] Il n'y a donc définition que de ce qui existe par soi, et non de ce qui est attribué à un sujet comme prédicat. (Cf. Robin, *la Th. platon.*, p. 85, note 92 ; Hamelin, *le Syst. d'Ar.*, p. 121.)

[2] Par τὰ μὴ γένους εἴδη, Ar. désigne les Idées platoniciennes, séparées du sensible, par opposition aux τὰ γένους εἴδη, qui sont les formes spécifiques telles qu'il les conçoit, immanentes aux

choses sensibles (ἀλλὰ τούτοις, 1. 12). Les secondes seules sont des quiddités, car les Idées platoniciennes n'existent pas immédiatement par elles-mêmes, mais par participation à des Idées supérieures, lesquelles participent elles-mêmes à des Idées plus élevées, et ainsi de suite, à l'infini. Les Idées sont donc des accidents d'Idées plus générales, et la substance s'évanouit.

notion vague pourra être remplacée par une notion plus précise ; mais il n'y aura ni définition, ni quiddité. — Ne serait-ce pas que la définition, elle aussi, de même que l'essence d'une chose, reçoit une multiplicité de significations? L'essence d'une chose, en effet, signifie, en un sens, la substance et l'être déterminé, en un autre sens, chacun des prédicaments, quantité, qualité et autres modes de même nature. 20 De même, en effet, que l'Etre appartient à toutes les catégories, mais non au même degré, car il appartient à la substance d'une manière primordiale [πρώτως], et aux autres catégories d'une manière dérivée [ἑπομένως], de même l'essence appartient, d'une façon absolue, à la substance, et, dans une certaine mesure seulement, aux autres catégories. Par exemple, nous pouvons demander de la qualité, ce qu'elle est ; la qualité rentre donc aussi dans les essences, mais non pas absolument, et il en est de la qualité comme 25 du Non-Etre, dont certains philosophes [1] disent dialectiquement qu'il est, non pas qu'il soit absolument, mais parce qu'il est Non-Etre. — Il importe donc d'examiner comment appliquer la quiddité dans chaque cas, mais ce n'est pas plus important, à coup sûr, que de savoir comment les faits eux-mêmes se comportent [2].

C'est pourquoi aussi, maintenant que nous avons éclairci le sens propre du terme « essence », nous pou-

---

[1] PLATON, *Soph.*, 237, 256.   [2] AR. va donc maintenant raisonner φυσικῶς.

vons dire que la quiddité, comme l'essence d'une
chose, appartiendra également, d'une manière pri-
30 mordiale, à la substance, et, d'une manière dérivée,
aux autres catégories, non pas alors quiddité au sens
absolu, mais quiddité de la qualité ou de la quantité.
On doit, en effet, appeler êtres tant la substance que
les autres catégories, soit à titre d'homonymes, soit
en ajoutant ou en retranchant une qualification à
« être », dans le sens où nous disons que le non-
connaissable est connaissable[1]. En réalité nous ne
parlons ni par homonymie, ni par synonymie : il
35 en est comme du terme « médical », dont les diverses
acceptions sont relatives à un seul et même terme,
1030 b mais ne signifient pas une seule et même chose, et ne
sont pas non plus des homonymes : le terme « médical », en effet, ne qualifie un patient, une opération,
un instrument, ni à titre d'homonyme, ni comme
exprimant une seule chose, mais il est seulement relatif à un même terme [πρὸς ἕν][2]. Quelque opinion,
du reste, que l'on adopte à ce sujet, peu importe.
Ce qui est évident, c'est que la définition et la quid-
5 dité, au sens premier et absolu, appartiennent aux
substances. Néanmoins, il y a également définition

---

[1] La substance et les autres catégories sont des êtres par pure équivo-
cité ; quand il s'agit des catégories
autres que la substance, nous *ajoutons* à « être » une qualification,
comme quand nous disons que le non-
connaissable est connaissable, parce
qu'il est connaissable être inconnaissable ; pour la substance, nous
retranchons cette qualification et nous
disons que la substance *est* simplement. — Telle est l'interprétation du
Pseudo-Alex., 474, 10 Hd. — L. 32,
ταῦτα désigne la substance et les autres
catégories.

[2] Sur les τὰ πρὸς ἕν λεγόμενα, cf. Γ, 2.

et quiddité pour les autres êtres, mais non plus au
sens premier. — Cela accordé, il ne résulte pas nécessairement que soit définition tout ce qui exprime la
même chose que la notion, mais seulement ce qui
exprime la même chose qu'une certaine notion : c'est
ce qui arrivera s'il s'agit d'un objet un, non pas un
par continuité, comme l'*Iliade*, ou comme ce qui est
uni par un lien, mais un au sens véritable de l'Un, 10
qui répond aux différents sens de l'Etre ; or, l'Etre
signifie ou la substance, ou la quantité, ou la qualité. — D'après cela, il y aura aussi notion et définition même d'homme blanc, mais non au sens où il y
a définition du blanc ou de la substance[1].

5.

< *De la définition des natures renfermant
une dualité.* >

Voici une difficulté : si l'on dit que n'est pas définition la notion constituée par addition, de quels
termes, non pas simples, mais renfermant une dua- 15
lité [συνδεδυασμένα], y aura-t-il donc définition[2] ? Car

---

[1] De toute l'argumentation, tant
λογικῶς que φυσικῶς, contenue dans
ce chapitre, il résulte donc qu'il y
aura définition : *a*) d'abord de la
substance ; *b*) puis des autres catégories ; *c*) puis des σύνθετα (substance + autre catégorie, v.g. *homme
blanc*). Le chapitre 5 va montrer
qu'il y a aussi définition (toujours

au sens dérivé), *d*) des συνδεδυασμένα,
qui sont des composés d'un attribut
καθ' αὐτό avec son sujet.
[2] C'est la question de la légitimité
de la définition des natures composées, opposées aux ἁπλᾶ. Cf. HAMELIN,
le Syst. d'Arist., pp. 118 et ss. —
La dualité des συνδεδυασμένα est celle
du sujet et d'un attribut *per se*.

c'est par addition qu'il faut exprimer ici la définition.
Je prends un exemple. Soit, d'un côté, le nez et la
concavité, et, d'un autre côté, le camus, lequel est
affirmé du nez et de la concavité par la présence de
l'une dans l'autre ; d'autre part, ce n'est pas par
accident, certes, que la concavité et le camus sont des
propriétés du nez, mais par essence. Il n'en est pas
20 comme du blanc, qui peut s'appliquer à Callias ou à
l'homme, parce que Callias, qui se trouve être un
homme, est blanc ; il en est comme du mâle dans
l'animal, de l'égal dans la quantité, et comme tout
prédicat qui est dit « par soi » appartient à une chose,
j'entends par là les attributs dans la définition desquels entre la notion ou le nom de ce dont l'attribut
est l'état, et qui ne peuvent être exprimés séparément
25 du sujet : le blanc, par exemple, peut être abstrait
de l'homme, mais non la femelle, de l'animal.
D'après cela, il n'y aura quiddité et définition d'aucun de ces termes, ou bien, s'il y a quiddité et définition, ce sera dans un sens différent, ainsi que nous
l'avons dit plus haut [1]. — Voici encore, à ce sujet,
une autre difficulté : si « nez camus » et « nez concave » sont identiques, le camus et le concave seront
aussi identiques. Si le camus et le concave ne sont
30 pas identiques, parce qu'il est impossible de dire le
camus sans la chose dont il est un attribut par soi

---

[1] Ar. a démontré, au chapitre précédent, qu'il ne pouvait y avoir définition πρώτως de l'« homme blanc »,
mais seulement définition ἑπομένως ;
il en est de même pour les συνδεδυασμένα, à raison de la πρόσθεσις qui
introduit dans la définition une chose
autre que le terme à définir. Cf. supra, 1029 b, 30 et 1030 a, 17-b 13.

(car le camus est la concavité dans le nez), alors,
ou bien on ne pourra dire « nez camus », ou bien
ce sera dire deux fois la même chose, « nez, nez concave », puisque le nez camus sera « nez, nez concave ». Il est donc absurde d'admettre pour les choses
de ce genre une quiddité ; s'il y en a une, on va à 35
l'infini, car il y aura encore un autre nez impliqué
dans « nez, nez camus » [1].

Il est donc écident que de la substance seule il 1031 *a*
y a définition. S'il y a, en effet, définition des autres
catégories, ce sera nécessairement par addition,
comme pour la qualité et l'impair, lequel ne peut
se définir sans le nombre, pas plus que la femelle
sans l'animal. Par définitions par addition, j'entends
celles dans lesquelles on est logiquement obligé de
dire deux fois la même chose, comme dans nos
exemples. Si cela est vrai, il n'y aura pas définition 5
de ce qui enferme une dualité, par exemple du nombre impair. Si nous ne nous en apercevons pas, c'est
parce que nos définitions ne sont pas précises. En
accordant même que de telles définitions soient possibles, ou bien elles sont d'une nature différente, ou
bien, comme nous l'avons dit, il faudra admettre
qu'il existe plusieurs acceptions de la définition
et de la quiddité ; de sorte que, en un sens, il n'y aura 10

---

[1] Il y aura donc tautologie, ce qui
empêchera une définition véritable.
Cf. *Soph. Elench.*, 31, 182 *a*, 4. —
Saint Thomas, p. 399 n. 1349, explique
bien l'exemple du « nez camus » (notamment : *constat enim, quod cum*
dico, nasus concavus, loco concavi
potest accipi simum, quia concavitas
in naso non est nisi simitas, et loco
simi iterum nasus concavus, et sic
in infinitum). Cf. aussi Ross, II, 173.

de définition et de quiddité que pour les substances,
mais, en un autre sens, il pourra y en avoir des autres
choses. Donc que la définition soit l'expression de la
quiddité, et que la quiddité ne se rencontre que dans
les substances, ou du moins qu'elle s'y trouve principalement, avant tout, et absolument, c'est là une
chose évidente.

6.

< De l'identité de chaque être avec sa quiddité. >

15   La quiddité [τὸ τί ἦν εἶναι] est-elle identique à chaque être, ou bien est-elle différente de lui? C'est ce
qu'il faut examiner, car cette recherche nous sera
utile pour l'étude de la substance. Chaque être, en
effet, ne diffère point, semble-t-il bien, de sa propre
substance, et la quiddité est dite être la substance de
chaque chose.

Dans les termes formés d'une substance et d'un
prédicat par accident [τὰ λεγόμενα κατὰ συμβεβηκός],
la quiddité paraît, au contraire, différer de l'être ;
20 par exemple « homme blanc » est différent de la quiddité de l'homme blanc. S'il y avait identité, il y aurait
aussi identité entre la quiddité d'homme et la quiddité d'homme blanc, car homme et homme blanc,
c'est, disons-nous, une même chose, de sorte que la
quiddité de l'homme blanc et la quiddité de l'homme
seraient identiques. Mais peut-être ne s'ensuit-il pas
que la quiddité des êtres ayant un prédicat accidentel

soit la même [1]. Les termes extrêmes [ἄκρα] du syllo- 25
gisme, en effet, ne sont pas identiques de la même
manière avec le moyen terme. On pourrait penser
peut-être qu'il s'ensuit au moins que les termes
extrêmes, les accidents [2], sont les mêmes, par exemple
la quiddité du blanc et la quiddité du musicien. Mais
il semble bien n'en être pas ainsi [3].

Quant aux êtres appelés êtres par soi [τὰ καθ᾽ αὑτὰ
λεγόμενα], cette identité de leur substance avec leur
quiddité est-elle nécessaire ? Par exemple, s'il existe
des substances telles qu'aucune autre substance, au- 30
cune autre réalité ne serait antérieure à elles, comme
le sont les Idées selon certains philosophes ? Si, en
effet, le Bien en soi est différent de la quiddité du
bien, l'Animal en soi, de la quiddité de l'animal,

---

[1] « La même », c'est-à-dire la même
que celle du terme simple correspondant ; de ce qu'il y a identité entre la
quiddité d'homme blanc et homme
blanc, il ne s'ensuit pas qu'il y ait
aussi identité entre quiddité d'homme
blanc et quiddité d'homme.
[2] τὰ κατὰ συμβεβηκός. — Avec Christ
et Ross, nous ajoutons τὰ, ce qui
éclaire le sens de ce difficile passage.
[3] Le raisonnement est difficile. Cf.
Ross, II, 176 et la note de sa traduction ad loc. Voici, brièvement résu-
mée, l'argumentation d'Aristote. Dans
les τὰ λεγόμενα κατὰ συμβεβηκός (la notion d'homme blanc, par exemple),
la quiddité diffère de l'être. En effet,
si « homme blanc » est identique à
sa quiddité, comme « homme » est
identique à « homme blanc », « homme » sera identique à la quiddité
d'homme blanc (1er syllogisme). —
Si « homme blanc » est identique à
sa quiddité, « homme » étant identique à sa quiddité, la quiddité

d'homme sera identique à la quiddité
d'homme blanc, ce qui est absurde.
Mais Ar. remarque immédiatement
que ce raisonnement per absurdum
n'est pas impeccable : il y a identité
absolue entre les termes de la majeure du 1er syllogisme (homme
blanc — quiddité d'homme blanc),
ceux de la majeure (homme blanc —
quiddité d'homme blanc) et ceux de
la mineure (homme — quiddité
d'homme) du 2e syllogisme, l'un de
ces termes étant le moyen, tandis que
l'identité entre les termes de la mineure du 1er syllogisme est seulement
par accident : « homme » n'est identique à « homme blanc » que de cette
façon. On pourrait, tout au moins,
croire, ajoute Aristote, qu'il y a identité entre les accidents, entre la quiddité de blanc et la quiddité de musicien. Mais là encore, nous nous heur-
tons à une absurdité : le blanc n'est
pas le musicien.

l'Etre en soi, de la quiddité de l'Etre, il y aura d'au-
1031 b tres substances, d'autres natures et d'autres Idées, en
dehors de celles que nous avons mentionnées, et, en
outre, ces substances seront antérieures, s'il est vrai
que la quiddité est la substance. — Si l'on sépare
ainsi les Idées de leur quiddité, il n'y aura plus de
science d'aucune Idée, et, d'autre part, les quiddités
ne seront plus des êtres. (Par séparation j'entends que,
5 dans le Bien en soi, ne se trouve plus la quiddité du
Bien en soi, et que dans la quiddité du Bien en soi ne
se trouve plus le Bien en soi). En effet, la science de
chaque être, consiste dans la connaissance de la quiddité de cet être. Qu'il s'agisse du Bien ou des autres
Idées, le résultat est le même. De sorte que si la
quiddité du Bien n'est pas le Bien, la quiddité de
l'Etre n'est pas l'Etre, et la quiddité de l'Un n'est pas
l'Un. — De même, la quiddité est identique à la chose
pour toutes les Idées, ou bien elle n'est identique à
10 la chose pour aucune, de sorte que, si la quiddité de
l'Etre n'est pas l'Etre, il en sera de même pour toutes
les autres Idées. — En outre, ce à quoi la quiddité
du Bien n'appartient pas n'est pas bon. Nécessairement donc, c'est une chose une que le Bien et la
quiddité du Bien, que le Beau et la quiddité du Beau.
Il en est ainsi pour tous les êtres qui ne sont pas
affirmés d'un autre être, mais qui sont par soi et
premiers. Si de tels êtres existent, ils suffisent, quand
bien même les Idées n'existeraient pas ; peut-être
même suffisent-ils encore davantage, s'il y a des

Idées[1]. En même temps, il est clair que si les Idées 15
sont telles que l'assurent certains philosophes, le
sujet sensible duquel l'Idée est affirmée ne sera pas
une substance. En effet, les Idées sont nécessairement
substances et ne sont pas affirmées d'un sujet, car
alors elles n'existeraient plus que par participation
à leur sujet sensible[2]. — Il ressort de ces considérations que chaque être lui-même est un avec sa quiddité, et que cette identité n'a pas lieu par accident ;
c'est aussi parce que connaître ce qu'est chaque être, 20
c'est connaître sa quiddité, de sorte que, par ecthèse[3]
aussi, l'identité de chaque chose et de sa quiddité
résulte nécessairement. — Quant à l'être dit par accident, comme le musicien ou le blanc, à raison de sa
double signification il n'est pas vrai de dire que son
être soit identique à sa quiddité : il signifie, en effet,
ce dont le blanc est accident et l'accident lui-même, 25
de sorte que, en un sens, il y a identité, et, en un
autre sens, il n'y a pas identité de l'être et de la quiddité. En effet, la quiddité du blanc n'est pas identique
à l'homme ou à l'homme blanc, mais elle est identique
à la qualité de blanc. — L'absurdité de la séparation
de la chose et de la quiddité apparaît encore, si on
désigne par un nom chacune des quiddités, car il
y aura, en dehors de cette première quiddité, une

---

[1] « Ce qui revient à dire que celles-ci ne servent à rien du tout » (Robin, *la Th. Platon.*, p. 56, n. 59).

[2] Conséquence qui est le renversement complet de la théorie des Idées: ce seraient les Idées qui participeraient des choses sensibles.

[3] ἔκθεσις ne semble pas recevoir ici un sens technique et platonicien. Le Ps. Alex. (484, 10 Hd) l'interprète dans le sens d'ἐπαγωγή, et comme signifiant simplement « preuve au moyen d'exemples ». Cf. Ross, II, 179.

30 autre quiddité : ainsi à la quiddité du cheval appartiendra une autre quiddité[1]. Et alors, qui empêche
donc, dès maintenant, que des êtres soient immédiatement leur propre quiddité, s'il est vrai que la
substance, c'est, selon nous, la quiddité ? Bien plus,
non seulement la substance et la quiddité ne font

1032 a qu'une chose, mais encore leur définition est la
même, comme cela résulte avec évidence de ce que
nous venons de dire, car ce n'est pas par accident
que l'Un et la quiddité de l'Un, par exemple, sont
une chose une. — De plus, si la quiddité est autre
que la chose, on ira à l'infini ; il y aura, d'une part,
la quiddité de l'Un, et, d'autre part, l'Un, et le même
raisonnement se poursuivra ainsi sur ces termes[2].

5   Donc, qu'en ce qui concerne les êtres premiers et
dits par soi, la quiddité de chaque être et chaque
être soient une seule et même chose, c'est ce qui est
évident. — Les difficultés sophistiques [σοφιστικοὶ
ἔλεγχοι] opposées à notre thèse, et la question de savoir
s'il y a identité entre Socrate et la quiddité de
Socrate[3], sont réfutées manifestement par la même
solution, car il n'y a de différence ni dans les raisons qui font poser les problèmes, ni dans celles où

---

[1] Et ainsi de suite, à l'infini. Cf. sur cet argument, Robin, *la Th. Platon.*, p. 54, n. 57.

[2] Si l'on sépare la quiddité de la chose, cette quiddité est elle-même une chose, qui exige une quiddité ; il faudra donc une quiddité de cette quiddité, et ainsi de suite *in infinitum*. (Robin, *op. cit.*, p. 55.)

[3] Le Ps. Alex. (485, 35 Hd) expose de la façon suivante l'argumentation sophistique visée par Ar.: Si Socrate est distinct de sa quiddité, Socrate sera différent de lui-même ; s'il y a identité entre Socrate et sa quiddité, et si Socrate est blanc, la quiddité de Socrate sera identique à la quiddité de Socrate blanc, et la substance, à l'accident.

l'on puise les réponses[1]. Ainsi donc, à quelles conditions il y a identité entre chaque être et sa quiddité, 10
à quelles conditions aussi cette identité n'existe pas,
c'est ce que nous venons de déterminer[2].

7.

< Analyse de la génération et de ses différentes espèces. >

Parmi les choses qui sont engendrées, les unes sont
des productions de la nature, les autres, de l'art, les
autres, du hasard. Tout ce qui devient, devient par
quelque chose, de quelque chose, quelque chose ; par
ce quelque chose, j'entends ce qui devient suivant
chaque catégorie : substance, quantité, qualité ou 15
lieu[3].

Les générations naturelles [γενέσεις φυσικαί][4] sont

---

[1] Dans les deux cas, il s'agissait de dissiper une confusion fondamentale entre la substance et l'accident, et c'est ce qu'ARISTOTE vient de faire.

[2] Pour tout ce chapitre, on consultera particulièrement ROBIN, la Th. platon., pp. 50 et ss. — La signification générale est une critique serrée de la théorie des Idées. Les PLATONICIENS veulent que les Idées, qui signifient l'universel, signifient aussi la quiddité de chaque chose. Mais peut-on ainsi séparer, comme le font ces philosophes, la quiddité de la chose dont elle est la forme ? Cette séparation est possible pour les termes κατὰ συμβεβηκός, mais non pour les êtres qui existent par eux-mêmes, ce qui est le cas des idées de PLATON.

[3] Le plus souvent, AR. réserve la dénomination de γένεσις au changement κατ' οὐσίαν; les changements affectant les trois autres catégories (à l'exclusion des catégories restantes, contrairement à ce que dit inexactement ARISTOTE, l. 14) rentrent dans la κίνησις. Voici un tableau des différentes sortes de changements :

[4] AR. va examiner successivement :
a) la génération naturelle (a 15);

celles des êtres qui sont engendrés par la nature.
Ce dont un être provient, nous l'appelons la matière ;
ce par quoi il est produit, c'est un être qui existe
naturellement ; l'être produit, c'est un homme, ou
une plante, ou quelque autre chose de cette sorte,
et ce sont ces êtres que nous appelons principalement
des substances. De plus, tous les êtres qui sont engen-
20 drés, soit par la nature, soit par l'art, ont une matière,
car chacun d'eux est capable à la fois d'être et de ne
pas être, et cette possibilité, c'est la matière qui est en
lui. D'une manière générale, ce dont les êtres viennent
est nature, et la forme suivant laquelle ils sont produits est aussi nature, car l'engendré a une nature,
comme la plante ou l'animal. Enfin, ce par quoi la
génération se fait est également nature, mais la nature
prise au sens de forme et spécifiquement identique,
quoique résidant en un autre être, car c'est l'homme
25 qui engendre l'homme [ἄνθρωπος ἄνθρωπον γεννᾷ][1].

Tel est donc le devenir des productions naturelles ;
toutes les autres productions se nomment réalisations
[ποίησεις]. Toutes les réalisations proviennent, soit de
l'art, soit de la puissance, soit de la pensée. Certaines
d'entre elles proviennent aussi du hasard et de la fortune, comme il arrive parfois pour les productions
30 naturelles, car, ici encore, certains êtres naissent
également de la semence ou sans semence[2]. — Ces

b) la production artistique (a 26) ;
c) la production due au hasard (b 21).
[1] Exemple habituel chez Ar. Cf.
Bonitz, Ind. arist., 59 b, 40. — Sur
les différents sens de « nature »,
cf. Δ, 4 et 18 (καθ' δ, l. 22).
[2] Par exemple, suivant Ar., les poissons (Hist. Anim., 569 a, 11) et les

derniers cas seront examinés plus loin ; quant aux
productions de l'art, ce sont celles dont la forme est
dans l'esprit de l'artiste. (J'appelle forme la quiddité 1032 *b*
de chaque être, sa substance première). Les contraires aussi, en effet[1], ont, en un certain sens, la
même forme, car la substance de la privation, c'est
la substance opposée, comme la santé est la substance de la maladie : c'est par l'absence de la santé
que se manifeste la maladie, et la santé, c'est la 5
notion qui est dans l'esprit du médecin, la notion
objet de science. Le sain, en effet, est le résultat d'un
enchaînement de pensées comme celui-ci : puisque
telle chose est la santé, si l'on veut se bien porter, il
faudra réaliser cette chose, par exemple l'équilibre[2],
et, pour produire cet équilibre, il faut la chaleur.
Et le médecin remonte ainsi progressivement par la
pensée jusqu'à un ultime élément qu'il est en son
pouvoir de produire lui-même. Et dès lors le mouvement qui en résulte, c'est-à-dire le mouvement en 10
vue de se bien porter, se nomme réalisation. Il
s'ensuit donc logiquement que, d'une certaine
manière, la santé vient de la santé, la maison, de la
maison, le matériel, de l'immatériel; car la médecine
et l'art de bâtir sont la forme de la santé et de la
maison, et quand je parle de substance sans matière,

---

insectes (*de Gen. Anim.*, II, 1, 732 *b*,
12).
   [1] Ar. répond à une objection qui
serait celle-ci : la maladie ne peut-
elle être, comme la santé, produite
par la médecine ? Et pourtant le médecin n'a pas, dans l'esprit, la forme
de la maladie. — En réalité, dit Ar.,
d'une certaine manière (c'est-à-dire
par son absence) la forme est la
forme de la privation (Ross, II, 183).
   [2] L'équilibre du froid et du chaud.

j'entends par là la quiddité. — Des productions et
15 des mouvements, une partie est appelée conception,
une autre, réalisation ; ce qui provient du principe et
de la forme est conception ; ce qui naît de la dernière
idée de l'esprit est réalisation [1]. Et le mode de production est le même pour chacun des stades intermédiaires. Je dis, par exemple, que la santé exige l'équi-
20 libre ; qu'implique donc l'équilibre? Telle chose ; et
cette chose sera, s'il y a chaleur. Qu'impliquera la
chaleur? Telle autre chose. Cette dernière chose
existe en puissance ; et ce qui existe en puissance est
déjà au pouvoir du médecin.

Ainsi, la cause efficiente [τὸ ποιοῦν], le principe
moteur de se bien porter, c'est la forme qui est dans
l'esprit, si la santé est le fruit de l'art ; si elle est le
fruit du hasard, c'est tout ce qui est le point
de départ de la réalisation proprement dite pour
l'homme agissant par l'art. Par exemple, dans la gué-
25 rison, le principe, c'est sans doute la production de
la chaleur, et le médecin produit la chaleur par la
friction. La chaleur donc, qui est dans le corps, ou
bien est une partie de la santé, ou bien elle est suivie,
soit directement, soit à travers plusieurs intermédiaires, par quelque chose de même espèce, qui est
une partie de la santé. Or, le dernier intermédiaire
est celui qui réalise la partie de la santé, et, à ce
compte, il est partie de la santé, et il sera partie aussi

---

[1] Dans tout ce qui précède et ce qui suit, Ar. isole la cause efficiente. Sur ce point important, cf. Hamelin, *Essai sur les éléments principaux de la représentation*, 2° éd., pp. 264 et ss.

bien de la maison, par exemple les pierres, ou bien du reste [1]. — Ainsi donc, comme nous le disons, le devenir est impossible, si rien ne préexiste. Qu'une partie de l'être produit doive donc nécessairement préexister, c'est évident ; car la matière est une partie, puisqu'elle est le sujet immanent du devenir. Mais la matière entre-t-elle encore, comme élément, dans la définition de la chose [2] ? Assurément, car c'est en un double sens que nous déterminons la nature des cercles d'airain, par exemple : nous déterminons leur matière, en disant que c'est l'airain, et leur forme, en disant que c'est telle figure ; et la figure est le genre prochain dans lequel le cercle est placé. Dans la définition du cercle d'airain entre donc aussi la matière [3].

C'est du sujet pris comme matière, dont ils viennent, que certains êtres, une fois produits, tirent leur nom : on dit qu'ils sont, non pas « cela », mais « de cela » [ἐκείνινον]. Par exemple, la statue n'est pas « pierre » [λίθος], mais « de pierre » [λίθινος]. Par contre, l'homme qui revient à la santé [4] ne prend pas le nom de ce dont il est parti pour arriver à la santé ;

30

1033 a

5

---

[1] Texte difficile. Nous adoptons le texte de Christ, mais nous supprimons toutefois, l. 20, τὸ devant οὕτως, ce qui donne un sens satisfaisant, qui paraît être celui du Pseudo-Alex., 492, 13 Hd. — La chaleur du corps peut donc produire la santé sans intervention du médecin, et agit comme si le médecin était intervenu ; elle est la condition nécessaire minima pour la production de la santé, comme les pierres, pour la construction de la maison.

[2] Avec Bonitz (Ind. Arist., 90 b, 28) et Ross (II, 186), nous lisons, l. 1033 a 1, ἆρα, et employons la forme interrogative.

[3] Le genre est ὕλη ; il est à la différence ce que la matière est à la forme. Telle est, du moins, l'interprétation du Pseudo-Alex. (492, 19 Hd) et de Bonitz, Métaph., 324. Sur les difficultés qu'elle soulève, cf. Ross, II, p. 185.

[4] ἀλλοίωσις et non plus γένεσις.

la raison en est que, bien qu'une chose procède à la
fois de sa privation et de son sujet, que nous appelons
10 sa matière (par exemple, ce qui devient bien portant est à la fois l'homme et le malade), on dit plutôt
cependant que la chose vient de la privation ; ainsi
c'est du malade plutôt que de l'homme que le sujet
bien portant procède [1]. Aussi l'homme bien portant
n'est-il pas dit malade, mais homme, et homme bien
portant. Quand la privation n'est pas apparente, et
quand elle ne reçoit pas de nom, par exemple, dans
l'airain, la privation de telle figure, ou, pour les
pierres ou les poutres, la privation de la maison,
15 la chose semble bien provenir de ces éléments matériels, comme tout à l'heure l'homme bien portant,
du malade. Aussi, de même que dans ce dernier cas,
l'objet n'est pas dit être ce dont il provient, de même
ici la statue n'est pas dite être « bois », mais, par une
altération de nom, elle est dite « de bois », elle est
« d'airain » et non « airain », elle est « de pierre »
et non « pierre », et la maison sera « de briques » et
non « briques ». (Pourtant, que la statue vienne du
20 bois, ou la maison, des briques, tout bien considéré, on ne peut le dire d'une manière absolue, car
lorsqu'une chose provient d'une autre, il faut qu'il
y ait changement de cette autre chose et non persistance [2].) Telle est donc la raison de cette façon de
s'exprimer.

---

[1] Des l. 8 à 12, nous avons adopté
la ponctuation de Ross.
[2] On doit traiter cette phrase
comme une parenthèse, qui rompt le
développement. — Ar. veut dire que,
strictement parlant, la statue ne vient
pas du bois, puisqu'en réalité le bois
n'a subi, en tant que bois, aucun
changement.

8.

< *La matière et la forme sont inengendrées ; il n'y a génération que du composé.* >

Ce qui est engendré, est engendré en vertu de quelque cause motrice (et j'entends par là le principe de la génération), de quelque sujet (admettons que 25 ce soit, non la privation, mais la matière, au sens que nous avons déjà précédemment défini) [1], et devient quelque chose (c'est, par exemple, une sphère, ou un cercle, ou quelque autre objet pris au hasard). De même donc qu'on ne produit pas le sujet, savoir l'airain, on ne produit pas non plus la sphère [2], sinon par accident, parce que la sphère d'airain est une sphère, 30 et que la sphère d'airain est produite. En effet, produire un être déterminé, c'est, à partir d'un sujet pris dans le plein sens du mot [3], produire un être déterminé. Je dis, par exemple, que rendre rond l'airain, ce n'est produire ni la rondeur, ni la sphère, mais c'est produire une autre chose, c'est produire cette forme dans autre chose. Si, en effet, l'on produisait la forme, on la tirerait d'autre chose, comme nous l'avons établi plus haut [4]. Produire une sphère d'ai- 1033 b rain veut dire faire de tel objet, qui est l'airain, telle autre chose, qui est une sphère. Si donc il y a égale-

---

[1] Cf. ch. 7, 1032 *a*, 17.
[2] L. 29, ποιεῖ a comme sujet sous-entendu ὁ ποιῶν (Cf. Bonitz, *Métaph.*, 325).

[3] C'est-à-dire comprenant matière et forme.
[4] *a* 25.

ment production du sujet lui-même, il est évident
que la production se fera de la même façon, et que
la chaîne des productions ira à l'infini. Il est donc
5 clair que la forme aussi, ou quel que soit le nom
qu'il faille donner à la configuration réalisée dans le
sensible, n'est pas soumise au devenir[1], que d'elle
il n'y a pas génération, et qu'il en est de même si on
l'envisage comme quiddité : en effet, elle est ce qui
devient dans un autre être, soit par l'art, soit par la
nature, soit par une puissance. Mais ce qui est produit, c'est, par exemple, une sphère d'airain ; car elle
est faite de l'airain et de la sphère ; la forme a été réa-
10 lisée dans telle matière, et le produit est une sphère
d'airain. Mais s'il y a génération de l'essence de la
sphère en général, quelque chose devra provenir de
quelque chose[2], car il faudra toujours que l'objet
produit soit divisible, et qu'une partie soit ceci et une
autre partie, cela, c'est-à-dire qu'une partie soit la
matière, et l'autre partie, la forme. Si donc « la sphère
est la figure où tous les points de la circonférence
sont équidistants du centre », on distinguera, dans
cette définition, d'une part, le genre dans lequel se
réalisera la chose [ἐν ᾧ], d'autre part, la différence,

---

[1] Il ne s'ensuit pas que toute forme
soit éternelle. Sont seulement éternelles les formes qui ne sont pas
engagées dans le sensible (Dieu, les
Intelligences des sphères, la raison
humaine) et celles qui, produisant
une nouvelle substance, doivent préexister dans un autre individu de
même espèce (ἄνθρωπος ἄνθρωπον γεννᾷ).
Par contre quand une nouvelle qualité, ou quantité, etc... surgit au sein
d'une substance, cette qualité ou
quantité apparaît instantanément, à
la manière de l'accident. Cf. Ross,
II, 188.

[2] Cf. saint Thomas, Comm., p. 419,
no 1425 : Quia si esset ejus [= for-
mae] generatio, oporteret quod esset
ex aliquo, sicut ex materia. Omne
enim quod fit oportet esse divisibile...
scilicet quod una pars sit materia et
alia pars sit species.

qui se réalisera dans ce genre [τὸ δ'], et enfin la forme 15
spécifique totale engendrée[1], qui correspondra à la
sphère d'airain concrète. — Il résulte clairement de
ce qui précède, que ce qu'on appelle la forme ou la
substance n'est pas engendré, que ce qui est engendré c'est le composé[2] de matière et de forme, qui
reçoit son nom de la forme, et que tout être engendré
renferme de la matière, une partie de la chose étant
matière, et une autre partie, forme.

Y a-t-il donc[3] quelque sphère en dehors des sphères 20
sensibles, ou quelque maison, en dehors des briques ?
Ne serait-ce pas plutôt que, s'il en était ainsi, tel être
particulier ne pourrait jamais naître ? En réalité, la
forme signifie telle qualité de la chose [τὸ τοιόνδε][4]
et elle n'est pas l'individuel et le défini, mais l'impo-
sition de la forme produit et engendre, de tel être
déterminé, un être de telle qualité, de telle sorte
qu'après la génération, tel être individuel est un
être ayant telle qualité. Tout composé individuel, au
contraire, Callias ou Socrate, est dans le même cas
que telle sphère d'airain particulière, tandis que 25
l'homme et l'animal sont comme la sphère d'airain
en général. Il est donc évident que la causalité exem-
plaire des Idées, que les PLATONICIENS ont coutume
d'attribuer aux Idées, ne peut, en supposant qu'il

---

[1] Composée du genre et de la différence. — Sur le sens particulier de
οἶον, l. 16, cf. BONITZ, Ind. arist., 501
b 55.
[2] Nous lisons, avec JAEGER, σύνολος,
et non σύνοδος (synodus) qui n'est

employé nulle part chez ARISTOTE. Le
sens, d'ailleurs, reste le même.
[3] Etant donné que la forme est
ingénérable.
[4] τὸ τοιόνδε = quale quid.

existe de telles réalités, distinctes des individus, servir
à rien, du moins pour la génération et la constitution des substances. Les Idées n'ont donc pas besoin,
pour ces raisons du moins, de constituer des substances en soi. — Il est même évident que, dans cer-
30 tains cas, le générateur est de même espèce que l'engendré, mais sans être toutefois une seule et même
chose numériquement ; il y a seulement identité de
forme ; c'est ce qui arrive dans les productions naturelles, car l'homme engendre l'homme. Il faut faire
une exception en faveur de la génération contre nature [παρὰ φύσιν] : le cheval, par exemple, engendre le
mulet. Et encore, la loi de génération est-elle ici la
même, car la génération se fait en vertu d'un type
commun au cheval et à l'âne, d'un genre innommé qui
1034 a se rapproche de l'un et de l'autre, et qui est vraisemblablement intermédiaire entre les deux, quelque
chose de semblable au mulet. — On voit donc qu'il
n'est nullement besoin qu'un paradigme fournisse la
forme des êtres naturels (c'est, en effet, pour les êtres
naturels que ces paradigmes seraient utiles, puisque
les êtres naturels sont les substances par excellence).
En réalité, l'être générateur suffit à la production,
c'est lui qui est la cause de la réalisation de la forme
5 dans la matière. Ainsi, le tout qui est engendré, c'est
une forme de telle nature, réalisée dans telles chairs
et dans tels os, Callias ou Socrate, différent de son
générateur par la matière, qui est autre, mais identique à lui par la forme, car la forme est indivisible.

9.

< La génération spontanée, et la génération
selon les différentes catégories.>

On pourrait se demander pourquoi certaines choses
sont engendrées indifféremment par l'art ou par le
hasard, comme la santé, tandis que pour d'autres 10
choses, il n'en est pas de même, par exemple une
maison. La cause en est que, dans certains cas, la
matière, qui est le principe de la production des
choses qui sont faites ou produites par l'art, et possède en elle une partie de la chose produite, la
matière [1] est telle qu'elle possède une spontanéité de
mouvement qu'elle n'a pas dans l'autre cas. Dans le
premier cas, telle matière peut avoir un mouvement
particulier, tandis que telle autre ne le peut pas :
beaucoup d'êtres, en effet, sont doués d'un mouvement spontané, qui ne peuvent se donner tel mou- 15
vement particulier ; par exemple, ils ne pourront
danser. Toutes les choses donc qui ont une matière
de ce dernier genre, comme les pierres, sont incapables de tel mouvement déterminé, sans l'impulsion d'une cause extérieure, bien qu'elles puissent
accomplir spontanément tel autre mouvement [2] :
c'est aussi le cas du Feu. Pour cette raison, certaines

---

[1] Non pas la *materia prima*, mais
la matière ayant déjà des qualités
propres.
[2] Les pierres peuvent spontanément
tomber, mais elles ne peuvent pas
spontanément se grouper pour former
une maison.

choses n'existeront pas sans l'artiste, d'autres pourront
exister sans son intervention : dans ce dernier cas, elles
seront mises en mouvement par ces choses qui n'ont
pas l'art en question mais peuvent elles-mêmes être
20 mues par d'autres choses qui n'ont pas l'art, ou par
un mouvement provenant d'une partie existant déjà
dans la chose produite[1]. De ce que nous venons de
dire, il résulte clairement qu'en un sens toute chose
artificielle vient d'une chose homonyme, à l'exemple des générations naturelles, ou, plus exactement,
vient d'une partie homonyme d'elle-même, comme
la maison vient de la maison qui est dans l'esprit[2]
(car l'art de bâtir c'est la forme de la maison), ou
de quelque chose homonyme contenant une partie
d'elle-même, — exception faite toutefois pour le cas
25 de la production par accident. La cause de la production immédiate et par soi est, en effet, partie de l'être
produit ; ainsi la chaleur, née par le frottement, produit la chaleur dans le corps, et celle-ci est, ou la
santé, ou une partie de la santé, ou bien elle est suivie par une partie de la santé, ou par la santé elle-
même. C'est pourquoi on dit que la chaleur du frot-

---

[1] Texte altéré. Nous suivons l'interprétation de Ross, II, 191. — Certaines choses, comme la maison,
n'existent pas sans l'artiste ; d'autres
choses, comme la santé, peuvent exister spontanément : la santé sera alors
produite soit par l'action d'un non-
médecin, ou d'un agent matériel, soit
par un mouvement prenant son point
de départ dans quelque élément de
santé (la chaleur, par exemple),
préexistant dans le malade.

[2] Nous lisons, l. 24, τῆς ὑπὸ νοῦ, au
lieu de la leçon courante ἢ ὑπὸ νοῦ,
ou de la leçon de ROBIN et de ROSS
ἢ ὑπὸ νοῦ. Tout le passage est d'ailleurs altéré. — BONITZ, Metaphys., 329,
explique ainsi le mot « partie » : haec
aedificii notio pars potest dici aedificii, quoniam sensibile aedificium ex
materia et forma coaluit, et ea qui-
dem pars ὁμώνυμος.

tement est cause de la santé, parce qu'elle est cause
de ce dont la santé se trouve être la conséquence[1]. 30
Ainsi, toute espèce de production a, comme les syllogismes, pour principe la substance formelle, car il
n'y a de syllogisme que de l'essence, et de même, ici,
le point de départ de toute production est l'essence. —
Il en est des êtres dont la constitution est naturelle
comme des productions de l'art : la semence joue,
en somme, le rôle de l'artiste, car elle a, en puissance,
la forme, et ce dont vient la semence est, dans une
certaine mesure, l'homonyme de l'être engendré ; 1034 b
dans une certaine mesure, car il ne faut pas chercher
en cela une homonymie parfaite, comme dans la
génération de l'homme par l'homme, puisque la
femme aussi naît de l'homme. Exception doit être
faite du cas où l'être engendré est un être d'une forme
incomplète [πήρωμα][2] : c'est pourquoi le mulet ne
naît pas du mulet[3]. Toutes les productions naturelles
qui, à l'exemple des objets fabriqués que nous venons
de voir, peuvent résulter du hasard, sont celles dont la
matière peut prendre aussi par elle-même le mou- 5
vement qu'imprime naturellement la semence ; quant
aux êtres qui n'ont pas une matière de cette nature,
ils ne peuvent être engendrés que par leurs parents
mêmes[4].

Mais ce n'est pas seulement pour la substance[5] que

---

[1] Interprétation de JAEGER et de
Ross.
[2] Les πηρώματα sont les animaux
inachevés ou incomplets.
[3] Nous acceptons la correction de
Ross, II, p. 193, qui lit, l. 3 et 4,
ἐὰν μὴ πήρωμα ᾖ· διὸ ἡμίονος οὐκ ἐξ

ἡμιόνου, ce qui donne un sens très
satisfaisant.
[4] Cf. Ps. ALEX., 501, 7 Hd : ἀλλὰ
γίνονται ἐξ αὐτῶν τῶν γεννώντων αὐτά
καὶ οὐκ ἐκ ταὐτομάτου. Cf. aussi Bo-
NITZ, Métaph., 331.
[5] Après avoir montré l'ingénérabi-

le raisonnement démontre que la forme est ıngéné-
rable ; le même raisonnement s'applique également
à tous les genres premiers [πρώτα], quantité, qualité,
10 et autres catégories. De même, en effet, que ce qui
est produit c'est la sphère d'airain, et non la sphère
ni l'airain, et la même chose s'applique à l'airain
s'il est engendré (car il suppose toujours une matière
et une forme préexistantes), de même[1] pour la substance, la qualité, la quantité, et toutes les autres
catégories également. Ce qui devient, en effet, ce
15 n'est pas la qualité, mais le bois ayant telle qualité ;
ni la quantité, mais le bois ou l'animal ayant telle
quantité. Mais un caractère particulier de la substance
peut être appréhendé à l'aide de ces exemples ; c'est
que dans la génération d'une substance, il faut nécessairement admettre la préexistence d'une autre
substance productrice en entéléchie, par exemple un
animal, si c'est un animal qui est engendré ; si, au
contraire, il s'agit d'une qualité ou d'une quantité,
la préexistence en acte n'est pas nécessaire, celle de
la puissance suffit.

10.

*< Les parties de la forme sont seules
parties de la définition.[2] >*

20   La définition [ὁρισμός] étant une notion [λόγος], et

---

lité de la forme pour la substance,
Aʀ. passe maintenant aux autres catégories.
  [1] De même il en est ainsi, d'une

manière générale, pour la substance,
la qualité, etc...
  [2] Dans ce chapitre, Aʀ. soulève
deux problèmes : 1. La définition du

toute notion ayant des parties[1]; d'autre part, la notion
étant à la chose dans le même rapport que la partie
de la notion à la partie de la chose, la question se
pose dès lors de savoir si la notion des parties doit,
ou non, se trouver dans la notion du tout. Dans certains cas, il apparaît qu'elle s'y trouve, mais non dans
d'autres cas. Ainsi, la notion du cercle ne renferme
pas celle des segments, tandis que la notion de la 25
syllabe renferme celle des lettres ; et cependant le
cercle est divisé en segments, comme la syllabe, en
lettres. — Ensuite, si les parties sont antérieures au
tout, l'angle aigu étant une partie de l'angle droit,
et le doigt, une partie de l'animal, l'angle aigu sera
antérieur à l'angle droit, et le doigt, antérieur à
l'homme ; et cependant, l'homme et l'angle droit 30
semblent bien antérieurs, car, dans la définition, les
parties sont définies par rapport à eux ; ils sont encore
antérieurs parce qu'ils peuvent exister sans les
parties.

Mais le mot « partie » ne se prendrait-il pas plutôt en plusieurs acceptions? L'une de ces acceptions
désigne ce qui mesure quelque chose selon la quantité. Mais elle est à laisser de côté : ce qu'il faut con-

---

tout contient-elle celle des parties ?
(1034 b, 20-28 pose la question, qui
est examinée 1034 b, 32-1035 b, 2 et,
de nouveau, 1035 b, 31-1036 a, 12);
    2. Les parties sont-elles antérieures
au tout ? (1034 b, 28-32 pose la question, qui est examinée 1035 b, 3-31 et
reprise 1036 a, 13 ad finem).
[1] Savoir le genre et la différence,
tout au moins. Dicit [Ar.] quod om-

nis « definitio est quaedam ratio »,
idest quaedam compositio nominum
per rationem ordinata. Unum enim
nomen non potest esse definitio, quia
definitio oportet quod distincte noti-
ficet principia rerum quae concur-
runt ad essentiam rei constituendam
(saint Thomas, Comm., p. 431, n°
1460).

sidérer ici, ce sont les parties constitutives de la sub-
1035 a stance. Si donc il y a, d'une part, la matière, de
l'autre, la forme, et enfin le composé de la matière et
de la forme, et si la matière, la forme et le
composé de la matière et de la forme sont substance,
il s'ensuit que la matière aussi est, en un sens, dite
partie de la chose, et que, en un autre sens, elle ne
l'est pas, la chose étant seulement constituée par
les éléments qui entrent dans la notion de la forme.
Ainsi la chair n'est pas une partie de la concavité
5 (car la chair est la matière dans laquelle la concavité se réalise), elle est une partie du camus[1];
l'airain est une partie de la statue en tant que
composée, mais non pas de la statue considérée
comme forme. (C'est, en effet, la forme, ou la chose
en tant qu'elle a forme, qu'on exprime par un nom,
mais on ne doit jamais désigner un objet par l'élément matériel pris en lui-même.) Telle est la raison
pour laquelle la notion de cercle ne contient pas celle
10 des segments, tandis que la notion de la syllabe contient celle des lettres : c'est que les lettres sont des
parties de la notion de la forme, et non matière, tandis que les segments du cercle sont parties, au sens
de matière à laquelle la forme vient s'ajouter[2], bien

---

[1] *Intelligimus concavitatem quasi
formam, et nasum materiam, et simum quasi compositum. Et secundum hoc caro, quae est materia vel
pars materiae, non est pars concavi-
tatis, quae est forma vel species ;
nam caro est materia, in qua fit species. Sed tamen caro est aliqua pars*
*simitatis, si tamen simitas intelligi-
tur esse quoddam compositum, et
non solum forma.* SAINT THOMAS,
Comm., p. 433, n. 1472.
[2] Avec Ross, II, 196, nous lisons,
l. 12, ἐφ' ἧς et non ἐφ' οἷς ; cf. d'ailleurs l. 5.

que ces segments soient plus près de la forme que l'airain[1], quand la forme circulaire se réalise dans l'airain. Mais, en un sens, les éléments de la syllabe eux-mêmes n'entreront pas toujours dans la notion de syllabe, par exemple les lettres gravées sur la cire ou parlées, car s'il s'agit là de quelque chose qui est déjà partie de la syllabe, c'est seulement à titre de matière sensible. Que la ligne, en effet, une fois divisée, se résolve en demi-lignes, ou l'homme, en os, en nerfs et en chairs, il ne s'ensuit pas que la ligne et l'homme en soient composés comme de parties de la substance formelle, mais plutôt comme de parties de la matière; ce sont bien des parties du composé, mais non plus des parties de la forme et de ce dont il y a définition; aussi n'entrent-elles pas non plus dans les définitions. Dans certaines définitions, la définition de telles parties sera donc présente, mais dans d'autres définitions, elle ne doit pas figurer, quand, par exemple, la définition n'est pas celle de l'être concret. C'est pour cela que certaines choses ont pour principes constituants les éléments dans lesquels elles se résolvent, tandis que, pour d'autres choses, il n'en est rien. Tous les êtres composés de forme et de matière, comme le camus ou le cercle d'airain, tous ces êtres-là se résolvent en leurs éléments, et la matière fait partie de ces éléments. Mais tous les êtres non composés de matière, immatériels, et dont les

15

20

25

---

[1] En leur qualité de matière intelligible, les segments se rapprochent davantage de la forme du cercle que l'airain, matière sensible.

définitions sont définitions de la forme seulement,
ces êtres, ou bien ne se résolvent absolument pas en
leurs éléments, ou bien, tout au moins, ne s'y résol-
30 vent pas de cette manière. Aussi ces éléments matériels sont-ils principes et parties des êtres concrets,
tandis que de la forme ils ne sont ni. parties, ni
principes. Et c'est pourquoi la statue d'argile se résout en argile, la sphère d'airain, en airain, et Callias,
en chair et en os ; c'est pour cela aussi que le cercle
se résout en ses segments, car il y a une sorte de
cercle [1] composé de matière. En effet, le nom de cercle
1035 b est équivoque : il signifie, à la fois, le cercle au sens
absolu et le cercle individuel, parce qu'il n'existe
pas de nom spécial pour les cercles individuels.

La vérité est donc maintenant établie sur ce point ;
cependant pour la rendre encore plus claire, revenons sur la question. Les parties de la notion, en
5 lesquelles la notion se divise, lui sont antérieures,
soit en totalité, soit seulement pour certaines d'entre
elles [2]. Mais la notion de l'angle droit ne contient pas
la notion de l'angle aigu, c'est au contraire la notion de l'angle aigu qui contient celle de l'angle
droit. On se sert, en effet, pour définir l'angle aigu,
de l'angle droit : l'angle aigu est l'angle plus petit
que l'angle droit. Il en est de même de la relation
entre le cercle et le demi-cercle : le demi-cercle est
10 défini par le cercle, et le doigt aussi par le corps

---

[1] L. 34, nous lisons, avec Bonitz.
Metaphys., 334, et Ross, τις ὅς, au lieu
de τι ὅ.

[2] Car la dernière différence ne peut
être dite ni antérieure, ni postérieure
à l'espèce : elle est simultanée.

entier, car le doigt est telle partie déterminée de
l'homme. C'est pourquoi les parties qui sont de la
nature de la matière, et en lesquelles, comme en sa
matière, une chose se divise, sont postérieures au
tout ; au contraire, celles qui sont comme des parties
de la notion et de la substance envisagée comme
forme, sont antérieures, soit pour le tout, soit pour
quelques-unes seulement. Et puisque l'âme des animaux (c'est-à-dire la substance de l'être animé), 15
c'est leur substance formelle, la forme, la quiddité
d'un corps d'une certaine espèce (du moins, chaque
partie du corps, si on veut la bien définir, ne devra
pas être définie indépendamment de sa fonction, laquelle impliquera la sensation) [1], les parties de l'âme
sont ainsi antérieures, dans leur totalité, ou pour
quelques-unes d'entre elles, à l'ensemble de l'animal
comme tel, et également à chaque animal individuel [2]. Le corps et ses parties sont, au contraire, 20
postérieurs à cette âme-substance, et ce n'est pas
la substance, mais le composé concret, qui se divise
en ces parties comme en sa matière. Cela étant,
d'une certaine façon, les parties du corps sont
antérieures au composé [3], mais, d'autre façon, elles
ne le sont pas, car elles ne peuvent exister séparées :
le doigt de l'animal n'est pas réellement un doigt en
tout état ; le doigt mort, par exemple, n'est un
doigt que par homonymie. Il y a même quelques 25

[1] Et, par conséquent, l'âme. Cf. Ps.-
ALEX., 507, 30 Hd.
[2] Cf. Ross, II, 198 : Les parties de
l'âme de Callias sont antérieures à
Callias.
[3] Comme les éléments sont antérieurs au composé.

parties du corps qui sont simultanées avec le composé [ἅμα][1] : ce sont celles qui sont essentielles, et dans lesquelles la notion et l'essence résident immédiatement, comme le cœur et le cerveau, s'ils jouent réellement ce rôle, car peu importe que ce soit l'un ou l'autre. — Mais l'homme en général, le cheval en général, et les autres termes de ce genre, qui sont affirmés d'une multiplicité d'individus, à titre de prédicat universel, ne sont pas une substance[2], mais un composé déterminé d'une certaine forme et d'une certaine matière prise universellement ; et, en ce qui

30 concerne l'individu, sitôt après la matière dernière particulière, Socrate existe. Et de même pour tous les autres cas.

Ainsi une partie peut être une partie de la forme (j'appelle forme, la quiddité), ou une partie du composé de la matière et de la forme, ou une partie de la matière elle-même. Mais seules les parties de la forme sont des parties de la définition, et il n'y a de définition que de l'universel, car la quiddité du cercle

1036 a et le cercle, la quiddité de l'âme et l'âme sont une même chose. Mais pour le composé, tel que ce cercle-ci, c'est-à-dire un des cercles individuels, qu'il soit sensible ou intelligible (j'entends par cercles intelligibles, par exemple les cercles mathématiques, par

---

[1] Les organes essentiels ne sont ni antérieurs, ni postérieurs au tout concret ; ils ne peuvent exister sans lui, ni lui, sans eux.
[2] Tout au moins une substance première. — L'universel, remarque AR., ne se comporte pas autrement que l'individu, et il n'est pas nécessaire de s'en occuper spécialement. Mais la matière de l'universel est prise universellement, tandis que celle de l'individu est une matière prochaine déterminée. Cf. BONITZ, Métaph., 335.

cercles sensibles, par exemple les cercles d'airain
ou de bois), dans ce cas-là il n'y a pas de définition : 5
c'est, respectivement, à l'aide de l'intuition [νόησις]
ou de la perception qu'on les connaît. Quand ils ne
sont plus actualisés par l'acte de notre intuition ou de
notre perception, nous ne savons plus s'ils existent ou
non, tandis qu'ils peuvent toujours être définis et
connus par leur Idée générale. — Quant à la matière, elle est inconnaissable par soi. Et la matière
est, ou sensible, ou intelligible ; la matière sensible
[ὕλη αἰσθητή], c'est celle qui est comme l'airain, le 10
bois, et toute matière susceptible de mouvement ; la
matière intelligible [ὕλη νοητή] est celle qui se trouve
bien dans les êtres sensibles, mais non en tant que
sensibles, comme les êtres mathématiques [1].

Nous venons de déterminer comment les choses se
passent en ce qui concerne le tout et la partie, et leur
antériorité et leur postériorité. Nous devons maintenant résoudre le second problème [2]. A qui demande
si l'angle droit, le cercle, l'animal est antérieur, ou 15
si ce sont les parties, dans lesquelles ils peuvent se
partager et qui les constituent, qui sont antérieures,
il faut établir une distinction. En effet, si l'âme aussi
est l'animal, ou [3], plus généralement, l'être animé, ou
si l'âme de chaque individu est l'individu lui-même,
si la quiddité du cercle est le cercle, et si la quid-

---

[1] Sur la matière intelligible, qui
n'est autre que l'extension spatiale,
cf. MANSION, Intr. à la Phys. ar., pp.
80 et ss.
[2] Posé 1034 b, 28.

[3] Avec le Ps-ALEX. et ROSS, nous
lisons ἤ ἔμψυχον, au lieu de ἤ
(CHRIST). Cette leçon est d'ailleurs
conforme à celle des meilleurs manuscrits.

dité de l'angle droit et l'essence de l'angle droit est
l'angle droit, alors le tout, en un sens, doit être dit
postérieur à la partie, en un sens[1], c'est-à-dire aux
20 parties contenues dans la notion, et aux parties de
l'angle droit individuel (en effet, l'angle droit matériel sensible qui est fait de bronze, et l'angle droit
matériel intelligible qui est formé par des lignes
particulières, sont postérieurs à leurs parties) ; quant
à l'angle droit immatériel, il est postérieur aux parties qui entrent dans sa définition, mais antérieur aux
parties de l'angle individuel, et la question ne peut
faire l'objet d'une réponse simple. Mais si l'âme est
autre que l'animal et si elle n'est pas l'animal, même
alors certaines parties, comme il a été indiqué, doi-
25 vent être dites antérieures au tout, tandis que d'autres
ne pourront l'être.

11.

< *Les parties de la forme et les parties du composé.* >

Une autre difficulté qui est soulevée tout naturellement, c'est de savoir quelle sorte de parties appartient à la forme, et quelle sorte de parties appartient,
non à la forme, mais au composé de forme et de matière. Pourtant si ce point n'est pas éclairci, il n'est

---

[1] τὶ μὲν καὶ τινὸς φατέον ὕστερον. Pour
le sens de cette expression, et, d'une
manière générale, pour tout ce passage, nous nous sommes inspiré de
Bonitz, *Metaphys.*, 338.

pas possible de définir quelque chose, car c'est de
l'universel et de la forme qu'il y a définition. Si
donc on n'aperçoit pas quelle sorte de parties est de
la nature de la matière et quelle sorte de partie ne
l'est pas, on ne verra pas non plus quelle doit être 30
la définition de la chose. — Dans les cas où la forme
apparaît s'imposer à des matières spécifiquement différentes, comme un cercle peut être d'airain, de
pierre ou de bois, dans tous ces cas il semble manifeste que ne font partie de l'essence du cercle ni
l'airain, ni la pierre, puisque le cercle a une existence
séparée de la leur. Pour tout ce qui n'est pas perçu
comme existant à part, rien n'empêche qu'il n'en 35
soit ainsi, même dans le cas où tous les cercles qu'on 1036 b
avait vus seraient d'airain, (car l'airain n'en
serait pas davantage pour cela une partie de la
forme); seulement il est difficile d'éliminer la matière par la pensée [1]. Ainsi, la forme de l'homme nous
apparaît résider toujours dans la chair, les os et les
parties analogues. Seraient-ce donc là des parties de
la forme, et, par suite, de la définition ? N'est-ce pas 5
plutôt la matière? Mais la forme de l'homme ne
venant pas s'imposer à d'autres matières, nous ne
pouvons effectuer la séparation. — La séparation de
la forme est donc, semble-t-il, possible, mais on ne
voit pas bien dans quel cas ; aussi certains philosophes [2] soulèvent-ils dès lors la difficulté même au

---

1 Cf. saint Thomas, *Comm.*, p. 443,   2 Les Pythagoriciens.
n. 1505.

sujet du cercle et du triangle, prétendant qu'on ne
doit pas les définir par les lignes et par le continu,
10 toutes qualités qui ne sont au cercle et au triangle
que ce que sont les chairs et les os à l'homme,
et l'airain et la pierre, à la statue. Aussi ramènent-ils
toutes les choses mathématiques aux nombres, et
disent-ils que la définition de la ligne, c'est la notion
même du deux [1]. Pour ceux qui admettent les Idées [2],
les uns disent que la Ligne en soi [αὐτογραμμή], c'est
la dyade, les autres, que c'est l'Idée de la ligne, car
15 il y a des choses, disent les premiers, pour lesquelles,
il est vrai, il y a identité entre l'Idée et ce dont elle
est l'Idée, comme entre la dyade et l'Idée de la dyade;
mais la ligne, elle, ne serait pas identique à son
Idée [3]. Il suit de là qu'une seule Idée sera l'idée de
plusieurs choses qui pourtant paraissent bien spécifiquement différentes, conséquence qui découlait déjà
de la doctrine des PYTHAGORICIENS ; il suit enfin qu'il
serait possible de constituer une seule Idée en soi de
toutes les Idées, ce qui serait supprimer comme Idée
tout ce qui est différent de cette Idée, et réduire ainsi
20 toutes choses à l'unité.

Quant à nous, nous avons signalé la difficulté relative aux définitions, et sa cause. C'est pourquoi aussi,
nous n'avons pas besoin de réduire de cette façon
toutes choses aux Idées et de supprimer la matière.
Il existe sans doute des êtres dont l'essence est d'être

---

[1] Le point étant défini par 1, la
surface par 3, et le solide par 4.
[2] PLATON et les PLATONICIENS.

[3] Puisque la forme de la ligne est
la dyade.

telle forme réalisée dans telle matière, ou qui sont telle matière possédant de telle façon telles qualités. Et la comparaison, celle de l'animal avec le cercle, dont avait coutume de se servir SOCRATE LE JEUNE[1], n'est pas exacte, car elle nous éloigne de la vérité et fait penser que l'homme peut exister sans ses parties, comme le cercle, sans l'airain. En réalité, le cas n'est pas le même : l'animal est un être sensible, et ne peut être défini sans le mouvement, ni par suite sans des parties possédant une certaine organisation. Ce n'est pas, en effet, la main, absolument parlant, qui est une partie de l'homme, mais seulement la main capable d'accomplir son travail, donc la main animée ; inanimée, elle n'est pas une partie de l'homme.

Au sujet des notions mathématiques, pour quelle raison les définitions des parties n'entrent-elles pas comme parties dans les définitions du tout ? Pourquoi, par exemple, les demi-cercles ne rentrent-ils pas dans la définition du cercle ? Ce n'est pas parce que ces parties du cercle sont des choses sensibles, car elles ne le sont pas. Mais peut-être cela ne constitue-t-il pas une différence, car il peut y avoir aussi de la matière chez les êtres non-sensibles : il y a matière, en effet, de tout ce qui n'est pas quiddité et

1037 a

25

30

35

---

[1] Cf. Ross, II, 203. SOCRATE LE JEUNE était un socratique, contemporain de THÉÉTÈTE (*Théét.*, 147 c, *Soph.*, 218 b, *Polit.*, 257 c); on possède peu de renseignements sur lui. SAINT THOMAS (*Comm.*, p. 445, n. 1518) a supposé, à tort, que SOCRATE le jeune était PLATON lui-même, *quia in omnibus libris suis introducit*

[*Plato*] *Socratem loquentem, propter hoc quod fuerat magister ejus.* — La comparaison est précisément celle-ci : la chair et les os sont à la forme de l'homme, ce que le bronze est à la forme du cercle. On peut définir le cercle sans ses parties matérielles, mais non l'homme.

forme pure, mais qui possède une existence déterminée. Les demi-cercles alors ne seront pas parties du
cercle en général, mais seront des parties des cercles
individuels, comme nous l'avons dit plus haut, car
il y a deux sortes de matière, l'une sensible et l'autre
intelligible [1].

5   Il est évident aussi que l'âme est substance première, que le corps est matière, et que l'homme en
général, ou l'animal en général, est composé de
l'âme et du corps pris l'un et l'autre universellement ; et le terme « Socrate » ou « Coriscus » présente,
si l'âme de Socrate peut être aussi appelée Socrate [2],
une double signification (car on désigne par là tantôt l'âme, tantôt le composé); si « Socrate » ou « Coriscus » signifie simplement cette âme-ci, ce corps-ci,
10   l'individu répond alors à l'universel [3]. — Y a-t-il, en
dehors de la matière de telles substances, quelque
autre espèce de matière [4], et faut-il rechercher s'il
n'existe pas quelque substance autre que ces substances, par exemple des nombres ou quelque chose
d'analogue ? Nous examinerons ce point plus tard [5],
car c'est en vue de cette recherche que nous nous

---

[1] Le Pseudo-Alex. (515, 19 Hd), et Bonitz (*Métaph.*, 341) estiment que ce paragraphe rompt l'enchaînement des idées. Mais c'est là une opinion qui n'est pas fondée. Aristote, qui vient d'établir que la matière *sensible* du cercle ne doit pas figurer dans la définition du cercle, se demande maintenant pourquoi les demi-cercles n'entrent pas non plus dans la définition du cercle. Sa réponse est d'ailleurs la même : les demi-cercles sont la *matière intelligible* du cercle, qui

est exclue, comme telle, de la définition. Cf. Ross, II, 203.
[2] Nous lisons, l. 8, avec Ross, εἰ μὲν καὶ ἡ ψυχὴ Σωκράτης.
[3] En effet, de même que l'homme est un composé du corps et de l'âme, ainsi Socrate est un composé de ce corps-ci et de cette âme-ci.
[4] Analogue, par exemple, au Grand et au Petit, principe matériel des Idées.
[5] M et N.

efforçons de définir aussi la nature des substances sensibles, substances sensibles dont l'étude est, en un sens, plutôt l'objet de la Physique, c'est-à-dire de la 15 Philosophie seconde. En effet, ce n'est pas seulement la matière que doit connaître le physicien, c'est aussi et surtout la substance exprimée dans la définition. Et, au sujet des définitions, comment les parties de la notion sont-elles parties dans la définition, et pourquoi y a-t-il unité de notion dans la définition ? (Il est évident, en effet, que l'objet défini est un, mais en vertu de quoi est un un objet, bien que composé de parties ?) Nous examinerons cela plus tard.   20

Ce qu'est la quiddité, et en quel sens elle existe par soi, nous l'avons montré, d'une manière générale et qui est vraie dans chaque cas. — Nous avons dit aussi pourquoi la définition de la quiddité, tantôt contient les parties du défini, et tantôt ne les contient pas. — Nous avons établi que dans la définition de la substance n'entraient pas les parties matérielles du défini, car les parties matérielles ne sont pas des 25 parties de la substance, mais du composé ; mais de celui-ci, il y a, en un sens, définition, et, en un autre sens, il n'y a pas définition. On ne peut, en effet, définir le composé dans son union avec la matière [1], qui est l'indéterminé, mais on peut seulement le définir par rapport à sa substance formelle première ; par exemple, dans le cas de l'homme, la définition de l'âme. Car la substance est la forme immanente, dont

---

[1] Il s'agit ici de la *materia prima*, absolument indéterminée.

l'union avec la matière constitue ce qu'on appelle
30 la substance composée. Ainsi la concavité : de la concavité et du nez dérivent le nez camus et le camus
(car la notion de nez se trouvera répétée deux fois dans
ces expressions). Mais c'est dans la substance composée, telle que « nez camus » ou Callias, qu'il entrera
aussi de la matière. — Nous avons montré enfin que,
1037 b dans certains cas, quiddité et être individuel sont
identiques : tel est le cas des substances premières ;
ainsi il y a identité entre la courbure et la quiddité de
la courbure, si la courbure est première, et par substance première, j'entends celle qui n'est pas constituée par l'attribution d'une chose dans une autre,
laquelle est son substrat matériel. Mais dans tout ce
qui est de la nature de la matière, ou qui forme un
5 composé avec la matière, il n'y a pas identité avec
la quiddité, pas plus que dans les unités accidentelles,
comme Socrate et le musicien, qui sont identiques
seulement par accident.

12.

< L'unité de l'objet défini. >

Maintenant, commençons par traiter les points
relatifs à la définition, que nous avons laissés de
côté dans les *Analytiques* [1]. Le problème que nous y
10 avons posé est utile dans nos recherches sur la sub-

---

[1] *An. post.*, II, 3-10.

stance. La difficulté est la suivante: en quoi peut enfin consister l'unité dans l'être défini, dont nous disons que la notion est une définition ? Prenons, par exemple, le cas de l'homme « animal bipède ». Admettons, en effet, que ce soit la définition de l'homme. Pourquoi cet être est-il un et non multiple, savoir, animal et bipède ? Car dans le cas de « homme » et « blanc », il y a multiplicité d'être, quand un terme n'appartient pas à l'autre, mais il y a unité quand l'un est attribut de l'autre et que le sujet « homme » possède quelque attribut ; alors, il y a production d'un seul être, et c'est l'homme blanc. Mais, dans le cas présent, les éléments ne participent pas l'un de l'autre ; le genre semble bien, en effet, ne pas participer de ses différences, parce qu'une même chose participerait alors, dans le même temps, des contraires, les différences, qui divisent le genre, étant des contraires [1]. Y eût-il participation du genre aux différences [2], la même difficulté surgirait, puisqu'il y a pluralité dans les différences qui caractérisent l'homme, à savoir, « pédestre », « bipède », « sans ailes ». Pourquoi donc y a-t-il là unité du genre, et non pluralité? Ce n'est pas parce que ce sont les éléments immanents d'un genre, car, de

15

20

---

[1] L'unité de la définition tient à ce que le genre et la différence n'existent pas à part l'un de l'autre, le genre étant la matière des différences; et, d'autre part, à ce que chaque différence est la matière de la différence suivante. Cette unité n'est donc pas celle qui caractérise celle de « l'homme blanc ».

[2] Ar. veut parler d'une participation du genre à des différences qui ne sont pas des contraires, « pédestre », « bipède » et « sans ailes » n'étant pas des contraires (Cf. Ps. Alex., 518, 28 Hd).

cette façon, toutes les différences qui appartiennent
à un genre formeraient une unité avec ce genre. Mais
il faut pourtant bien que soit réellement un, tout ce
25 qui rentre dans la définition ; la définition est, en
effet, une notion une et une notion de substance ;
elle doit donc être la notion d'un objet un, puisque
la substance signifie, disons-nous, une chose une,
un être déterminé [1].

Nous devons d'abord examiner les définitions obte-
nues par divisions [2]. Il n'y a rien d'autre, dans la
30 définition, que le genre dit premier et les différences.
Les genres inférieurs sont le genre premier avec les
différences qui y sont jointes : par exemple, le genre
premier, c'est « animal », le suivant, « animal bipède », l'autre encore, « animal bipède sans ailes ». De
même encore, si la proposition contient un plus
1038 a grand nombre de termes. Et, en général, peu importe qu'elle en contienne un grand nombre ou un
petit nombre, ou qu'elle en contienne un petit nombre ou deux seulement : des deux termes, l'un est
la différence, l'autre, le genre ; par exemple, dans
« animal bipède », « animal » est le genre, et l'autre
terme, la différence.

Soit donc que le genre n'existe absolument pas en
5 dehors des espèces immanentes au genre [τὰ ὡς γένους
εἴδη] [3], soit qu'il existe, mais seulement comme ma-

---

[1] Les éléments de la définition doivent être un, parce que la substance,
sujet de la définition, est elle-même
une.
[2] Sur les deux espèces de défini-

tions, cf. B, 3, 998 b, 13. Ar. ne
parle ici que de la définition par
division (du genre en ses espèces).
[3] Cf. supra, 4, 1030 a 12, note.

tière (car la voix est, par exemple, genre et matière, mais c'est d'elle que ses différences font les espèces, c'est-à-dire les lettres), il est clair que la définition est la notion de la chose qui résulte des différences seulement. — Mais, il faut aussi que la division se fasse par la différence de la différence [1]. Par exemple, une différence dans le genre animal, c'est le « pourvu 10 de pieds » ; de nouveau, il faut diviser [2] la différence de « animal pourvu de pieds », en tant qu'il est pourvu de pieds. Par conséquent, il ne faut pas dire : « de ce qui est pourvu de pieds, il y a, d'une part, ce qui a des ailes, et, d'autre part, ce qui est sans ailes », si l'on veut parler correctement, et l'on n'en usera de la sorte que par impuissance à trouver les différences essentielles [3]. Mais la division ne pourra être que celle-ci : « de ce qui est pourvu de pieds, il y a ce qui a le pied fendu et ce qui n'a pas le pied fendu », car ce sont là des différences dans le pied : le caractère « pied fendu » est une manière 15 d'être du pied. Il faut poursuivre ainsi indéfiniment jusqu'à ce qu'on arrive à des espèces indifférenciées ; à ce moment, il y aura autant d'espèces de pieds que de différences, et les espèces d'animaux pourvus de

---

[1] Deux étapes dans l'unité de la définition : Ar. a d'abord montré que le genre, soit qu'il n'existe pas à part de ses différences, soit qu'il en constitue seulement la matière, ne forme pas un obstacle à l'unité de la définition, qui se fait ainsi seulement par les différences ; il montre ensuite que les différences se réduisent à une seule, la dernière différence. (Cf. Ross, II, 207.)

[2] L. 11, nous lisons, avec le Ps.-Alex., 521, 19 Hd, et Bonitz, Metaphys., 345, διελεῖν, au lieu de εἰδέναι (Christ) ou εἶναι (Ross).

[3] Cf. saint Thomas, Comm., p. 453, n. 1552 : Quandoque aliquis dividens differentias... dividat per ea quae sunt secundum accidens, propter hoc quod non potest invenire proprias et per se differentias. Aliquando enim necessitas cogit.

pieds seront en nombre égal aux différences. S'il en
est ainsi, il est évident que la dernière différence
[ἡ τελευταία διαφορά] sera l'essence de la chose et sa
20 définition, puisqu'il ne faut pas répéter les mêmes
choses dans les définitions, ce serait inutile[1]. C'est
pourtant ce qui arrive quand on dit, par exemple,
« animal pourvu de pieds et bipède » ; cela ne veut
rien dire d'autre que « animal ayant des pieds, ayant
deux pieds ». Et si l'on divise ce dernier terme par
la division qui lui est propre, il y aura plusieurs répé-
titions, autant que de différences.
25   Si l'on atteint la différence de la différence, une
seule, la dernière, sera la forme et l'essence ; mais si
la division s'opère suivant des qualités accidentelles,
par exemple si l'on divise les animaux à pieds en
blancs et en noirs, il y aura alors autant de différences
que de degrés dans la division. — On voit donc que
la définition est la notion qui résulte des différences,
et précisément de la dernière des différences, tout au
30 moins si la division se fait correctement. On le mon-
trerait clairement en transposant les termes des définitions de cette nature, si, par exemple, l'on définissait l'homme, « un animal bipède qui a des pieds »[2].
« Qui a des pieds » est inutile, puisqu'on a dit « bipède ». Mais il n'y a pas de rang dans l'essence :
comment peut-on, en effet, y concevoir un élément

---

[1] La dernière différence suppose
toutes les précédentes (qu'il est ainsi
inutile d'énoncer), et aussi le genre.
[2] On met ainsi « bipède » avant
« qui a des pieds », par μετάταξις.

Or il est clair que si « qui a des
pieds » est inutile dans ce cas, il doit
l'être aussi quand il est placé avant
« bipède » puisqu'il n'y a pas de rang
dans l'essence.

comme antérieur et l'autre comme postérieur ? — En
ce qui concerne les définitions qui sont établies par
la méthode de division, telles sont donc les remarques
que nous avions à présenter pour cette fois sur leur 35
nature.

13.

< *Les Universaux ne sont pas des substances.* >

Reprenons le sujet de notre étude, qui est la sub- 1038 *b*
stance. De même que substance se dit du sujet, de la
quiddité, du composé des deux, substance se dit aussi
de l'universel [καθόλου][1]. Deux de ces acceptions ont
été examinées : la quiddité et le sujet. Nous avons dit
que le sujet s'entend de deux manières, soit de l'être 5
déterminé, comme l'animal, substrat de ses attributs,
soit de la matière, substrat de l'entéléchie. — Il semble que l'universel aussi soit, pour certains philosophes, la cause par excellence, et qu'il soit un principe. Occupons-nous donc de ce point également. Il
nous paraît, en effet, impossible qu'aucun terme universel, quel qu'il soit, soit une substance. D'abord[2]
la substance d'un individu est celle qui lui est propre 10
et qui n'appartient pas à un autre ; l'universel est au
contraire commun, puisqu'on nomme universel
ce qui appartient naturellement à une multiplicité ;

---

[1] Cf. *supra*, ch. 3, *init.* qui donne
le plan général.

[2] Nous lisons πρῶτον et non πρώτη.

de quoi sera-t-il donc la substance ? Il devra l'être de toutes les choses auxquelles on l'attribue, ou il ne le sera d'aucune ; mais qu'il le soit de toutes, ce n'est pas possible, et s'il est la substance d'un seul individu, cet individu sera tous les autres aussi, car les êtres dont la substance est une et la quiddité une,

15 sont aussi un seul et même être[1]. — De plus, la substance se dit de ce qui n'est pas prédicat d'un sujet ; or l'universel est toujours prédicat de quelque sujet. — Mais, dira-t-on, l'universel ne pouvant être substance, au sens de quiddité, ne peut-il pas être inclus dans la quiddité ? Par exemple, l'Animal en général serait un élément de la quiddité de l'homme et de la quiddité du cheval. Il est alors évident qu'il y aurait une définition de cet élément. Il n'importe en rien, du reste, que tous les éléments de la substance ne

20 soient pas définissables : l'Animal en général n'en sera pas moins la substance de quelque chose, au même titre que l'Homme en général est substance de l'homme individuel, dans lequel il est présent. Nous retomberons ainsi dans la même conséquence que tout à l'heure. En effet, l'universel, par exemple l'Animal en général, sera la substance de ce en quoi il est contenu, à titre propre, comme en une espèce[2].

---

[1] Sur le raisonnement d'Ar., cf. SAINT THOMAS, Comm., p. 458, n. 1572-1574, et ROBIN, la Th. Platon., p. 36, n. 35. — L'universel ne peut être la substance de toutes choses, car la substance est quelque chose de propre (l. 10), ni la substance d'un seul être, car il y aurait identité de tous les êtres.

[2] Sur tout ce passage, cf. ROBIN, la Th. platon., pp. 48 et ss., dont nous suivons l'interprétation. — Si on admet qu'Animal en général, par exemple, est un élément de la quiddité de l'homme, l'unité de l'individu est compromise, et Socrate sera un « essaim » de substances (σμῆνος οὐσιῶν, PSEUDO-ALEX., 524, 31 Hd), car

— De plus, il est impossible et absurde qu'un être déterminé et une substance, s'ils sont composés de parties, ne proviennent ni de substances, ni d'un autre être déterminé, mais proviennent seulement 25 de la qualité. L'antériorité appartiendrait alors à la non-substance et à la qualité, sur la substance et l'être déterminé. Mais c'est impossible, car ni dans l'ordre logique, ni dans l'ordre du temps, ni dans l'ordre de la génération, il n'est possible que les détermina-tions soient antérieures à la substance, car elles en devraient être alors séparées. — En outre, dans Socrate, qui est lui-même une substance, il existera une autre substance, qui sera ainsi substance de deux choses [1]. — D'une manière générale, il en résulte 30 que, si l'homme est une substance et si de telles choses sont substances, aucun des éléments de la défi-nition n'est substance de quoi que ce soit, ni n'existe en dehors des espèces, ou dans quelque autre chose [2] : par exemple, il n'y a pas quelque autre animal en dehors des espèces particulières de l'animal, et aucun

---

ces universels, quoique en nombre limité (tous les éléments de la sub-stance n'étant pas définissables, autre-ment dit n'ayant pas de quiddité), seront substances les uns des autres. De même que l'Homme en général est la substance de l'homme, de même l'Animal en général est la substance de l'animal, lequel est lui-même substance de l'homme. On se trouvera donc en présence de substances de substances, et Animal en général sera le genre d'Animal, lequel est lui-même le genre de l'homme. — L. 22, nous adoptons la construction de Bo-nitz, 348 : ἔσται γὰρ (sc. τὸ καθόλου),

οἷον τὸ ζῷον, οὐσία ἐκείνου , ἐν ᾧ ὡς ἴδιον ὑπάρχει. Nous supprimons, en consé-quence, οὐσία, l. 22

[1] L'Animal sera présent en Socrate à titre de substance ; Animal sera ainsi substance de Socrate et de la classe des Animaux.

[2] L. 30, ὁ ἄνθρωπος signifie proba-blement « l'homme considéré comme espèce » : telle est l'interprétation de Bonitz, Metaphys., p. 348, et de Ross, II, 211, plus conforme au texte que celle du Ps.-Alex., 525, 17 Hd, qui entend par l'homme, l'homme indi-viduel.

autre des éléments compris dans la définition n'existe
à part. — De ces considérations, il est clair que rien
35 de ce qui existe comme universel dans les êtres n'est
une substance ; c'est aussi parce qu'aucun des prédi-
1039 a cats communs ne marque un être déterminé, mais
seulement telle qualité de la chose [τοίονδε]. Sans
quoi, outre de multiples inconvénients, on tombe dans
l'argument du troisième homme.

Notre conclusion est encore évidente en vertu de la
considération suivante. Il est impossible qu'une substance provienne de substances qu'elle contiendrait
comme en entéléchie, car des êtres qui sont ainsi
5 deux en entéléchie ne seront jamais un seul être en
entéléchie. Mais si ces êtres sont deux en puissance
ils pourront être un : par exemple, la ligne double se
compose de deux demi-lignes, mais seulement en
puissance, car l'entéléchie sépare [ἡ ἐντελέγεια χωρίζει].
Si donc la substance est une, elle ne pourra provenir
de substances contenues en elle, et c'est en ce sens [1]
que la parole de Démocrite est fondée. Il dit qu'il
est impossible qu'un naisse de deux, ou que deux
10 naisse d'un, car il identifie les substances avec ses
grandeurs indivisibles [2]. La même conséquence
s'appliquera encore évidemment au nombre, si,
comme le soutiennent certains philosophes [3], le

---

[1] Nous adoptons la ponctuation ordinaire suivie par Christ. Ross en
propose une autre, qui altère légèrement le sens traditionnel.
[2] Et, par conséquent, un atome ne
peut contenir deux atomes. — Les
grandeurs indivisibles de Dém. sont
les atomes (τὰ ἄτομα).
[3] An. a en vue Thalès, pour qui
le monde, suivant une tradition em-
pruntée aux Egyptiens, était un μονά-
δων σύστημα.

nombre est une synthèse d'unités [σύνθεσις μονάδων].
Car, ou bien la dyade n'est pas l'un, ou bien l'unité
n'est pas en entéléchie dans la dyade. — Mais notre
conclusion entraîne une difficulté. Si aucune substance ne peut être composée d'universels, parce que 15
l'universel signifie telle qualité de la chose et non
un être déterminé, et s'il n'est pas possible qu'une
substance soit composée de substances en entéléchie,
alors toute substance doit être incomposée [ἀσύνθετον],
et, par suite, il n'y aurait définition d'aucune substance [1]. Portant il est universellement reconnu,
et nous avons dit plus haut [2], que la substance seule,
ou du moins elle surtout, a une définition. Et main- 20
tenant elle n'en a pas ! N'y aurait-il donc définition
de rien ? Ou bien y aurait-il définition, en un certain
sens, et non, en un autre sens ? C'est là un point qui
s'éclaircira par la suite.

14.

< *Les Idées ne sont pas des substances.* >

Tout ce qui précède [3] rend manifestes les inconvénients qui résultent du système de ceux qui prétendent que les Idées sont des substances, ayant une exis- 25
tence séparée, et qui, en même temps, constituent

---

[1] Car de l'ἀσύνθετον il n'y a pas
définition, mais seulement connaissance intuitive.

[2] 5, 1031 a, 11-14.
[3] Ch. 12 et 13.

l'espèce à l'aide du genre et des différences. S'il existe, en effet, des Idées, et si l'animal est dans l'homme et dans le cheval, ou bien [1] animal est une seule et même chose numériquement, ou bien c'est une chose différente en chaque espèce. Or, il est évident que, de toute façon, il y a unité notionnelle, car la notion de l'animal reste la même quand on passe

30 de l'homme au cheval. Si donc il y a un Homme en soi et par soi, être déterminé et séparé, nécessairement les deux éléments dont il se compose, savoir l'animal et le bipède, signifient des êtres déterminés, des êtres séparés et des substances ; par conséquent aussi l'Animal en soi est une substance.

Si donc l'Animal en soi est un et identique dans le cheval et dans l'homme, de même que tu l'es en toi-même, comment ce qui est un pourra-t-il rester

1039 b un dans des êtres séparés, et pourquoi, dans ce cas, cet Animal en soi ne sera-t-il pas aussi séparé de lui-même ? — En outre, si l'Animal en soi participe du bipède et de l'animal à pieds multiples, il en résulte logiquement une impossibilité, car les attributs contraires seront rassemblés dans un même temps, sous une même substance, une et individuelle [2]. S'il n'y a pas participation, de quelle manière comprend-on

5 que l'Animal puisse être un bipède ou un pédestre ?

---

[1] Dilemme. La première alternative sera réfutée 1039 a, 33, et la seconde, 1039 b, 7.
[2] Et le genre ne participe pas des différences (cf. supra, 12, 1037 b, 18), car alors une même chose participerait des contraires dans le même temps.

Peut-être répondra-t-on qu'il y a juxtaposition, contact ou mélange, mais toutes ces suppositions sont également absurdes.

Faut-il donc supposer[1] que l'Animal en soi est autre en chaque espèce ? Il y aurait alors une infinité, pour ainsi dire, d'espèces, dont la substance est l'Animal, car, dans l'hypothèse des Idées, ce n'est pas par accident[2] que l'homme possède l'Animal dans son essence. — De plus, l'Animal en soi sera lui-même multiple, car, en chaque espèce, l'Animal en soi sera la substance de cette espèce, chaque espèce n'étant pas dite être autre chose qu'Animal, sinon 10 ce serait cette autre chose qui serait la substance de l'espèce Homme, par exemple, et qui en serait le genre[3]. Et puis, si on admet, avec les PLATONICIENS, que tous les éléments qui constituent l'espèce Homme sont des Idées, l'Idée n'appartiendra pas à une chose et la substance à une autre, car, dans le système, cette séparation est impossible. Sera donc un Animal en soi l'Animal contenu dans chacune des espèces[4]. — En outre, de quelle substance supérieure dérivera à son tour cet Animal en soi, et comment pourra-t-il dériver d'un Animal en soi ? S'il n'en dérive pas [ἤ], com- 15 ment est-il possible que cet Animal en soi, qui est substance, soit précisément ce qu'il est, s'il est séparé de l'Animal en soi[5] ?

---

[1] Seconde alternative du dilemme.
[2] L'Animal en général est, pour les PLATONICIENS, une substance.
[3] « L'exemple serait changé, mais l'argument resterait le même » (ROBIN, la Th. Platon., p. 45, n. 44).

[4] Les Idées étant composées elles-mêmes d'Idées hiérarchiquement supérieures, l'Idée d'Animal en soi existera substantiellement dans chaque espèce.
[5] Texte obscur. Nous avons adopté

Enfin, si nous considérons les relations des Idées avec les choses sensibles, les mêmes conséquences reparaissent, et de plus étranges encore. Si donc il est impossible de les admettre, il est évident qu'il n'y a pas d'Idées des objets sensibles, au sens où l'entendent certains philosophes.

15.

< L'individu et l'Idée ne sont pas définissables. >

20 La substance est de deux sortes : il y a le composé et la forme. J'appelle composé la substance résultant de l'union de la forme avec la matière, l'autre substance étant la forme, dans sa généralité. Toute substance prise au sens de composé est corruptible, car elle est aussi générable. Mais de la forme, il n'y a pas corruption, en ce sens qu'elle n'est pas soumise au processus de la corruption, car elle n'est pas non plus générable (ce qui est engendré, en effet, c'est,
25 non pas la quiddité de la maison, mais l'être de telle maison particulière). La forme, elle, est ou n'est pas, indépendamment de la génération et de la cor-

---

l'interprétation de Robin (*la Th. Platon.*, p. 46, n. 47) qui suit la leçon de Bekker, acceptée par Christ. — Si l'Homme en soi, le Cheval en soi dérivent de l'Animal en soi, multiple dans les différentes espèces, de quel Animal en soi du second degré dérive à son tour cet Animal en soi multiple ? D'autre part, comment expliquer la substantialité de l'Animal en soi multiple, si on refuse de le ratta-

cher à un Animal en soi supérieur ? — En conséquence, il faut comprendre les dernières lignes de la façon suivante : Si l'animal en soi multiple ne dérive pas d'un Animal en soi un, comment expliquer que cet Animal en soi multiple, qui est substance dans l'homme, le cheval, etc., soit Animal en soi substantiel, s'il est séparé de l'Animal en soi un ?

ruption, car nous avons montré que personne ne les
engendre ni ne les produit.

Telle est aussi la raison pour laquelle des substances sensibles individuelles il n'y a ni définition,
ni démonstration, étant donné que ces substances
ont une matière dont la nature est celle de pouvoir
être ou n'être pas ; aussi toutes celles des substances 30
sensibles qui sont individuelles sont-elles corruptibles [1]. Si donc il n'y a démonstration que du nécessaire et si la définition n'appartient qu'à la science ;
si, d'autre part, de même qu'il ne peut y avoir de
science qui soit tantôt science et tantôt ignorance,
car cette précarité est le caractère de l'opinion, il n'est
pas possible non plus qu'il y ait démonstration, ou
définition, de ce qui peut être autrement qu'il n'est,
l'opinion seule portant sur le contingent ; dans ces 1040 a
conditions, il est évident que les substances sensibles
individuelles ne sont objet ni de définition, ni de
démonstration. Les êtres corruptibles, en effet, ne se
manifestent plus à la connaissance quand ils dispa-
raissent du champ de la sensation actuelle, et, bien
que les notions demeurent dans l'esprit, il ne subsiste
cependant de ces êtres ni définition, ni démonstra- 5
tion [2]. Aussi faut-il, à l'égard de telles définitions, se
souvenir que la définition d'un individu est toujours
précaire, et qu'en effet, une véritable définition n'est
pas possible.

---

[1] Puisque la matière a pour essence
de pouvoir être et n'être pas.

[2] Ps.-Alex., 530-531 Hd.

C'est pourquoi, aussi, aucune Idée n'est défi-
nissable, car l'Idée, comme ses partisans l'entendent,
rentre dans la classe des individus : c'est un être
séparé. Or la définition se compose nécessairement de
10 mots, et les mots, sous peine de demeurer incompris,
ne doivent pas être l'invention de celui qui définit,
mais les mots en usage sont communs à tous les
membres d'une classe. Ils doivent donc, nécessairement, s'appliquer à d'autres êtres que la chose définie. Si l'on te définissait, toi, par exemple, et qu'on
dise que tu es un animal maigre ou blanc, ou telle
autre qualification, ce serait là un caractère qui pourrait aussi s'attribuer à un autre [1]. — Si l'on objecte
que rien n'empêche les divers noms de s'attribuer,
chacun pris à part, à une multiplicité d'êtres, et que
15 cependant l'ensemble formé par ces noms [ἅμα] ne
convient plus qu'à une seule chose, il faut répondre
d'abord que le composé est un attribut qui appartient aux deux éléments composants, et qu'animal-
bipède, par exemple, appartient à l'animal et au
bipède. Il en est encore ainsi, nécessairement, dans le
cas où animal et bipède seraient des êtres éternels,
car ils sont, tout au moins, antérieurs au composé
et parties du composé ; ils sont d'ailleurs des êtres
séparés, puisque l'homme est lui-même un être
séparé. En effet, ou bien ni animal, ni bipède ne sont

---

[1] Les Idées, étant des individus,
sont donc indéfinissables, car il faudrait pouvoir se passer des noms communs, qui s'appliquent nécessairement
à une multiplicité d'individus. A
cette remarque se rattachent les dernières lignes du chapitre (1040 b, 2):
que les PLATONICIENS essaient donc de
définir une Idée, s'ils le peuvent !

séparés, ou bien ils le sont l'un et l'autre. Mais, si ni l'un ni l'autre n'étaient séparés, il n'y aurait pas de genre à part des espèces ; et si le genre est à part de l'espèce, la différence l'est aussi. Il y a encore une autre raison, c'est que animal et bipède possèdent l'antériorité dans l'ordre de l'essence, et ce qui est antérieur au composé ne disparaît pas avec le composé. Ensuite, si les Idées sont des composés d'Idées (et elles doivent l'être, puisque les éléments sont plus incomposés que les composés), il faudra de plus que ces Idées composantes des Idées, comme l'animal et le bipède, soient affirmées d'une multiplicité d'êtres; sans cela, comment arriverait-on à les connaître ? Il y aurait alors une Idée particulière qu'il serait impossible d'appliquer à plus d'un individu, ce qui ne paraît pas admissible, puisque, dans le système, toute Idée est participable[1].

Ainsi donc que nous l'avons dit, on ne s'aperçoit pas de l'impossibilité qu'il y a de définir les êtres individuels, quand il s'agit des êtres éternels, surtout

---

[1] Toute l'argumentation d'Aristote, depuis l. 14, est d'une grande subtilité. En voici un bref exposé, d'après ROBIN, la Th. Platon., pp. 38 et ss. et note 39, auquel nous renvoyons :

Il est impossible d'admettre, avec les PLATONICIENS, que les divers caractères employés pour définir l'individuel (Animal, Bipède) puissent s'appliquer séparément à plusieurs êtres, et leur ensemble (Animal-Bipède) à une seule chose. Il y a à cela deux raisons :

1. (l. 15-22). Le composé (Animal-Bipède) est un attribut commun au genre (Animal) et à la différence (Bipède), lesquels sont antérieurs, dans l'ordre de l'essence, au composé, et possèdent ainsi plus de titres que lui à l'existence séparée ;

2. (l. 22-27). L'Idée, comprenant genre et différence, est un composé d'Idées, lesquelles, à leur tour, doivent être composées d'Idées plus élémentaires, et ainsi de suite. Mais ces Idées composantes devront être aussi affirmées d'une multiplicité, sinon, en tant qu'individus, elles seraient indéfinissables et non participables (c'est-à-dire sans composantes), ce qui est contraire à la notion platonicienne de l'Idée.

ceux qui sont uniques, comme le Soleil ou la Lune.
Non seulement c'est une erreur que d'ajouter des
30 caractères dont la suppression n'empêcherait pas le
Soleil d'exister, quand on dit, par exemple, « qui fait
le tour de la Terre » ou « qui se cache la nuit » (car
il en résulterait que le Soleil, s'arrêtant ou brillant
toujours, il n'y aurait plus de Soleil, ce qui serait
absurde, car le Soleil signifie une certaine substance) ;
mais c'est aussi une erreur que de mentionner des
attributs qui puissent convenir à un autre sujet ;
par exemple, si cette autre chose, possédant ces attributs, vient à être, elle sera évidemment un Soleil et il
1040 b y aura définition commune. Mais, par hypothèse, le
Soleil était un individu, comme Cléon ou Socrate [1].—
Pourquoi enfin nul de ceux qui admettent les Idées
ne produit-il la définition d'une Idée quelconque ? On
verrait clairement, s'ils essayaient de le faire, la vérité
de ce que nous venons de dire.

16.

<Les parties des choses sensibles, l'Un et l'Etre
ne sont pas des substances.>

5   Il est évident aussi que, parmi les choses qui semblent être des substances, la plupart ne sont que des

---

[1] La définition des individus, s'agit-
il des μοναχά, est toujours une méprise : ou bien elle pèche par excès
(quand on attribue au défini des
caractères accidentels, par exemple
« qui se cache la nuit » pour le Soleil), ou bien les propriétés qu'on lui
attribue conviennent, à raison de la
nature même des mots employés, à
d'autres individus, alors qu'il s'agissait de définir un individu.

puissances : telles sont les parties des animaux (car aucune d'elles n'existe séparément, et même, si une séparation survient, elles n'existent alors toutes qu'à l'état de matière), et aussi la Terre, le Feu et l'Air. En effet, aucun de ces éléments ou parties n'est un : ils sont comme une pure juxtaposition [σωρός]¹ avant qu'ils ne soient mis en œuvre et qu'ils ne forment quelque chose qui soit un. On pourrait surtout être 10 tenté de supposer que les parties des êtres animés, aussi bien que les parties correspondantes de l'âme, sont en entéléchie aussi bien qu'en puissance, par ce fait qu'elles possèdent des sources de mouvement à partir d'un endroit qui se trouve dans les articulations, ce qui explique que certains animaux vivent une fois sectionnés². Toutefois, toutes les parties existeront seulement en puissance quand il y aura unité et continuité naturelles, mais non si c'est le fait de la violence ou d'une connexion naturelle in- 15 complète [σύμφυσις]³, car ce n'est alors qu'une mutilation [πήρωσις].

Puisque l'Un se dit dans le sens de l'Etre, que la substance même de ce qui est un est une, et que les êtres, dont la substance est numériquement une, sont numériquement un, il est clair que ni l'Un ni l'Etre ne peuvent être la substance des choses. Il en est d'eux comme de l'Elément en général et du Principe

---

¹ Nous lisons σωρός et non ὁρός.
² Cf. *de An.*, III, 433 *b*, 19-27, et la note de RODIER, *Traité de l'Ame*, II, p. 547. — Sur le sens de πάρεγγυς,

l. 11, cf. Ross, II, 219, qui traduit « closely related ».
³ Sur le sens de σύμφυσις dans ce passage, cf. Ross, II, 220.

20 en général ; nous demandons : quel principe ? afin
d'aboutir à une réalité plus connaissable. De ces
notions, l'Etre et l'Un sont plus substances que le
principe, l'élément et la cause, et pourtant eux-mêmes
ne sont pas substances non plus, puisque rien de ce
qui est commun aux êtres n'est substance. La substance, en effet, n'existe dans aucun être qu'elle-
même, et en un sujet auquel elle appartient, et dont
25 elle est la substance. De plus, un être un ne serait pas
dans plusieurs lieux en même temps, tandis que ce
qui est commun se trouve en même temps dans plusieurs lieux. Il est donc évident qu'aucun des universaux n'existe en dehors des individus à l'état séparé.
— Toutefois les partisans des Idées ont raison, en un
sens, de leur accorder une existence séparée, puisqu'ils ont voulu en faire des substances, mais, en un
autre sens, ils ont tort de faire de l'Idée l'unité d'une
30 multiplicité. La cause de leur erreur, c'est l'impossibilité où ils sont d'expliquer quelle est la nature de telles
substances, substances incorruptibles, en dehors des
choses individuelles et sensibles. Aussi font-ils ces
Idées spécifiquement identiques aux êtres corruptibles (car ces substances-ci, nous les connaissons) ;
l'Homme en soi et le Cheval en soi sont les hommes
et les chevaux sensibles, auxquels ils ont seulement
ajouté le mot « en soi » [ῥῆμα τὸ αὐτό]. Et cependant,
1041 a même si nous n'avions jamais vu les astres, ils n'en
seraient pas moins, je pense, des substances éternelles, distinctes de celles que nous connaissons. De
sorte que, maintenant aussi, même si nous ne con-

naissions pas leur nature, peut-être serait-il du moins
nécessaire d'admettre l'existence de telles substances [1].

Ainsi donc, nous venons de rendre évident
qu'aucun des universaux n'est substance, et qu'il
n'y a aucune substance composée de substances.   5

17.

< *La substance, c'est la forme.* >

Il nous faut établir la nature de la substance, et
quelle espèce de chose elles est, en nous appuyant
une fois de plus sur un autre principe, car peut-être
arriverons-nous, par ce moyen, à apporter quelque
lumière aussi à cette substance qui existe séparée des
substances sensibles. La substance est un principe et
une cause : tel sera notre point de départ. Or, se de-   10
mander le pourquoi, c'est toujours se demander pourquoi un attribut appartient à un sujet. Chercher, en
effet, pourquoi l'homme musicien est homme musicien, ou bien c'est chercher, comme nous l'avons dit
ci-dessus [2], pourquoi l'homme est homme musicien,
ou bien c'est chercher quelque chose autre que cela.
Or chercher pourquoi une chose est elle-même, c'est
ne rien chercher du tout. (Il faut, en effet, que le fait   15

---

[1] Ar. veut dire qu'en admettant
même qu'il existe des Substances supra-sensibles inconnaissables, les PLA-
TONICIENS n'ont pas le droit de supposer des Idées et de se représenter leur
nature sur le modèle de celle des
choses sensibles.
[2] L. 11.

ou l'existence de la chose soit déjà connu, par exemple, que la Lune subit une éclipse, mais le fait qu'une chose est elle-même est l'unique raison et l'unique cause à donner, en réponse à toute question telle que : pourquoi l'homme est homme, ou le musicien, musicien, — à moins qu'on ne préfère répondre[1] : c'est parce que chaque chose est inséparable d'elle-même, et c'est précisément ce que signifie son unité. Mais c'est là une réponse commune et brève
20 pour toutes les questions de ce genre[2]). Mais ce qu'on pourrait demander avec plus de vérité, c'est pourquoi l'homme est un animal de telle espèce. Dans ce cas, évidemment, on ne cherche pas pourquoi ce qui est un homme est un homme, mais on cherche pourquoi un être est prédicat de quelque autre être. Il faut toutefois qu'on voie bien qu'il soit prédicat ; s'il n'en est pas ainsi, la recherche n'a pas d'objet. Par
25 exemple, pourquoi tonne-t-il ? Cela revient à dire : pourquoi un bruit se produit-il dans les nuages ? car ce qu'on cherche de cette façon, c'est pourquoi telle chose s'attribue à une autre, de même que si on demande : pourquoi telles choses, à savoir des briques et des pierres, sont-elles une maison ? Il est donc manifeste que ce qu'on cherche, c'est la cause. Or, la cause, c'est la quiddité au point de vue logique, et la quiddité est, dans certains cas, la cause finale : ainsi probablement pour la maison ou pour le lit ; dans

---

[1] Ce qui revient au même que de dire qu'une chose est elle-même.
[2] Et qui est insuffisante à raison de sa généralité même, puisqu'elle peut s'appliquer à tous les cas ; or nous demandons, d'une manière précise, pourquoi l'homme est homme.

d'autres cas, la quiddité est le moteur premier, car lui 30
aussi est une cause. Mais tandis que la cause efficiente
n'est cherchée que s'il s'agit de génération et de
corruption, l'autre cause [1] est cherchée quand il
s'agit de l'être aussi.

L'objet de la recherche échappe beaucoup plus
facilement quand un être n'est pas rapporté comme
prédicat à un autre être, quand, par exemple, nous
recherchons ce qu'est l'homme ; c'est parce que nous 1041 b
employons une expression simple et que nous ne
déterminons pas en raison de quoi certains éléments
composent un certain tout. Il faut alors décomposer la
question avant de commencer la recherche, sinon ce
serait à la fois chercher quelque chose et ne rien
chercher [2]. Puisqu'on doit connaître l'existence de
la chose comme quelque chose de donné, il est évident que ce qu'on cherche, c'est pourquoi la ma- 5
tière est telle chose. Par exemple : ces matériaux sont
une maison, pourquoi ? Parce que à ces matériaux
appartient la quiddité de la maison. On dira de même
que cette chose-ci est un homme, ou plutôt ce corps
possédant telle forme est un homme. De sorte que ce

---

[1] C'est-à-dire la cause finale.

[2] Nous lisons, 1041 b, 1, οἶον ἄνθρωπος τί ἐστι ζητεῖται, et non comme l'in-
terprètent le Ps.-ALEX., 541, 32 Hd, et
BONITZ, Metaphys., 359. ο. α. διὰ τί. Par
contre, l. 2, nous traduisons ὅτι τάδε
τόδε, comme s'il y avait διὰ τί τάδε
τόδε. Dans l'ensemble notre traduction
est conforme à celle de Ross, II, 224.
— Sur le sens de l'argumentation
d'AR., cf. SAINT THOMAS, Comm., p.
480, n. 1663 et ss., qui expose très
clairement la pensée du Stagirite. —

ARISTOTE veut dire qu'il faudra ramener la question quid est à la question
propter quid. Au lieu de rechercher
ce qu'est l'homme, nous demande-
rons : pourquoi la combinaison des
nerfs, des os, etc... forme-t-elle un
homme ? Et la véritable réponse sera :
parce que la forme de l'homme, à
savoir l'Ame, informe cette combinaison ; la quiddité est la cause véritable. — L. 33, « l'objet de la recherche » (τὸ ζητούμενον) signifie la recherche de la cause formelle.

que nous recherchons, c'est la cause (c'est-à-dire la
forme), en raison de laquelle la matière est quelque
chose de défini, et c'est cela qui est la substance de la
chose. On voit donc qu'à l'égard des êtres simples,
aucune recherche, ni aucun enseignement n'est pos-
10 sible ; la méthode de recherche qui s'impose pour
de tels objets est d'une autre nature [1]. — Ce qui est
composé de quelque chose, de telle sorte que le tout
est un, est semblable, non pas à une juxtaposition,
mais à la syllabe. Or la syllabe n'est pas ses lettres
composantes : *B A* n'est pas identique à *B* et *A*, ni la
chair, au Feu et à la Terre, car, après la dissolution
des éléments, les touts, c'est-à-dire la chair et la syl-
15 labe, n'existent plus, tandis que les lettres continuent
d'exister, ainsi que le Feu et la Terre. La syllabe est
donc quelque chose qui n'est pas seulement ses
lettres, voyelle et consonne, elle est autre chose
encore ; et la chair n'est pas seulement le Feu et la
Terre, ou le chaud et le froid, mais autre chose
encore. Admettra-t-on qu'il est nécessaire que ce
principe d'union soit, lui aussi, ou un élément, ou
20 composé d'éléments ? Si c'est un élément, le même
raisonnement se répétera : la chair sera constituée par
cet élément avec le Feu, la Terre et autre chose
encore, de sorte qu'on ira à l'infini. — Mais si c'est
un composé d'éléments, il sera évidemment composé, non pas d'un seul élément, mais de plusieurs

---

[1] C'est l'intuition.

(sinon cet élément unique sera la chose même), et il en résultera de nouveau la même difficulté que pour la chair et la syllabe[1]. Cependant il semblerait bien que ce principe d'union est quelque chose et non un élément, et qui est cause du moins que ceci est de la chair et cela une syllabe. Il en est de même dans tous les autres cas. Or cette chose, c'est la substance formelle de chaque être, car c'est là la cause première de son être. Et puisque, tandis que certaines choses ne sont pas des substances, toutes celles qui sont des substances sont constituées suivant la nature et par un devenir naturel[2], leur substance semblerait être cette sorte de nature qui n'est pas un élément matériel, mais un principe formel[3]. Un élément, d'autre part, c'est ce en quoi une chose se divise, et qui la constitue comme matière : par exemple, pour la syllabe, *A* et *B*.

FIN DU TOME PREMIER

---

[1] Ce n'est donc ni un élément, ni un composé.

[2] Saint Thomas, *Comm.*, p. 483, n. 1680 : ... *quaedam rerum non sunt substantiae, sicut praecipue patet in artificialibus, sed quaecumque sunt « secundum naturam » quantum ad esse, et « per naturam constitutae », quantum ad fieri, sunt verae substantiae.*

[3] Sur ce sens du terme « nature », cf. Δ, 1014 *b*, 36.

TABLE DES MATIÈRES DU TOME PREMIER

Cet ouvrage reproduit par procédé photomécanique
a été imprimé sur les presses de l'Imprimerie Bussière
à Saint-Amand-Montrond (Cher)
en janvier 2000

N° d'impression : 160. — Dépôt légal : janvier 2000.
Imprimé en France